GRUNDRISS DER GESCHICHTSWISSENSCHAFT

HERAUSGEGEBEN VON ALOYS MEISTER

REIHE II • ABTEILUNG 2

GRUNDZÜGE DER NEUEREN WIRTSCHAFTSGESCHICHTE

VOM 17. JAHRHUNDERT BIS ZUR GEGENWART

VON

HEINRICH SIEVEKING

FÜNFTE VERBESSERTE AUFLAGE

1928
Springer Fachmedien Wiesbaden GmbH

ISBN 978-3-663-15365-8 ISBN 978-3-663-15936-0 (eBook)
DOI 10.1007/978-3-663-15936-0

Vorwort.

Es ist keine ganz einfache Aufgabe, auf einer beschränkten Bogenzahl die Grundlinien der neueren Wirtschaftsentwicklung zu zeichnen. Selbstverständlich kann es sich dabei nur um ein Herausarbeiten des Wesentlichen handeln. Daß mir dies einigermaßen gelungen, beweißt die freundliche Aufnahme, welche die früheren Auflagen gefunden. Besonders gefreut hat mich die Anerkennung Schmollers, der doch zugeben mußte, daß meine von der Wirtschaftstheorie ausgehende Fragestellung seiner politisch eingestellten durchaus selbständig gegenüberstand.

In der vorliegenden Auflage erscheint namentlich der erste Teil in anderer Fassung. Das Polemische konnte zurücktreten und die Darstellung umfassender beschreiben. Zu derartig weitgehenden Änderungen lag für die späteren Abschnitte kein Anlaß vor, die nur einzelne Zusätze erhielten. In dem Fluß der Begebenheiten hat die Geschichte nur die Aufgabe, das Abgeschlossene zu behandeln, allenfalls die Tendenzen der Gegenwart anzudeuten. Hierauf glaubte sich der Verfasser um so mehr beschränken zu sollen, als er zu den theoretischen und praktischen Problemen der Gegenwart an anderem Orte Stellung genommen.

Juli 1928. **Heinr. Sieveking.**

Inhaltsverzeichnis.

GRUNDZÜGE DER NEUEREN WIRTSCHAFTSGESCHICHTE VOM 17. JAHRHUNDERT BIS ZUR GEGENWART

Von HEINRICH SIEVEKING

Motto: „Da man immer so sehr gegen die Hypothesen redet, so sollte man doch einmal versuchen, die Geschichte ohne Hypothese anzufangen.“
Fr. Schlegel, Athen. I 2.

Die wirtschaftshistorische Betrachtung kann ausgehen von der Besiedelung eines Landes und die Wandlungen verfolgen, die eine vermehrte Bevölkerung und gesteigerter Bedarf in der wirtschaftlichen Organisation von innen heraus hervorrufen. Weil aber die einzelnen Wirtschaften durch den Verkehr miteinander verbunden werden und die Stellung, welche sie in diesem Verkehr einnehmen, und die Lage, welche die Wirtschaft eines Gebietes dem Ausland gegenüber zu behaupten weiß, entscheidend werden auch für die eigene Gestaltung der wirtschaftlichen Verfassung, so kann auch von den Tatsachen des alle umspannenden Verkehrs und seiner Organisation ausgegangen werden. Naturgemäß wird die erste Art für die frühere Geschichte eines Volkes, die zweite für die späteren Epochen angebrachter sein. Die deutsche Wirtschaft, auf manchen Gebieten selbständig und führend, ist doch nur als Teil der europäischen Entwicklung zu verstehen. Ja, weil seit dem 16. Jh. Deutschland die bisher behauptete Führung im Verkehrsleben entglitt, sehen wir es in mannigfacher Abhängigkeit von den führenden Mächten der Verkehrswirtschaft sich wieder emporarbeiten. Nicht nur die Möglichkeiten der eigenen Organisation wurden von außen bestimmt, die Willens- und Gedankenrichtung der modernen Führer der Wirtschaft selbst fanden bei den Fremden ihren Ursprung. Die neuere Wirtschaftsgeschichte hat daher von den in der Handelsherrschaft sich ablösenden Völkern auszugehen.

I. Der Merkantilismus.

1. Die Stellung des Merkantilismus in der wirtschaftlichen Entwicklung.

A. ONCKEN, Geschichte der Nationalökonomie I. Leipzig 1902. S. 147f. S. 506ff. G. SCHMOLLER, Das Merkantilsystem in seiner historischen Bedeutung (Umrisse und Untersuchungen zur Verfassungs-, Verwaltungs- und Wirtschaftsgeschichte besonders des Preußischen Staates im 17. und 18. Jh. Leipzig 1898, I); Grundriß der allgemeinen Volkswirtschaftslehre. Leipzig 1904. II, S. 559ff., daselbst weitere Literaturnachweise. W. SOMBART, Der moderne Kapitalismus. 2. Aufl. 2. Bd.: Das europäische Wirtschaftsleben im Zeitalter des Frühkapitalismus, vornehmlich im 16., 17. und 18. Jh. 1917. P. MOMBERT, Geschichte der Nationalökonomie. 1927. B. HÄPKE, Wirtschaftsgeschichte. 1922. C. BRINKMANN, Wirtschafts- und Sozialgeschichte. 1927.

Für die Wirtschaftsgeschichte ist das Mittelalter besonders bedeutsam durch den Kampf organisierter Arbeit mit dem Grundbesitz. In den Städten wissen sich Handel und Gewerbe zu einer selbständigen Macht neben dem ländlichen Grundbesitz emporzuschwingen. Wenn selbst in ihnen den städtischen Bodenbesitzern entscheidender Einfluß zufällt, so erheben sich dagegen die in den Zünften organisierten Arbeitenden, und auch auf dem Lande wissen sich die Bauern teils in freier Gemeinde zu behaupten, teils in den Hofgenossenschaften bestimmte Rechte zu gewinnen. Im Gegensatz zum Altertum weist in der Theorie THOMAS VON AQUINO der Arbeit die ausschlaggebende Stelle zu in der Wertbestimmung.

Daneben kommt schon im Mittelalter ein neuer Faktor auf in dem Kapital. Es ist nicht möglich, wie MARX es versuchte, dieses lediglich aus der Produktion zu erklären. MARX selbst vertritt wiederholt die Auffassung, das Handlungskapital sei ein Vorgänger des Produktivkapitals gewesen. Erst mit dem 18. Jh. setzt die Revolutionierung der Produktion durch das Kapital ein. Die kapitalistischen Methoden sind aber schon vorher ausgebildet. Der Kapitalismus ist eine bestimmte Rechtsordnung, die sich anfangs besonders gewisse Handelskreise zunutze machen. Welches aber ist die Aufgabe des Handels? Kann man sie nur darin finden, für den Absatz der Produktion zu sorgen, den Produktionswert zu realisieren? Dient nicht vielmehr der Handel zunächst den Konsumenten, deren Verbrauch er reichlicher und mannigfaltiger gestaltet? KUSKE vermutet, daß die Kaufleute des frühen Mittelalters teilweise aus den Gefolgsleuten der Pfalzen zu deren Versorgung hervorgegangen seien.[1]) Jedenfalls kommt auch der freie Händler als Versorger der Großen, vor allem der Kirche, auf, deren Kredit er zu nutzen weiß. Es geht nicht an, wie HILDEBRAND es wollte, das Mittelalter als Zeitalter der Geldwirtschaft gegen die Neuzeit als Zeitalter der Kreditwirtschaft abzugrenzen.[2]) Gerade in den Anfängen war der Verkehr besonders auf Kredit angewiesen. Der Händler borgte anderen und borgte sich von anderen. Zu ausschlaggebender Bedeutung wurde das kapitalistische System, wie das EHRENBERG richtig gesehen, zuerst durch die Ausweitung des öffentlichen Bedarfs.

Für den neueren Kapitalismus ist es wichtig, daß er nicht, wie der des Altertums, auf der Grundherrschaft beruht, auch nicht einfach als Fortsetzung des antiken Kapitalismus betrachtet werden kann[3]), sondern sich aus den genossenschaftlichen Verhältnissen des Mittelalters entwickelte.

So reich und mannigfaltig sich auch im Norden das Wirtschaftsleben entfaltete, der Schwerpunkt der neuen Gestaltung lag doch in den selbständigen italienischen Kommunen. Den seit dem 13. Jh. nachweisbaren, seit dem 14. Jh. in langen, ganze Säle füllenden Reihen erhaltenen Schuldbüchern von Genua und Florenz läßt sich nichts Entsprechendes an die Seite stellen. Den Aufwand der Kriege konnten diese Städte nicht mehr mit Steuern decken, es wurden daher nach dem Steuerkataster unter den Bürgern Zwangsanleihen erhoben, die mit Zöllen zu verzinsen waren, auf die sie angewiesen wurden. Die Gläubiger erhielten in Genua seit 1274 eine Organisation, die die Kontinuität dieser Einrichtung bis zum Untergang der Republik verbürgte. 1409 wurden die in den Kämpfen gegen Venedig eingegangenen Schulden zur Casa di S. Giorgio konsolidiert, deren Kapital sich von 2938462 Lire 1597 auf 43770870 Lire vermehrt hatte. Da man über die Zinsen und das Kapital durch Umschreibung verfügen konnte, wurden jedes Jahr neue Bücher angefertigt. An diesen Verkehr wurde eine Bank angegliedert. Die Ver-

---

1) B. KUSKE, Die Entstehung der Kreditwirtschaft und des Kapitalverkehrs. Kölner Vorträge I. 1927.

2) H. SIEVEKING, Die mittelalterliche Stadt. VSozWG. II.

3) Gegen diese von BRENTANO vertretene Auffassung vgl. meine „Mittlere Wirtschaftsgeschichte". Teubner, ANuG. 1921, span. Übersetzung 1926, sowie meinen Artikel über „Handels- und Wirtschaftsgeschichte" im HWb. des Kaufmanns, 1925.

fassung der Casa war der staatlichen nachgebildet. Wie dort die Gemeinde, so hatte hier die Gesamtheit der Gläubiger die letzte Entscheidung; die Geschäfte aber wurden, wie dort vom Rat, so hier von den Protektoren geführt. Auswärtige konnten nur durch besonderes Privileg Anteile an der Staatsschuld erwerben. Ebenso waren die Kolonialgesellschaften organisiert, die im 14. Jh. gegründeten Maonen von Chios, von Cypern und von Corsica, die später in S. Giorgio aufgingen.[1]) Wie hier aus der Gemeinde der Stadtbürger, so entwickelten sich im Norden aus den Genossenschaften der am Walde oder am Bergwerk Anteilhabenden, der Mühlenberechtigten und der Schiffseigentümer die Formen des Kapitalverkehrs.

Der Staat nutzte diese Ansätze, indem er sie für seine Zwecke ausbildete. Darin besteht das Wesen des Merkantilismus, in dem nicht der Kaufmann besonders gefördert werden sollte, sondern Alle in die Verkehrswirtschaft hineinzuziehen waren. Der Bauer sollte sein Getreide zum Verkauf bringen, der Weber sein Tuch; er sollte nicht warten, bis man bei ihm bestellte, sondern selbst den Markt versuchen. Es hätte der aufkommenden Fürstenmacht noch ein anderer Weg offengestanden, der Ausbau eines Patrimonialstaates mit eigener Verwaltung und Eigenwirtschaft des Staates, wie wir ihn vor allem aus dem alten Ägypten kennen, wie ihn Byzanz verwirklichte, wie ihn Friedrich II. der Hohenstaufe in seinem sizilischen Reich erstrebte.[2]) Die Wirtschaftsentwicklung des Abendlandes wurde dadurch bestimmt, daß dem Kaiser, weil er mit der geistlichen Gewalt zerfallen war, dieser Versuch mißlang. Neapel fiel dem Hause Anjou anheim, das sich aber nur behaupten konnte, indem es die wirtschaftliche Ausbeutung des Landes, vor allem den Getreideexport, den Florentinern überließ. So wußten sich die Florentiner im 14. Jh. den Herrschern Frankreichs und Englands unentbehrlich zu machen.[3]) Die staatliche Macht sah fortan in der Förderung privater Unternehmung ihre eigene Stütze. In der rationellen Ausbildung dieser beiden Faktoren, des Staats mit seinem Beamtentum, der privaten Unternehmung mit ihrer Buchführung, sieht das merkantilistische Zeitalter seine Aufgabe.

Man hat sich die Erkenntnis des Zeitalters der Fugger dadurch verbaut, daß man in ihm eine besondere Blüte der Kreditwirtschaft sah. Tatsächlich kann man hier von einem Überwiegen kapitalistischer Organisation über die genossenschaftliche des Mittelalters sprechen. Dieser Kapitalismus war aber hauptsächlich durch den Finanzbedarf der Herrscher bestimmt, man könnte also von Finanzkapitalismus sprechen. STRIEDER[4]) hat uns das Wesen dieser Wirtschaft, die an die Steuerpacht anknüpft, besonders geschildert. Die Habsburger, die Geld für ihre Unternehmungen (also einen Konsumfonds) brauchten, verleihen den Augsburger Häusern Bergwerksrechte gegen Hingabe bestimmter Summen. Die Welser und die Fugger müssen, um diese Rechte zu nutzen, ihr Handelskapital in diese Bergwerke stecken. Sie werden zu großen Produzenten in Silber und Kupfer. Die Darlehn, die sie den Herrschern gewähren, bestehen auch vielfach in Waren, Ausrüstung des Hofes und der Truppen. Diese sich zu verschaffen, organisieren sie den Handel und als Verleger die Produktion, wobei selbstverständlich auch an den Absatz auf dem Markte gedacht wird. Deutsche Kaufleute unterstützen auch den König von Portugal auf seinen Fahrten nach Indien. Sobald aber diese Fahrten

1) H. SIEVEKING, Genueser Finanzwesen mit besonderer Berücksichtigung der Casa di S. Giorgio, italienisch: Atti della Società Ligure di Storia Patria, Bd. XXXV.
2) Vgl. MAX WEBER, Wirtschaft und Gesellschaft. 2. Aufl. 1925.
3) R. DAVIDSOHN, Geschichte von Florenz, IV, 2. 1925.
4) Studien zur Geschichte kapitalistischer Organisationsformen. 2. Aufl. 1925.

gesichert sind, nimmt der König das Monopol der Indienfahrt selbst in die Hand, läßt die fremden Kaufleute sich in Lissabon, ja in Antwerpen mit indischem Pfeffer versehen.[1])

Im ganzen war der Gang der Entwicklung ein anderer. Namentlich in Holland und England wird das private Unternehmertum immer selbständiger. Wenn im Zeitalter des Merkantilismus die Fürsten die Hebung des Verkehrs betreiben, um ihre Finanzen geldwirtschaftlich aufbauen zu können, so will die neue Zeit, die sich im 18. Jh. anbahnt, das Feld der Wirtschaft ganz der Initiative der in der Verkehrswirtschaft verbundenen Privaten überlassen, die der Staat gewähren lassen soll.

Aus Opposition gegen die obrigkeitlichen Bindungen seiner Zeit prägte Adam Smith den Begriff des „Merkantilismus", dem er sich entgegenstellte. Er übersah dabei das Gemeinsame, daß die freie Wirtschaft, die er wollte, so gut wie der Merkantilismus, den er bekämpfte, auf den Verkehr eingestellt ist. Held bezeichnet das Smithsche System als „natürliches Entwicklungsprodukt des fortschreitenden Merkantilsystems."[2])

Man würde irren, wenn man das Mittelalter als eine Zeit ohne bedeutungsvollen Warenverkehr hinstellte, wie es Bücher unternommen.[3]) Gewiß war im Mittelalter das Land zumeist feudal gebunden, und die Stadt begünstigte den direkten Marktverkehr zwischen Produzent und Konsument; das Handwerk arbeitete stärker als später in unmittelbarem Lohn des Kunden, wie das beim Bauhandwerk bis heute üblich ist. Allein wir dürfen uns das Land nicht durchaus nur mit Bauern, die für ihren und ihrer Herren Bedarf arbeiteten, und mit Landstädten, die ihre Gewerbeprodukte gegen die Agrarprodukte der umliegenden Landschaft eintauschten, bedeckt denken. Die Zeugnisse, die nicht nur aus den italienischen Städten, sondern auch aus Köln, Lübeck, um nur die wichtigsten Hansestädte zu nennen, auf uns gekommen, zeigen seit dem Zeitalter der Kreuzzüge einen regen Verkehr auf weitere Entfernung. Dabei war es so, daß anfangs dieser Verkehr freier gestaltet war, die Bindungen, auf welche Bücher und Sombart sich berufen, im wesentlichen in die spätere Zeit fallen, als die dichter nebeneinander aufgekommenen Städte gezwungen waren, ihr Verkehrsgebiet gegenseitig abzugrenzen. Aber wenn so manche kleine Stadt, deren Bürger einst weiter hinausgezogen waren, zur Landstadt herabsank, erhoben sich andere, die den Verkehr in ihren Mauern zu konzentrieren wußten, zu umso größerer Bedeutung. In Flandern kamen der italienische und der hansische Handel zusammen, und mit Recht kann Häpke von dem „Weltmarkt Brügge" sprechen.

Insofern das Zeitalter des Merkantilismus die in den mittelalterlichen Städten entwickelte gebundene Verkehrswirtschaft fortsetzt, kann man mit Roscher[4]), v. Below[5]), Sombart[6]) diese Epoche zugleich mit dem Mittelalter der neuen Zeit entgegensetzen, während Bücher, Schmoller, Cunningham[7]) den Einschnitt des 16. Jhs. bedeutungsvoller finden. Insofern in dieser Zeit die Verkehrswirtschaft sich ausdehnt und die Methoden der kapitalistischen Wirtschaft sich ausbilden, können auch wir von einer neuen Epoche der Wirtschaftsgeschichte sprechen.

1) F. Hümmerich, Die erste deutsche Handelsfahrt nach Indien 1505/06. 1922.
2) Careys Sozialwissenschaft und das Merkantilsystem. 1866.
3) Die Entstehung der Volkswirtschaft.
4) Nationalökonomik des Handels und Gewerbfleißes.
5) Probleme der Wirtschaftsgeschichte. 1920.
6) Die deutsche Volkswirtschaft im 19. Jh. In der 2. Aufl. des „Modernen Kapitalismus" bezeichnet Sombart das 13.—19. Jh. als Zeitalter des Frühkapitalismus.
7) The growth of English Industry and Commerce in modern times. Cambridge 1903.

2. Die iberische Expansion und die Gegner der spanischen Weltmacht.

A. Supan, Die territoriale Entwicklung der europäischen Kolonien. Gotha 1906. A. v. Humboldt, Versuch über den politischen Zustand des Königreichs Neu-Spanien (statistischer Versuch über das Königreich Neu-Spanien). Tübingen 1809ff. L. Ranke, Fürsten und Völker von Süd-Europa im 16. und 17. Jh. 1827ff. G. Knapp, Der Ursprung der Sklaverei in den Kolonien. Einführung in einige Hauptgebiete der Nationalökonomie. 1925. S. 57ff. Ehrenberg, Das Zeitalter der Fugger. 1896. K. Häbler, Die wirtschaftliche Blüte Spaniens im 16. Jh. und ihr Verfall. Berlin 1888. Die überseeischen Unternehmungen der Welser und ihrer Gesellschafter. Leipzig 1903. Bonn, Spaniens Niedergang während der Preisrevolution des 16. Jh. Münchener St. 12. 1896. G. d'Avenel, La fortune privée à travers 7 siècles. Paris 1904. R. Leonhard, Die Transhumanz im Mittelmeergebiet. Festgabe für Brentano. 1916. Max Weber, Religionssoziologie. 1920/1. W. Sombart, Die Juden und das Wirtschaftsleben. 1911. Der Bourgeois. 1913. R. Kötzschke, Grundzüge d. deutschen WG. Bis zum 17. Jh. J. Hashagen, Der rhein. Protestantismus u. d. Entwicklung d. rhein. Kultur, 1924.

Das Zeitalter der Entdeckungen setzte das der Kreuzzüge fort. Hatte sich damals die abendländische Welt unmittelbar gegen den Islam gewandt, so sollten die Fahrten der Portugiesen an der afrikanischen Küste und um das Cap der Guten Hoffnung herum nach Indien dazu führen, die Araber zu umgehen. Durch die direkte Fahrt nach Ostindien wurde das Zwischenhandelsmonopol der islamischen Staaten gebrochen, und als Nebenwirkung ergab sich die Entdeckung eines neuen Erdteils. Auf der Suche nach dem Wege nach Indien bemächtigten sich die Spanier Westindiens und des Festlandes, das sie in die Vicekönigreiche von Peru und Mexiko teilten, und die Portugiesen gewannen in Brasilien das für sie wichtigste Siedlungsgebiet.

Die Welt wurde zwischen Portugal und Spanien geteilt, aber die ungeheuren neu gewonnenen Gebiete wurden dem Zwange einer gebundenen Wirtschaftsverfassung unterworfen. Nicht genug damit, daß durch das System der Encomiendas den Eroberern bestimmte Strecken mit ihren Einwohnern überwiesen wurden, also die Feudalverfassung auf die Neue Welt übertragen wurde: die Herrschaft über den Boden und die Arbeitskräfte nahm dadurch, daß sie in den Verkehr hineingezogen wurde, daß sie ihre Wirtschaft auf Gewinn abstellte, eine besondere Form an. Die Plantagenkultur, die den Boden der Neuen Welt durch die Anpflanzung von Zucker, Kaffee, Baumwolle, Tabak nutzte, sah sich hierfür bald auf die Einfuhr von Negersklaven angewiesen, deren Herbeischaffung zu einem besonders einträglichen Geschäft wurde, an dem sich die Krone dadurch einen Anteil zu verschaffen wußte, daß sie es monopolisierte und dies Monopol den Meistbietenden veräußerte. Die Genuesen, später die Franzosen, schließlich die Engländer suchten in diese Assiento-Verträge auch durch politische Mittel zu gelangen. Die Sklavenhalter der Neuen Welt fanden in den Kolonialwaren einen ergiebigen Artikel, den sie nach Europa sandten. Knapp hat ganz recht, daß sich hier eine Form des Kapitalismus bildete. Aber es war nicht die einzige und nicht die zukunftsreichste. Wegen ihrer Bindungen können wir diese Form, die sich immerhin vom 16. bis ins 19. Jh. behauptete, die feudalkapitalistische nennen.

Wie Portugal den indischen Verkehr in Lissabon konzentrierte, so Spanien in Sevilla, später in Cadix. Dem Beispiel Venedigs folgend, richteten die iberischen Staaten den überseeischen Verkehr in staatlicher Regie ein. Von den staatlichen Flotten, die Spanien alljährlich aussandte, fuhr die eine über S. Domingo und Habana nach Veracruz, wo die Messe für Neu-Spanien stattfand. Ein Schiff ging von Acapulco westwärts zu den Philippinen. Die andere stärkere Flotte, 27 Segel gegen 23 dort, ging über Cartagena nach Portobello. Hier auf dem Isthmus von Panama wurde die Messe für Peru gehalten. Auf ihr fanden auch die südlichen

Länder, Chile und selbst Argentinien, ihren Anschluß an das Mutterland. Diese staatliche Regelung wurde allerdings durch einen lebhaften Schmuggel durchbrochen. Die westindischen Niederlassungen der Holländer, Franzosen und Engländer entstammen solchen Schmugglerschlupfwinkeln. Das 18. Jh. sah eine Lockerung des Systems, das aber im wesentlichen bis zum Abfall der Kolonien festgehalten wurde.

Die Edelmetallschätze der Neuen Welt, die in der zweiten Hälfte des 16. Jh. die deutschen Silberfunde weit überflügelten, bewirkten in Europa eine Preisrevolution. Die Preise stiegen freilich nicht entsprechend der vermehrten Geldmenge. Während diese sich um das 5—6fache vermehrte, ging das Preisniveau nach D'AVENEL nur auf das Dreifache hinauf. Die Preise stiegen zudem nicht gleichmäßig. Die auf feste Bezüge Angewiesenen kamen in Rückstand, während die Unternehmer an der Differenz der schon gestiegenen und der noch nicht hinaufgegangenen Preise einen großen Gewinn machen konnten.

Diese Vorzüge kamen aber weniger Spanien selbst zugute als den Nebenländern. Schon RANKE wies darauf hin, daß für die spanische Weltmacht die Beherrschung der verkehrsreichsten Gebiete Europas wichtiger war als die Schätze Amerikas, und EHRENBERG bestätigt dies Urteil. Karl V. konnte sich auf die Finanzkraft der Augsburger Häuser, besonders der Fugger, stützen. Die Niederlande, Mailand und Genua stellten sich Philipp II. bei Beginn seiner Regierung zur Verfügung.

Dabei verfügte die katholische Welt über die ausgebildetste Technik des Handels- und Kreditverkehrs. RANKE schildert uns die päpstliche Finanzverwaltung. Die Schuldenorganisation der Monti konnte man den städtischen Verwaltungen absehen, die diese Kapitalberge seit dem Mittelalter zu nutzen wußten. RANKE wundert sich, daß Sixtus V. einen Schatz auf Schulden sammelt. Dergleichen begegnet aber auch sonst, z. B. bei Albrecht Achilles. Man konnte sich nicht allezeit, namentlich nicht bei kriegerischen Wirren, an den Kapitalmarkt wenden, den man daher schon im voraus in ruhigeren Zeiten nützen mußte.

In Antwerpen, das an die Stelle Brügges getreten war, dessen Hafen versandete, sammelte sich der europäische Verkehr. GUICCIARDINI gibt über ihn 1560 einige Daten, die seinen Umfang und seine Zusammensetzung zeigen. Von 15935000 Schilden Ausfuhr entfielen danach auf

Englisches Tuch	5000000	31,4 %
Italienische Seidenstoffe	3000000	18,8 %
Deutschen Barchent	600000	3,8 %
Fabrikate	8600000	54 %
Spanische Wolle	625000	4 %
Englische Wolle	250000	1,6 %
Französische Farben	300000	1,8 %
Rohstoffe	1175000	7,4 %
Norddeutsches Getreide	1680000	10,5 %
Deutschen Wein	1500000	9,4 %
Französischen Wein	1000000	6,3 %
Spanischen Wein	800000	5 %
Portugiesische Gewürze	1000000	6,3 %
Französisches Salz	180000	1,1 %
Nahrungs- und Genußmittel	6160000	38,6 %

Pirenne hält diese Ziffern, 31,8 Mill. fl., die etwa 50 Millionen ℳ Münzwert entsprechen würden, nicht für unwahrscheinlich. Schanz schätzt den englischen Tuchexport unter Heinrich VIII. auf 98000 Stück zu 294000 £ bei 427830 £ Gesamtwert der Ausfuhr. 1531 wurde die englische Ausfuhr von Lodovico Falier gleich der Einfuhr auf 2 Millionen Dukaten geschätzt. 1612 wird der englische Export auf 2487435 £, der Import auf 2141151 £ angegeben.[1]) Es diene zum Vergleich, daß gegen Ausgang des 14. Jhs. der Lübecker Handel etwa für 5 Millionen ℳ, der Genueser für 20 Millionen umsetzte und Mocenigo im 15. Jh. den Verkehr Venedigs mit der Lombardei, allerdings um seine Bedeutung hervorzuheben, auf 2,8 Millionen Dukaten, also 28 Millionen ℳ schätzte. Auch damals spielten schon die Tuche eine große Rolle. Die Lombardei zahlte ein Drittel ihrer Einfuhr mit Tuchen. Die Bilanz Venedigs gegen den Orient, Ägypten und Syrien, war passiv, 3—500000 Dukaten hatte Venedig dorthin, zumeist in deutschem Silber, zu senden; Englands Bilanz hingegen war bei stattlicher Weineinfuhr zunächst durch die Woll-, später durch die Tuchausfuhr aktiv.[2]) Die höheren Werte erklären sich z. T. durch die Geldentwertung. Schanz setzt das englische Tuch mit 3 £, Guicciardini mit 6 £ an. Doch bestätigt alles die Zunahme des Verkehrs. Im einzelnen ist gegen Guicciardinis Zählung einzuwenden, daß seine Schätzung eine Reihe von Waren nicht umfaßt, wie Eisenwaren, die doch immerhin damals schon vorhanden waren.[3]) Die überragende Bedeutung des Tuches tritt aber bei ihm gut hervor.

Dieser Verkehr wußte sich neue Formen zu schaffen. Nach dem Muster Brügges wurde in Antwerpen eine Börse erbaut. In ihr entfaltete sich nicht nur die Preisgestaltung für den Warenverkehr, sondern es bildete sich hier auch ein Kapitalmarkt, auf dem auswärtige Herrscher Anleihen aufnehmen konnten. Für den Finanzbedarf Spaniens wurden die von den Genuesen 1552 in Besançon eingerichteten Messen von noch größerer Bedeutung. Auf diesen Messen, die seit 1579 in Piacenza gehalten wurden, sammelte sich der Zahlungsverkehr des Abendlandes. Für alle Wechsel wurde der Kurs dieser Messen maßgebend mit Ausnahme der französischen, die in Lyon ihren Mittelpunkt fanden.[4]) Die Messen dienten der Krone Spanien, später fällig werdende Gelder aus Steuern, aus neapolitanischen Staatsgütern oder aus der amerikanischen Silberflotte auf dem niederländischen Kriegsschauplatze flüssig zu machen.

Trotz all dieser Zusammenfassung wirtschaftlicher Macht, trotz Neuordnung der Verwaltung im schriftlichen Verkehr konnte Spanien seine Stellung nicht behaupten. Es lag dies an der Überspannung seiner politischen Ziele und der Erschöpfung seiner Wirtschaft durch die hierfür aufzubringenden Mittel. Philipp II. schuldete schon 1560 den Betrag zweier Jahre an rückständigen Gehältern. Ansätze zum Ausbau des Wirtschaftslebens wurden durch den Steuerdruck unterbunden. Die Unzuverlässigkeit der Finanzverwaltung, ihre wiederholten Bankrotte wirkten lähmend auf den Kredit des Landes. So sehen wir zu einer Zeit höchster

1) Pirenne, Geschichte Belgiens III. S. 334. Schanz, Englische Handelspolitik gegen Ende des MA. S. 31ff.

2) W. Stieda, Über die Quellen der Handelsstatistik im MA. Ak. d. Wiss. Berlin 1903. H. Sieveking, Aus Genueser Rechnungs- und Steuerbüchern. SBAk. Wien. 1909. 162, 2.

3) Im 15. und 16. Jh. verdankten die wohlhabendsten Züricher dem Eisenhandel ihren Reichtum. Jb. f. Schweiz. Gesch. 1910: Zur Zürcherischen Handelsgesch.

4) Peri, Il negoziante II, Genua 1647, der Kurszettel. Vgl. in David Gaugers Handlungsbüchern 1588/90, Augsburger Stadtarchiv, die Abrechnung über nach Bergamo geschickte Wolle auf den Messen von Besançon.

politischer und militärischer Macht die Gewerbe in den Städten zurückgehen; das Land wird auf fremde Einfuhr angewiesen; der Bauernstand wird durch die wandernden Schafherden, die der Mesta bewilligten Weidegerechtigkeiten zurückgedrängt. Der Versuch, die Kircheneinheit durchzuführen, scheitert. Im Lande wird sie durch die Vertreibung der betriebsamen Nachkommen der Araber und Juden aufrechterhalten. Für den Spanier bleibt das Ideal der asketische Krieger. Die Führung im Wirtschaftsleben muß er den Ketzern überlassen, die diesem freier gegenüberstehen. —

Wenn in der rationalen Wirtschaftsführung dieser Kreise ein der abendländischen Entwicklung eigentümlicher Zug zu erkennen ist, so ist der Ursprung dieser Erscheinung weit zurückzuverfolgen. Sombart hat in der psychologischen Eigenart der Juden die treibende Kraft vermutet. Seine Behauptungen sind von vielen Seiten zurückgewiesen. Vor allem ist ihm zu entgegnen, daß bei den Juden, wie bei jeder Menschengruppe, neben rationaler Lebenshaltung sich enthusiastische findet. In den Handwerkerkreisen der Ostjuden lehnt sich die mystische Richtung der Chassidim gegen das offizielle Rabbinertum auf. Richtig aber ist, daß in der jüdischen Religion schon früh das Magische zurücktritt. Auch die Propheten unterstreichen nur die einfache Morallehre der Priester. Die Rabbiner stehen nüchtern den Tatsachen des Lebens gegenüber.

Während in dem chinesischen und indischen Kulturkreise das Magische bei den Massen sich behauptet, wird es im christlichen zurückgedrängt. Hat doch Christus selbst sich ausdrücklich auf die Lehre der Alten (Moses und die Propheten) berufen. Das abendländische Mönchtum sieht in der Arbeit neben dem Gebet den Dienst Gottes, und wie die Glocke die Zeit einteilt, so haben die den Boden selbst bewirtschaftenden und seine Produkte auf den Markt bringenden Orden, wie die Zisterzienser, einen bemerkenswerten Rechensinn ausgebildet.

Wagemut und wägender Sinn zeichnen den Unternehmer aus. Sie finden sich im Zeitalter der Kreuzzüge. Italien bildet seit dem 14. Jh. die Grundsätze der doppelten Buchführung aus. Später verbinden Kalvinisten und Wiedertäufer Kühnheit mit genauem Rechnen. Wie die Renaissance von dem Herrscher ein nüchternes Spiel mit den gegebenen Mächten verlangt, so stellt die Aufklärung rationelle Erfassung der Lage überall als Aufgabe. Holland und England werden die Hauptsitze solch verstandesmäßiger Lebenshaltung, die sich von hier nach Frankreich und Deutschland verbreitet. Wenn Sombart in seinem „Bourgeois“ entgegen seinem Judenbuch auch Schotten und Florentiner Träger dieser Entwicklung sein läßt, so gibt er, indem er wichtige Repräsentanten aus Nord und Süd nennt, zu, daß es sich hier um eine allgemeine Bewegung der von Ranke als Einheit erfaßten romanisch-germanischen Völker handelt.

Zum wagenden und wägenden Sinn gehört aber noch ein Drittes, um den modernen Meisterer der Wirtschaft zu charakterisieren, das ist die ausschließliche Beschränkung auf diese Aufgabe. Sie findet sich besonders bei den vom politischen Leben Ausgeschlossenen. Die Zisterzienser waren bessere Rechner als die Benediktiner, die ihre Immunität zu staatlicher Gewalt entwickelten, während jene sich ruhig weltlichen Schutzherren unterwarfen. Die von der Regierung der Stadt Ausgeschlossenen betätigen sich besonders im Wirtschaftsleben, wie die Adligen von Asti oder von Genua, wo sie 1339—1528 zu der Spitze der Regierung, die dem popularen Dogen vorbehalten blieb, nicht gelangen konnten. Als Verbannte häuften Medici und Strozzi ihr Vermögen. So finden wir später im kalvinistischen

Holland Mennoniten und Remonstranten wirtschaftlich besonders tätig. In England kamen Puritaner und Quäker unter einer ihnen wenig wohlwollenden Regierung wirtschaftlich am meisten empor.

Der Fremde ist an gesellschaftliche Rücksichten nicht gebunden. Die Hugenotten brauchten sich nicht an zünftige Vorschriften zu halten. Den Juden war der traditionelle Preis einerlei.

England, in dem die religiöse Bewegung wohl am nachhaltigsten gewirkt hat, sollte später auch in dem Übergang zur modernen Wirtschaft die Führung übernehmen, das Land aber, das unter den protestantischen Mächten im Kampfe gegen Spanien zuerst emporkam, war Holland. Holland wurde das Musterland, dessen Beispiel die Merkantilisten England und Frankreich, aber auch Preußen, Österreich und Rußland (Peter der Große), Schweden (Götheburg) und Dänemark vorhielten. Selbst die Vorkämpfer des Katholizismus, wie Österreich, mußten sich, um den Aufschwung von Handel und Gewerbe zu ermöglichen, zur Duldung der Ketzer verstehen.[1])

3. Holland.

G. Baasch, Holländische Wirtschaftsgeschichte. Jena 1927. H. v. Treitschke, Die Republik der vereinigten Niederlande. Leipzig 1870. E. Laspeyres, Geschichte der volkswirtschaftlichen Anschauungen der Niederländer und ihrer Literatur zur Zeit der Republik. Leipzig 1863. O. Pringsheim, Beiträge zur wirtschaftlichen Entwicklungsgeschichte der vereinigten Niederlande im 17. und 18. Jh. Leipzig 1890. Weitere Literatur in W. Michaels Cromwell II. Berlin 1907. S. 208. D. Schäfer, Die Sundzoll-Listen, Hans. GBl. 1908. H. Wätjen, Die Niederländer im Mittelmeergebiet zur Zeit ihrer höchsten Machtstellung, Abh. zur Verkehrs- und Seegeschichte II, 1909. Derselbe, Holland und Brasilien im 17. Jh. Hans. GBl. 1911 S. 453ff. H. C. Diferee, Die ökonomischen Verwicklungen zwischen England und den Niederlanden im 17. Jh. VSozWG. IX, 1. S. 134ff. 1911. S. van Brakel, De Hollandsche Handelscompagnieen der zeventiende Eeuw 1908. Het Welvaren van Leiden, 1659, hg. v. F. Driessen. Haag 1911. Sartorius v. Waltershausen, Das volkswirtschaftliche System der Kapitalanlage im Auslande. 1907.

Der planmäßigen Förderung ihrer Interessen durch die burgundischen Herzöge und ihre Nachfolger, die Habsburger, verdankten die Niederländer einen großen wirtschaftlichen Aufschwung. Aber erst nach dem Abfall von Spanien wußten die nördlichen Niederlande sich die führende Rolle im Welthandel zu erobern. Nach der Eroberung Antwerpens durch die Spanier 1585 wandte sich der größte Teil des Antwerpener Handels nach Amsterdam. Aber während Brügge und Antwerpen durch die auswärtigen Kaufleute belebt waren, die Brügger und Antwerpener sich in der Hauptsache damit begnügten, zwischen ihnen den Handel zu vermitteln, nahmen die Holländer nach Art der Hansen und Italiener selbst die Seefahrt in die Hand. Ihre Schiffe segelten in die Ostsee, um von Danzig Korn zu holen. Einst hatten die Genuesen sich mit Korn aus Südrußland versorgt. Jetzt, wo die Türken ihnen den Zugang zum Schwarzen Meer sperrten, brachten ihnen die Holländer baltisches Getreide. Die Portugiesen hatten mit der Umsegelung Afrikas einen großen Teil des früher venetianischen Handels an sich gerissen. Als 1580 Portugal mit Spanien vereinigt war, scheuten die Holländer sich nicht, in das portugiesische Verkehrsgebiet einzudringen. 1595 brach Cornelis Houtman nach Ostindien auf; seit 1591 warb der Antwerpener Willem Usselinx für eine Festsetzung der Holländer im westlichen Indien. Während früher Italien den Norden mit den indischen Gewürzen versorgt hatte, versorgte jetzt Amsterdam

---

1) M. Adler, Wiener Staatsw. St. IV, 3. 1903 S. 50.

auch das Mittelmeer mit Pfeffer. So wurden die Holländer die Erben des hansischen und des italienischen Handels.

Gerade im letzten Kriege hat sich gezeigt, wie schwierig eine Schätzung des Schiffsraumes auch heute noch ist. Im Ernstfall tauchen Kähne auf, an deren Verwendbarkeit keine Schätzung mehr gedacht hat. Um so weniger verdienen die aus dem 17. Jh. überlieferten Daten Anspruch auf absolute Geltung. Nur die relative Bedeutung der Flotten und der Routen läßt sich aus ihnen abnehmen.

Schätzungen wie die Colberts, der der holländischen Flotte drei Viertel der europäischen mit 15000 Schiffen zuwies, oder die Pettys, der ihr 450000 Last (zu 2 Tonnen) beimaß, oder die detaillierte eines Steuerplans von 1634 sind nach den neueren Untersuchungen Vogels stark zu reduzieren.[1]) Immerhin erreichte auch nach ihm die holländische Flotte, die zu Ausgang des 15. Jhs. mit 30000 Last der deutschen etwa gleichkam, zu Ausgang des 16. Jhs. mit über 100000 Last das Doppelte der deutschen ausmachte und der Stärke der deutschen, französischen und englischen zusammen entsprach, zu Ausgang des 17. Jhs. mit 300000 Last das Doppelte aller deutschen, englischen und französischen Schiffe.

Die Ostseefahrt nahm bei den Holländern mit 103500 Last und 735 von 3510 Schiffen die erste Stelle ein. Petty hielt die Heringsfischerei bei den Holländern für wichtiger als die Ostindienfahrt. Vogel möchte die 100 Ostindienfahrer mit 30000 Last den 1000 Fischereifahrzeugen gleichsetzen. Es ist aber auch die verschiedene Dauer der Fahrt zu berücksichtigen. Nach der Ostsee konnten die Schiffe 2—3, nach Spanien 2 Reisen im Jahre machen. Auch kleine Fahrzeuge konnten für weitere Reisen benutzt werden und die Schiffe bald in dieser, bald in jener Fahrt Verwendung finden.

Die Sundzoll-Listen zeigen uns, wie die Niederländer hier durchschnittlich mit 2226 Schiffen und gegen 60% des Gesamtverkehrs beteiligt waren. 1608 stellten jedoch die Niederländer 4362 Schiffe. Die höchste Frequenz des gesamten Sundverkehrs, die in der ersten Hälfte des 17. Jhs. nicht wieder erreicht wurde, brachte das Jahr 1597 mit 6673 Schiffen. Im Levantehandel wies die holländische Ausfuhr $2\frac{1}{2}$ Millionen fl., die Einfuhr $2\frac{1}{3}$ Millionen auf.

Gegenüber den 30 Millionen fl. des Antwerpener Handels zur Zeit seiner höchsten Blüte setzte der holländische Handel in der Mitte des 17. Jhs. etwa 75—100 Millionen fl. jährlich um. Erst in der Mitte des 18. Jhs. überflügelte ihn der englische Außenhandel. 1667 nahm Amsterdam an Lizenzen (2% für Einfuhr, 1% für Ausfuhr) 1 Million fl. ein. Die Tabakausfuhr betrug 526736 fl., während Drogen und Farbwaren nur 329792 fl. ausmachten. Die Einnahmen der Republik, ebenfalls hauptsächlich aus der Besteuerung des Seehandels, betrugen 32 bis 34 Millionen fl.

Holland wurde der große Stapelplatz für Fische, Getreide, Wein, Salz, Holz und Schiffbaumaterialien, Wolltuch und Kolonialwaren. Diese Stellung bedingte für Holland in manchem eine andere als die bisher auch von Handelsstädten verfolgte Handelspolitik. Im Interesse der Versorgung der heimischen Bevölkerung war der Getreidehandel den mannigfachsten Beschränkungen unterworfen worden. Holland konnte durch Freiheit des Marktes eine so reichliche Beschickung erwarten, daß es dadurch auch dem eigenen Konsum am besten diente. Man rechnete Ende des 17. Jhs., daß von 76000 Last Getreide für Amsterdam $27\frac{1}{2}$%, für das übrige Niederland 29% bestimmt waren, während 43% weiter ausgeführt wurden.

---

1) W. Vogel, Zur Größe der europ. Handelsflotten im 15., 16. und 17. Jh. F. und Versuche z. G. des MA. u. der Neuzeit, Festschrift f. Dietrich Schäfer. 1915.

Wichtiger war die Toleranz, die Niederlassungsfreiheit, die die Niederlande den Fremden gewährten. Die Gewissensfreiheit erschien PETTY neben der Sicherheit der Verkehrsordnung als der Hauptgrund des holländischen Aufschwungs.

Der Handelsverkehr brachte die Bedeutung des Kapitals zur Geltung. Erst die doppelte Buchführung, wie sie die Italiener des 13.—16. Jhs. ausgebildet hatten, ermöglicht dem Geschäftsmann eine logische Durchdringung des Stoffes, einen Überblick über seine Verhältnisse. SIMON STEVIN führte die italienische Buchführung in Holland ein.[1]) 1609 wurde die Bank von Amsterdam gegründet. Alle größeren Zahlungen sollten durch Umschreibung in ihren Büchern vorgenommen werden. Man vermied damit das lästige Umzählen der mannigfaltigen und verschiedenartigen Münzen. So wurde nach italienischem Muster ein Mittelpunkt des Abrechnungsverkehrs geschaffen. Im 17. Jh. gut geführt, hat sich die Bank von Amsterdam im 18. Jh. auch dem Fehler der italienischen Banken angeschlossen, der darin bestand, daß aus den Depositen der Bankkunden heimlich dem Staate (oder der Ostindischen Kompanie) Darlehen gewährt wurden.

Die Freiheit des Handels hatte früher in einem wichtigen Punkte sich im Gegensatz zu der herrschenden Moral entwickelt. Die Kirche verbot das Zinsnehmen. Der Zins trat deshalb häufig in verschleierter Form auf. Nun hatten wohl schon im 16. Jh. KALVIN und der französische Jurist MOLINÄUS den Zins vom Geldkapital gelten lassen wegen seiner Ähnlichkeit mit der Rente eines in Häusern oder Äckern angelegten Kapitals, allein den entscheidenden Umschwung brachten in dieser Frage die Schriften des Holländers SALMASIUS.[2]) Die religiösen Bedenken, die früher den Handel beschränkt hatten, traten zurück. „Frei muß der Handel sein, überall, bis in die Hölle“, so lautete ein kaufmännischer Kernspruch jener Tage.

In der Ostindischen Kompanie wurde 1602 die erste größere moderne Kapitalorganisation geschaffen, das Vorbild der Aktiengesellschaften.[3]) Miteinander konkurrierende Handels- und Reedereiunternehmungen, die sogenannten Voorkompanien, wurden hier, ebenso wie bei der Nordischen Kompanie, verschmolzen, so daß man auch von Vorläufern der modernen Unternehmerverbände reden kann. Die Kompanie war eine Kapitalvereinigung zu Zwecken des Erwerbes. Sie erhielt eine Verfassung, der staatlichen nachgebildet, und stand unter Aufsicht der Regierung, die auch die ersten Vorsteher ernannte. Die Verfassung war eine aristokratische. Die größten Einleger, die Bewindhebber, waren die Vorsteher der einzelnen Kammern, und aus ihnen wurde das Zentralkomitee der XVII zusammengesetzt. Erst gegen Ende des 18. Jhs. überließen sie die Geschäftsleitung einem angestellten Direkteur. Die Partizipanten legten in der Hoffnung, selbst später Bewindhebber zu werden, auf Kontrollrechte, wie sie Usselinx als durch eine

---

1) Hypomnemata Mathematica II, 2. 1605; vgl. E. L. JÄGER, Luca Paccioli und Simon Stevin. Stuttgart 1876.

2) BÖHM-BAWERK, Kapital und Kapitalzins. 2. Aufl. Innsbruck 1900. I, S. 39ff.

3) Die 1600 gegründete englische Ostindische Kompanie wird von Cunningham als regulated company bezeichnet. Zunächst wurde das Kapital nur für die einzelnen Reisen aufgebracht und dann mit dem Gewinn wieder verteilt. Der erste joint stock von 1613 sollte für vier Reisen reichen (SCOTT II. S. 101). Erst von 1657 an erlangte die Kompanie eine stabilere Finanzgebarung. Bei der Holländisch-ostindischen Kompanie war zunächst auch nur eine zehnjährige Geschäftsführung vorgesehen. Die Buchführung wußte den neuen Verhältnissen zunächst nicht Rechnung zu tragen. Die Dividenden standen in keinem Verhältnis zum Geschäftsgewinn unter Berücksichtigung der Erhaltung des Kapitals. Wie man bei den Voorkompanien jedesmal liquidiert hatte, so zog man auch jetzt das Kapital zu Dividendenausschüttungen heran. Als man später zu diesem Zweck sogar Anleihen erhob, brach die Kompanie 1781 zusammen.

ständige Partizipanten-Kommission wahrzunehmen vorschlug, geringen Wert. Der Kompanie wurde das ausschließliche Recht des Handels und der Herrschaft zwischen den Südspitzen Afrikas und Amerikas übertragen. Ihren Grundstock bildeten 65 Tonnen Gold, 6500000 fl. In 20 Jahren hatte der Kurs der Aktien sich auf das Dreifache erhoben und waren jährlich 20—24 % Dividende gezahlt worden.

Nach dem Muster der Ostindischen wurde 1621 mit 7 Millionen fl. die Westindische Kompanie gegründet, die hauptsächlich aus Schmuggel und Kaperkrieg nach dem spanischen Amerika Nutzen zog[1]) und 1636—1645 Brasilien beherrschte. 1648 ging durch den Frieden mit Spanien der Gewinn des Kaperkrieges verloren; Brasilien wußten die Portugiesen, seit 1640 von der spanischen Herrschaft befreit, den Holländern wieder zu entreißen. Aber wenn sich auch die Westindische Kompanie auf die Schmuggelinseln der Antillen (Curaçao) und Surinam beschränkte, das nordamerikanische Neu-Niederland, Neu-Amsterdam = Neuyork, 1667 verlor und 1674 sich auflöste, so entriß die Ostindische Kompanie den Portugiesen 1653 das Kap, 1657 Ceylon.

Die Aktien der indischen Kompanien bildeten bald eine Grundlage des Börsengeschäftes, das in Amsterdam sich zuerst auf weiterer Grundlage entwickelte. Schon 1610 erging ein oft vergebens wiederholtes Verbot gegen Zeitgeschäfte à la baisse.[2]) Weite Kreise erfaßte ein Spekulationsfieber, als man in den Tulpen einen Gegenstand ständig steigenden Wertes erfaßt zu haben glaubte. Vermögen wurden in Tulpen angelegt, und jeder suchte Anteil an dem neuen Reichtum zu gewinnen, bis die Schätzung umschlug und die Tulpenmanie mit einer allgemeinen Krise 1637 endigte.[3])

Dem Handel verdankte Holland seine Kapitalmacht, aber das Kapital befruchtete auch die ihm nahestehenden Gewerbezweige, wie den Schiffbau, die Brauerei, die Zuckerindustrie. Der Amsterdamer Großhandel hielt die Leidener Tuchindustrie in Abhängigkeit. Wie im Handel, so führte im Gewerbe das Kapital im 17. Jh. zu neuen Bildungen auf holländischem Boden. Nach der Aufhebung des Edikts von Nantes wanderten französische Refugiés ein, denen gegenüber die Schranken der alten Zunftverfassung nicht geltend gemacht wurden. So konnten sich über das Verlagsystem hinaus Manufakturen entwickeln, Betriebe, in denen in gemeinsamem Raum und unter gemeinsamer Aufsicht von vielen gearbeitet wurde. Schon 1682 errichtete Pierre Baille aus Languedoc in Amsterdam eine Weberei mit 110 Stühlen. Die holländischen Windmühlen, die für die Entwässerung des Landes oder als Getreide-, Öl- und Papiermühlen arbeiteten, stellten eine Verwendung des Kapitals im Produktionsprozesse dar, wie sie damals sonst selten erreicht wurde. Leiden und Haarlem nahmen als Sitze einer exportierenden Textilindustrie eine Stellung ein wie einst Ypern und Gent.

Nicht durch die Landwirtschaft blühte Holland, aber auch die Landwirtschaft blühte in Holland. Der städtische Markt, der dem Landwirt reichen Absatz versprach, ermöglichte ihm die intensivste Kultur. Nirgends wurden Gartenbau und Viehzucht besser gepflegt als in Holland, und das städtische Kapital vergrößerte

1) 1621—1636 nahm sie 547 spanische und portugiesische Schiffe im Werte von 30 Millionen fl., 1628 gelang es Piet Heyn, die Silberflotte mit 15 Millionen fl. an der Küste Kubas abzufangen.

2) Ehrenberg, Die Fondsspekulation und die Gesetzgebung. 1883.

3) Max Wirth, G. der Handelskrisen. 4. Aufl. Frankfurt 1890. S. 23ff.

durch Trockenlegung der Seen die landwirtschaftliche Fläche. In den Kolonien, vor allem in Neu-Niederland und am Kap, wurde dem Überschuß der Bevölkerung weitere Ansiedlungsmöglichkeit eröffnet. —

Die Freiheit der Verkehrswirtschaft, wie sie Holland erstrebte, sollte aber doch nur einem beschränkten Kreise der Volksgenossen zugute kommen. Holland setzte sich aus einem Bunde selbständiger Provinzen zusammen, in denen die einzelnen Stände und Städte wieder voneinander geschieden waren. Den Oraniern, mit denen es das niedere Volk hielt, gelang es doch nicht, die Schranken der ständischen Verfassung zu brechen. Holland bietet das Bild einer Stadtwirtschaft dar, wie es früher italienische und deutsche Städte in ihrer Kraft, aber auch in ihrer Einseitigkeit gezeigt hatten.[1]) So glänzend diese von Rembrandt verherrlichte Macht im 17. Jh. sich entfaltete, sie wußte die verschiedenen Kräfte des Landes nicht gleichartig zu entwickeln und war der gesammelten Kraft größerer Staaten nicht gewachsen.

Durch den Fall Antwerpens war Amsterdam groß geworden. Die Holländer sperrten die Schelde, wie einst Venedig den Ferraresen den Po gesperrt hatte, um das Monopol der Schiffahrt zu erlangen. Durch ihre Zollstätten hielten die Holländer den Verkehr der Maas, des Rheines und der Ems in ihrer Hand.

Das Rückgrat des holländischen Handels bildete der Ostseehandel. Es war das Ziel von Hollands Politik, seinen Schiffern freie Fahrt durch den Sund zu erringen, anderen, vor allem den Engländern, die Durchfahrt wenigstens durch höhere Zölle zu erschweren. Durch Darlehen an Dänemark suchten die Holländer sich vom Sundzoll loszukaufen, wie einst die Venetianer im griechischen Reiche durch ihre Dienste sich Zollvergünstigungen verschafft hatten.

Der Autorität des Papstes und Spaniens nicht achtend, schrieb Hugo Grotius 1609 für die Ostindische Kompanie sein „mare liberum". „De jure quod Batavis competit ad Indiiana commercia", hieß der Untertitel des Buches. Nur für die Holländer sollte die Freiheit des indischen Handels gelten. Mit Gewalt wurden die Engländer von den Gewürzinseln vertrieben[2]), so, wie einst die Hansen die Engländer aus Bergen hinausgeprügelt hatten, und es ist bekannt, welche Schwierigkeiten die Holländer den Kolonialplänen des mit ihnen verbündeten Großen Kurfürsten in den Weg legten.

Nicht minder scharf wie gegen Fremde gingen die großen Kompanien gegen die holländischen Interloper vor. Der indische Handel sollte auf die Mitglieder der Kompanien beschränkt bleiben, und als 1638 das Monopol der Westindischen Kompanie gelockert wurde, glaubte man alles Unheil nur auf die hieraus folgenden Unterbietungen des freien Handels schieben zu müssen.

Ähnliche Beschränkungen wie im Handel begegnen im holländischen Gewerbe. Für sein weiteres Gedeihen fehlte die nötige Freiheit des inneren Marktes. Die meisten Gewerbe blieben auf die Städte beschränkt. Den Abschluß auswärtiger Märkte, Zollmaßregeln oder Verbote, die ihnen die Zufuhr von Rohstoffen und die Ausfuhr ihrer Fabrikate hemmten, mußten die Holländer unter diesen Umständen besonders bitter empfinden. —

---

1) Scharf hebt Pringsheim, S. 36, S. 2 den stadtwirtschaftlichen Charakter Hollands gegen Schmoller hervor. Ebenso Hagedorn, Ostfrieslands Handel und Schiffahrt im 16. Jh. S. 343ff. Der Sondergeist der holländischen Stadtgemeinden verhinderte den Anschluß von Emden. Baasch, S. 26: „Der holländische Kapitalismus ist eine ausschließlich aus der Stadt hervorgegangene Erscheinung."

2) Folterung und Hinrichtung von Engländern auf Amboyna 1623.

Frankreich und England hatten den Holländern im Kampfe gegen Spanien beigestanden, allein mit dem Erstarken ihrer Macht wandte sich gerade die Eifersucht dieser Länder gegen Holland. England suchte durch seine Navigationsakte der holländischen Schiffahrt Abbruch zu tun, die Colbertschen Tarife richteten sich in erster Linie gegen Holland. In drei schweren Kriegen bekämpfte England die protestantische Brudermacht. 1654 wurde Holland gezwungen, die Navigationsakte anzuerkennen; 1667 mußte es Neu-Niederland abtreten. Allein 1672—74 wußten sich die Holländer gegen die vereinigten Franzosen und Engländer zu behaupten. Mit ihrer Flotte und ihrer Kapitalmacht nahmen sie damals eine Stellung ein, die mit der Englands in den Kämpfen gegen Napoleon verglichen werden kann. Ruyter, als Seeheld Nelson an die Seite zu stellen, hielt den vereinigten Flotten der Alliierten erfolgreich stand, und die holländischen Subsidien unterhielten die gegen Frankreich kämpfenden Armeen Spaniens, des Kaisers und der deutschen Fürsten.

Im Jahre 1689 bestieg Wilhelm III. den englischen Thron. Seitdem ging Holland mit England zusammen und verzichtete im 18. Jh. auf eine selbständige Politik. Wenn Holland im zweiten Kriege mit England auf Neu-Amsterdam (Neuyork) zugunsten von Surinam verzichtet hatte, so zeigt sich darin ein Rückgang seiner Handelsstellung zugunsten der kolonialen Plantagenkultur. Wie einst in Handel und Industrie, so lag später in dem Kolonialbesitz der Schwerpunkt des holländischen Reichtums. Holland wurde ein Rentnerland. Wie in Italien war man mit einer Verzinsung bis zu 2 % zufrieden und bangte vor der Rückzahlung der Staatspapiere. Dagegen fand ein großer Teil holländischen Vermögens im Auslande Anlage. Während der selbständige Warenhandel an Bedeutung einbüßte, blühten Wechsel- und Assekuranzgeschäfte. Man suchte an der Emission auswärtiger Werte und an der Börsenspekulation zu gewinnen. Holland blieb noch im 18. Jh. die erste Kapitalmacht, aber der holländische Unternehmungsgeist hatte sich von anderen überflügeln lassen. Die Wehrkraft des Landes verfiel, und als 1780 Amsterdam mit den von England abgefallenen amerikanischen Kolonien einen Handelsvertrag schloß, vernichtete England die holländische Seemacht; 1795 rückten die Franzosen ins Land ein. Die Handelsstellung von Amsterdam ging auf London über und auf Hamburg, das für eine Zeitlang zum ersten Hafen des Kontinents wurde.

4. Frankreich.

Levasseur, Histoire des classes ouvrières et de l'industrie en France avant 1789. 2. Aufl. 1900 u. 1901. Martin Saint-Leon, Histoire des corporations de métiers. 1909. G. Martin, La grande industrie sous le règne de Louis XIV., La grande industrie en France sous le règne de Louis XV. P. Gross, Der Colbertismus im Languedoc nach Colberts Tode 1683—1715. St. Gallen 1909. Forbonnais, Recherches et considérations sur les finances de France. Basel 1758. Strub, Laws Handels- und Kolonialpolitik, Züricher St. 7. G. Prato, Un capitolo della vita di Giovanni Law, R. Academia delle scienze di Torino 1914. H. Sieveking, Die Verflechtung der Schweiz in die Lawsche Krise. Festgabe der Universität Zürich 1914. F. K. Mann, Justification du Système de Law, Revue d'histoire éc. et sociale 1913,1. E. Allix, Propriété foncière et fortune mobilière, ebenda. A. Cunningham, British Credit in the last Napoleonic War. 1910. G. Roloff, Die Kolonialpolitik Napoleons I. Historische Bibliothek. Bd. 10. 1899. P. Darmstädter, St. zur napoleonischen Wirtschaftspolitik. VSozWG. II, 4 und III, 1. 1904 und 1905.

In den Maßregeln Colberts, des Ministers Ludwigs XIV., glaubte man gelegentlich den Kern des Merkantilsystems zu sehen, so daß man von ihm auch als von „Colbertismus" sprach. Diese Meinung ist einseitig. Nicht nur in absoluten Monarchien, wie in Frankreich, blühte der Merkantilismus, er hat sich vielmehr zuerst in den städtischen Republiken entwickelt und später in dem englischen Parlamente eine weitere Ausbildung gefunden. In England wurde der Merkantilismus sogar vielseitiger betrieben als in Frankreich. Die obrigkeitliche Regelung, die der Ausdehnung der Verkehrswirtschaft dienen sollte, umfaßte dort alle Berufsstände, die Landwirtschaft so gut wie Handel und Industrie, während es in dem agraren Frankreich, in dem noch Sully, der Minister Heinrichs IV., Ackerbau und Viehzucht als die Nährbrüste des Staates bezeichnet hatte, Colbert darauf ankommen mußte, Handel und Industrie durch eine zunächst einseitige Begünstigung erst zu wecken. Auch gelang es Colbert nicht, die französische Wirtschaft dauernd zu beeinflussen. Seine erfolgreiche Wirksamkeit umfaßte nur zwei Jahrzehnte, und man kann nicht sagen, daß seine Nachfolger in seinem Sinne weitergewirtschaftet hätten.

Erst im 17. Jh. konsolidierte sich die Macht des modernen Frankreich. Die Religionskämpfe des 16. Jhs., in denen zugleich der Streit zwischen der Krone und den Ständen ausgefochten wurde, fanden erst im 17. Jh. ihren Abschluß. 1628 nahm Richelieu La Rochelle ein. Die spanische Macht, die Frankreich von allen Seiten umklammerte, hatte sich im 17. Jh. noch einmal erhoben. Erst unter Turenne erwiesen sich die Franzosen dem spanischen Fußvolk überlegen, und erst in dem pyrenäischen Frieden von 1659 kam der endgültige Sieg Frankreichs zum Ausdruck.

1661—1683 wirkte Colbert als Generalkontrolleur der Finanzen für die französische Volkswirtschaft. Er befreite die französischen Finanzen von der Schuldenlast und der Unordnung, in der er sie vorfand, und schuf damit Ludwig XIV. die Mittel seiner großen Politik.[1]) Als wichtigstes Mittel zur Sanierung der Finanzen betrieb er die Hebung der Volkswirtschaft. Den Landbau förderte er durch Erleichterung des Steuerdrucks der Taille, durch Beseitigung vieler angemaßten Vorrechte des Adels; seine Hauptsorge aber war dem Aufblühen von Handel und Industrie gewidmet. Frankreich sollte im Mittelmeer an die Stelle Spaniens und der italienischen Städte treten. Nicht in Genua und Barcelona, sondern in Marseille sollte sich der Levantehandel konzentrieren. Wie Lyon als Handelsplatz Genf zurückdrängte, so sollte Lyons Exportindustrie und nicht mehr die der italienischen Städte die Welt mit Manufakturen versorgen. Colbert knüpfte hier an Maßregeln früherer Herrscher, besonders Franz' I., an. Wenn die Franzosen sich im Kampfe gegen die Habsburger der türkischen Bundesgenossenschaft bedienten, so erreichten sie damit zugleich Handelsvorteile im türkischen Reich. Wie Franz I. 1535 mit dem Sultan einen Vertrag abgeschlossen hatte, der ihm diese Vorteile sicherte, so gelang es Colbert, durch dasselbe Bündnis dem französischen Handel in der Levante die Vorhand zu verschaffen. Dieser Handel aber wurde in Marseille konzentriert, das zum Freihafen erklärt und dem das Vorrecht der Einfuhr von Spezereien nach Frankreich gegeben wurde.

In Frankreich war 1581 die Autonomie der Zünfte beseitigt; die Krone beanspruchte das Recht der Ordnung des Gewerbes. Allein sie hob die alte Wirtschaftsverfassung nicht auf, sie stellte sie nur auf einen neuen Rechtsboden. Als staatliche Einrichtungen blieben die Zünfte und die städtischen Vorrechte bestehen. 1673 suchte Colbert die Zunftverfassung auf das ganze Land auszudehnen. Die Zünfte

1) G. K. Hecht, Colberts politische und volkswirtschaftliche Grundanschauungen. Volkswirtsch. Abh. d. bad. Hochschulen I, 2. Freiburg 1898.

sollten vor allem der Erhebung der nach Klassen und Orten abgestuften Gewerbesteuer dienen. Um die Handwerker hierfür leistungsfähig zu erhalten, hielt man ihnen die Konkurrenz fern durch Beschränkung der Meister- und der Gesellenzahl. Allein die Mannigfaltigkeit des Bedarfs und der ihn befriedigenden Leistungen wurde namentlich im 18. Jh. so groß, daß es immer schwieriger wurde, die einzelnen Berufe gegeneinander abzugrenzen. Forbonnais rechnete, daß die Zünfte jährlich 1 Million Livres für Prozesse gegeneinander ausgaben, und besonders schwer war es, die Vorstadthandwerker den Zunftordnungen zu unterwerfen. Frei durfte auch die neue kapitalistische Exportindustrie sich nicht entwickeln. Sie nahm, wie in den italienischen Städten, die Formen der Zunft an, und so standen sich in der Lyoner Seidenindustrie die Organisationen der maîtres marchands, der Verleger, und der maîtres ouvriers, der hausindustriellen Meister, gegenüber; beider Tätigkeit aber war durch staatliche Reglements bis ins einzelne geregelt.[1])

Der bisher auf die Städte beschränkte Verkehr sollte dem ganzen Lande zugute kommen. Frankreich sollte ein Mittelpunkt des Gewerbes werden, von dem die anderen Länder, wie einst das platte Land von der Stadt, sich versorgen sollten. Zu diesem Zweck war Colbert bedacht, die natürlichen und rechtlichen Hindernisse, die den Verkehr im Lande hemmten, zu beseitigen. Er baute Straßen und Kanäle. Sein Hauptwerk ist der Canal du midi, der Atlantischen Ozean und Mittelmeer verbindet. Die mannigfachen Durchgangszölle, die an den Flüssen und Straßen erhoben wurden, faßte er durch den Tarif von 1664 in eine Abgabe zusammen, die an der Grenze bei Ein- und Ausfuhr zu zahlen war. Freilich galt dies Edikt nur für einen Teil Frankreichs, Normandie, Picardie, Champagne, Bourgogne, Berry, Bourbonnais, Poitou und Anjou sowie die von diesen eingeschlossenen Provinzen Isle de France, Orléannais, Nivernais, Touraine, und wenn Colbert in einem letzten „Compte au roi“ es aussprach, auf diesem Gebiete bleibe noch viel zu bessern, so wurde dieser Anregung später keine Folge gegeben.

Selbständig blieben die Pays d'Etat, die sich, wie Languedoc, Provence, Bretagne, Artois, Reste ständischer Vertretung zu retten gewußt hatten; sie galten in gewissem Sinne als Ausland; völlig als Ausland wurden die deutschen Provinzen Elsaß und Lothringen behandelt. Außerhalb der Douanenlinie von 1664 blieb so als selbständiges Zollgebiet Lyon, und in dem Rhônezoll von Valence erhielt sich ein schwer empfundenes Verkehrshindernis der südlichen Provinzen. Nicht in das Gebiet der Cinq grosses fermes, der fünf großen Steuerpachtungen, für die der Tarif von 1664 galt, fiel auch die Bretagne und mit ihr die Mündung der Loire, Nantes. Über die Binnenzölle, die z. B. der von Languedoc nach Paris beförderte Wein an 35 Stellen zu entrichten hatte, wurde noch im 18. Jh. geklagt. Und, wie am Rhein, führten die Flußzölle häufig zur Benutzung des unbequemeren Landweges. Innerhalb des ganzen Reiches wurde jedoch eine gewisse Freiheit des Handels dadurch erreicht, daß die Haftung der einzelnen für die Schulden ihrer Kommune, die sie sonst unberechenbaren Repressalien ausgesetzt hatte, aufgehoben wurde. Gelang es Colbert nicht, die Zolleinheit Frankreichs durchzuführen, so schuf er die nicht minder wichtige Rechtseinheit (Ordonnance de commerce 1673).

Der französische Handel und die französische Industrie wurden teils durch direkte Prämien unterstützt, die den einzelnen Gewerbtreibenden gewährt wurden, teils durch eine differentielle Belastung der Fremden. Um die heimische Schiffahrt

1) Savary, Dictionaire du commerce 1743ff.

zu heben, wurde die fremde mit einem Tonnengeld belegt, der Handel mit den Kolonien in Kanada und den Antillen, mit Afrika (Senegal) und Ostindien zum Privileg französischer Kompanien gemacht, schließlich wurde durch den Tarif von 1667, der auswärtige Manufakturen hoch belastete oder verbot, dem heimischen Gewerbe Schutz geboten, während man ihm die Zufuhr der Rohstoffe erleichterte.

Die Manufactures royales waren teils staatliche Etablissements, die vor allem für den Hof arbeiteten, wie die Gobelinsfabrik, teils mit starken Subventionen und Privilegien ausgestattete Unternehmungen, deren Organisation an die militärische erinnerte, deren Äußeres eine kleine, mauerumgebene Stadt für sich darstellte. Neben ihnen standen die privilegierten Manufakturen, ebenfalls mit Monopolrechten ausgestattet. Auch Ausländern wurden solche Patente und Privilegien gewährt. So errichteten die van Robais aus Middelburg 1665 in Abbeville eine Tuchmanufaktur.

Rühmend konnte Colbert die Erfolge seiner Maßregeln zusammenfassen: der Ausschluß der Holländer von dem Verkehr mit den Zuckerinseln hätte Frankreich einen Verdienst von 4 Millionen Livres jährlich zugewendet, ebensoviel der Export von Tüchern und Strümpfen; die Spitzenindustrie in Venedig und Genua wäre vernichtet, ihr Gewinn von 3600000 Livres käme jetzt Frankreich zugute, das außerdem 1 Million für seine Spiegel bezöge. Alle diese Einrichtungen setzten zahlreiches Volk in Nahrung und erhielten das Geld im Lande.[1]) —

Trotzdem mußte nach anfänglichen Erfolgen gegen das England der Restauration noch unter Ludwig XIV. Frankreichs Wirtschaft der englischen den ersten Platz einräumen. Was waren die Gründe dieses Mißerfolgs?

Zunächst gelang es den Franzosen nicht, jene Freiheit des Unternehmungsgeistes bei sich einzubürgern, wie sie bei den Holländern und Engländern die Grundlage der wirtschaftlichen Macht war. Nicht mit Unrecht hat man die Reglementierungen Colberts mit den Maßnahmen der Elisabeth und der ersten Stuarts verglichen. Während aber in England die Revolution zur Abschaffung der Monopole führte, hatten die Forderungen des dritten Standes in Frankreich, die 1614 und 1648 Abschaffung der Monopole und Privilegien und Freiheit der bisher von der Zunftverfassung befreiten Gewerbe verlangten, keinen Erfolg. Gegenüber der künstlich gezüchteten „Großindustrie" mußte der Kleinbetrieb, vor allem die ländliche Industrie, die in England die Grundlage des Verlagsystems bildete, und die auch später nach dem Aufgeben des Colbertschen Systems um die Mitte des 18. Jhs. unter Gournay 1750—70 wesentlich zu dem Aufschwung Frankreichs beitrug, zurücktreten. Colbert selbst hat den Schutz, den er dem heimischen Gewerbe gewährte, als Krücken bezeichnet, als Erziehungsmittel, das nach dem Selbständigwerden der Unternehmer wegfallen könnte. Entgegen dieser freieren Auffassung wurden aber unter seinen Nachfolgern die Reglements zu bureaukratischen Fesseln, die freiere Regungen hemmten. Hatte Colbert die Zahl der Ämter zu beschränken gesucht, so wurden unter seinen Nachfolgern massenhaft neue Stellen geschaffen. Es war das eine finanzielle Maßnahme, die die Kurie im 14. Jh. ausgebildet hatte. Brauchte der Staat Geld, so schuf er ein neues verkäufliches Amt. Dies wurde mit Sporteln dotiert, Gebühren, die der Berechtigte, nachdem er dem Staate die Kaufsumme gezahlt, selbst erhob. Doppelt war der Schaden dieser Einrichtung: statt eine selbständige Unternehmung zu betreiben, zogen viele es vor, solche einträg-

1) „Tous ces établissements ont donné à vivre à une infinité de peuples et ont conservé l'argent dans le royaume." Forbonnais I. S. 566.

lichen Posten zu erwerben, und die Kosten dieser Stellen hatten Handel und Verkehr zu tragen.

Verhängnisvoller noch als die fiskalische Erstarrung der Gewerbeverfassung wurde dem französischen Unternehmungsgeiste die Unterdrückung der religiösen Freiheit. Es schien, als verbinde sich mit den Ketzern Handel und Wohlstand. Und eben diese Elemente, die Hugenotten, traf der Bekehrungszwang und die Aufhebung des Edikts von Nantes 1685. Nicht als ob die Verfolgungen des Protestantismus die französische Industrie vernichtet hätten; allein indem die Réfugiés ihre Manufakturen nach Holland, England, Brandenburg und anderen deutschen Staaten brachten, förderten sie die Industrie dieser Länder auf Kosten Frankreichs, sie machten sie von Frankreich unabhängig, ja zu Frankreichs Konkurrenten auf auswärtigen Märkten. Der Plan Colberts, das Ausland in Abhängigkeit von der französischen Industrie zu erhalten, wurde dadurch vereitelt.

Weiter setzte die Verkehrswirtschaft, wie sie Colbert vorschwebte, die Behauptung der Seeherrschaft voraus.[1]) Colbert schuf eine französische Flotte, die im Mittelmeer durch die Bombardierung Algiers und Genuas Ruhm erntete. Allein Ludwig XIV. verlegte den Schwerpunkt seiner Unternehmungen in Landeroberungen, die ihn einer Koalition der Mächte gegenüberstellten, der auch die Mittel Frankreichs nicht gewachsen waren.

Wie Holland und England, suchte auch Frankreich auf Kosten Spaniens sich zu bereichern, und da Frankreich von spanischem Gebiet umgeben war, da die Schwäche des deutschen Nachbarn größere Gewinne versprach, legte sich Ludwig XIV. allzusehr an der Westgrenze fest. Gewiß erzielte er große Erfolge, einen Teil der spanischen Niederlande, die Franche Comté, Straßburg konnte er seinen Landen einverleiben, der spanische Erbfolgekrieg brachte den Bourbonen den Thron Spaniens, aber in der Hauptsache hatte Ludwig XIV. keinen Erfolg. Die Bewältigung Hollands gelang ihm ebensowenig wie die Vereinigung der spanischen Kolonialmacht mit der französischen Industriemacht, die nur kurze Zeit während des spanischen Erbfolgekrieges Bestand hatte. Nach dem Utrechter Frieden von 1713 sollte Spanien nie mit Frankreich vereint werden; der Assientovertrag, die einträglichen Negertransporte nach dem spanischen Amerika, fielen den Engländern zu, die reichen Nebenländer Spaniens, die spanischen Niederlande und Italien, bekam Österreich.

In diesen Kämpfen wurde die eigene koloniale Expansion vernachlässigt. Leibniz' Plan eines Zuges nach Ägypten wurde nicht verfolgt, und die von Colbert geschaffene Flotte erlitt 1692 bei la Hougue eine entscheidende Niederlage. Ludwig XIV. hinterließ Frankreich trotz aller Anstrengungen Colberts ebenso erschöpft und verschuldet, wie es gewesen war. Schon für den Ausgang des 17. Jhs. berechnete Davenant die französische Staatsschuld auf 100130000 £, der die Englands mit nur 17552544 £ und die Hollands mit 25000000 £ gegenüberstand. —

Es fehlte im 18. Jh. nicht an Versuchen, das wirtschaftliche Gleichgewicht wieder zugunsten Frankreichs zu verschieben. Einer der bedeutungsvollsten wurde von

---

1) Vgl. Edikt von 1664: „afin d'exciter par ce moyen tous nos Sujets des Provinces Maritimes d'entreprendre des voyages de long cours, et ceux des autres Provinces à y prendre intérêt." „Donné la meilleure partie de nos soins au rétablissement de la Navigation et du Commerce au dehors comme étant le seul moyen d'attirer cette abondance, dont nous souhaitons si ardemment que nos Peuples jouissent." FORBONNAIS I. S. 345, 337.

dem Schotten Law unternommen, der 1720 als Generalkontrolleur der Finanzen kurze Zeit Colberts Nachfolger war.

Hatte Colbert in den Zöllen das Hauptmittel zur Förderung der heimischen Erwerbsquellen erblickt, so dachte Law über den auswärtigen Handel freier. Wohl hat auch er, eine Zeitlang mit Erfolg, englische Arbeiter, Geschützgießer und Schiffbauer, Wollweber und Glasbläser, durch Prämien und Privilegien nach Frankreich herüberzulocken gesucht, das Zaubermittel aber, womit Law vor allem die innere Zirkulation beleben wollte, hieß der Kredit. Studien in England, Holland und Italien hatten ihn mit seiner Organisation vertraut gemacht. Am Turiner Hofe hatte Law noch 1711 Pläne einer maßvollen Anwendung des Kredits vorgelegt, eine Bankorganisation vorgeschlagen, bei der auf die Bardeckung starke Rücksicht genommen werden sollte, aber nach dem Tode Ludwigs XIV. unter dem Regenten zum einflußreichsten Mann des mächtigsten einheitlich geleiteten Reiches emporgestiegen, glaubte er rücksichtslos mit dem neuen Instrument spielen zu können.

Gleich seinem Landsmann Paterson, dem Begründer der Bank von England, wollte Law eine neue kapitalistische Organisation schaffen. Hatte Paterson mit einer anderen Gründung, der schottischen Darischen Kompanie, keinen Erfolg, so mißlang das Unternehmen Laws vollkommen. Der Grund lag in Laws merkantilistischer Überschätzung des Zirkulationsprozesses und in der Verwechslung von Geld und Kapital.

Eine Vermehrung der Zahlungsmittel in einem Lande kann zur Förderung der Unternehmungen beitragen. Law sah in dieser Vermehrung ein Hauptmittel zur Hebung der Volkswirtschaft. Nicht Gold und Silber, sondern Papierzettel sollten das Wunder wirken. Diese Noten sollten entsprechend dem Betrage der Aktien seiner Gründung ausgegeben werden. In Schottland schlug Law eine Hypothekenbank vor. Der Boden Schottlands sei ein sichererer Wert als der von Gold und Silber, er könne sich höchstens heben, während Gold und Silber durch Mehrproduktion an Wert verlören. Zu zwei Dritteln des Wertes sollten die Grundstücke beliehen und auf das Kapital der Gründung hin Noten ausgegeben werden, die also etwa unseren Pfandbriefen entsprochen hätten. In Frankreich gründete Law sein System auf die Aktien der Mississippikompanie[1]), die auch einen sichereren Wert darstellen sollten als Gold und Silber, und die darum mit ihren Noten das beste Zirkulationsmittel hergäben. Selbst wenn diese Wertschätzung richtig gewesen wäre, folgerte aus ihr noch nicht, daß diese Werte sich besonders zum allgemeinen Zirkulationsmittel eigneten. Als Kapitalanlage mochten sie geschätzt werden, ihr Wert als Zirkulationsmittel hing von der Nachfrage nach Zahlungsmitteln und von ihrer eventuellen Realisierbarkeit, ihrer Umwandlung in andere Formen des Kapitals, vor allem in die des auch im Ausland geschätzten Geldkapitals in Edelmetallen, ab. Solange nun nicht übermäßig viel Noten ausgegeben waren und die Besitzer sie als Zahlungsmittel verwenden konnten, ging alles gut. Als aber ein Übermaß von Zahlungsmitteln vorhanden war, suchte jeder diesen Besitz zu realisieren. Den ersten mochte dies gelingen, als aber alle sich zur Realisation drängten, zeigte sich, daß die zur Sicherheit dienenden Werte nicht so schnell

1) H. Gravier, La Colonisation de la Louisiane à l'époque de Law. Paris 1904. — A. Franz, Die Kolonisation des Mississippitales bis zum Ausgange der französischen Herrschaft. Leipzig 1906. „La monnaie d'or tire sa valeur de sa matière qui est un produit étranger. La monnaie de banque tire sa valeur de l'action de la Compagnie des Indes qui est un produit de la France." Frobonnais II. S. 583.

flüssig gemacht werden konnten. So wurden später in der Revolution die Assignaten auf die der Kirche und dem flüchtigen Adel abgenommenen Nationalgüter gestützt, aber wer mochte bei der politischen Unsicherheit kaufen? Wer konnte so viel Boden kaufen? Die Güter mußten unter ihrem Werte abgegeben werden und gingen doch langsam ab. Vollends die Aktien der Mississippikompanie! Eine Zeitlang waren sie sehr gesucht, da von ihrem Besitz die Erwerbung von Aktien neuer Unternehmungen abhing. Dann aber mußte dieser künstlichen Steigerung ein um so furchtbarerer Krach folgen.

Als Inflationist, als Vermehrer von Zahlungsmitteln ohne Rücksicht auf ihre Sicherheit, kann der Schotte Law dem Iren Carey an die Seite gestellt werden. Wie dieser im 19. Jh. in Amerika, so hatte Law in Frankreich vor allem den Wunsch, die englische Kapitalmacht durch eine Stimulierung der feindlichen Wirtschaft niederzukämpfen. Und in der Tat verfolgte man in London die Lawschen Pläne nicht ohne Besorgnis.[1])

Law erbot sich, die französische Staatsschuld zu übernehmen. Welch verlockendes Anerbieten! Diese schwere Last sollte dadurch, daß sie in Zirkulationsmittel verwandelt wurde, sogar ein Hebel der Volkswirtschaft werden! An die Stelle müßiger Rentner sollten die Aktionäre eines den französischen Handel umfassenden, gewaltigen Unternehmens treten. Es gelang Law, den Regenten von seinem Plane zu überzeugen.

1716 gründete Law eine Bank, die Noten ausgab und Wechsel diskontierte, 1717 die Compagnie d'Occident, der das ausschließliche Recht des Louisianahandels gegeben wurde. Am 4. Dezember 1718 wurde die Bank in eine Staatsbank verwandelt. Allein nicht die Erleichterung des Zahlungsverkehrs durch eine zentrale Bank, deren Vorteile Law den Franzosen klarmachte, auch nicht die Kolonisation Louisianas, der sich Law mit größtem Eifer widmete, indem er Ansiedler anlockte oder deportieren ließ, auf Edelmetallschätze fahndete und den Handel mit den spanischen Kolonien, wenn auch vergeblich, an Frankreich zu ziehen suchte, stellen den Kern des Lawschen Projektes dar, der vielmehr in der Benutzung des Agiogewinns einer alle faszinierenden Unternehmung zur Erleichterung des Staatskredites zu sehen ist.

Niemand hat es wie Law verstanden, durch Prämiengeschäfte, durch Abhängigmachen jeder neuen Aktienausgabe von Bezugsrechten der alten Aktionäre und durch geringe Anzahlungen bei den Neuemissionen den Kurs seiner Papiere in die Höhe zu treiben.

Die Billets d'Etat galten nur 30 %, als Law ihnen das Recht verschaffte, bei den Einzahlungen für das Kapital der Kompanie und der Bank voll in Anrechnung gebracht zu werden. Der Kurs seiner eigenen Papiere erreichte immerhin kaum das Pari, bis es 1719 Law gelang, die wichtigsten Finanzunternehmungen Frankreichs seiner Kompanie anzugliedern. Im Juni wurden die Ostindische und Chinesische Kompanie mit der Compagnie d'Occident vereinigt, die daraufhin den Namen Compagnie des Indes annahm, im Juli wurde ihr die Münzpacht übertragen. Dementsprechend traten zu den 200000 alten Aktien der Kompanie am

---

1) Public Record Office XIX State Papers, Foreign, France 166. Letters from Mr. Bladen and Mr. Pulteny. 26. August 1719: „we cannot but be something alarmed at a scheme that seems one day to threaten the destruction of all the British Colonies in America.“ 24. Dezember: „part of Mr. Laws scheme to improve as much as possible the French sugar plantations and to beat us entirely out of the sugar trade.“ 3. Januar: „Law says, we are bankrupts and shall be forced to shelter ourselves under the protection of France.“

20. Juni 1719 50000 neue Aktien zur Abfindung der alten Kolonialgesellschaften und am 27. Juli 50000 weitere Aktien zur Übernahme der Münzpacht. Man nannte die Aktien der ersten Neuemission filles, weil zu ihrem Erwerb der Ausweis von vier alten Aktien, den mères, nötig war, die der zweiten Neuemission petites filles, weil bei ihnen vier alte und eine junge Aktie der beiden früheren Emissionen nachgewiesen werden mußten. Das brachte einen Kurs von 110 bei der ersten und von 200 % bei der zweiten Emission.

Auf den Gipfelpunkt brachte Law sein System, als es ihm gelang, entgegen anderen Bewerbern, dem Antisystem, die Generalpacht der Steuern seinem Unternehmen zuzuwenden unter gleichzeitiger Übernahme der Rentenschuld des Staates, die aus ihr zu verzinsen war. Noch im August 1719 hatte die Erwartung dieses Geschäftes die Aktien der Kompanie auf das Zehnfache des Nominalwerts steigen lassen. Zu diesem Kurse konnte Law im September und Oktober die zur Übernahme der Generalpacht nötigen 300000 Aktien unterbringen, bei denen nur 10 % Anzahlung, 500 Livres, verlangt wurden, und die daher cinq cents hießen. Die einmal ins Rollen gebrachte Maschine ließ im Dezember die Aktien bis auf 20000 L., das Vierzigfache des Nominalwertes steigen. Wer also mit den nur 30 % geltenden Staatspapieren an der ersten Aktienausgabe sich beteiligt hatte, konnte es bis zum 120fachen seines ersten Einsatzes bringen. Kein Wunder, wenn alle Klassen von einem Spekulationsfieber ergriffen wurden und die Rue Quincampoix, ebenso wie später in London bei den South Sea Bubbles Change Alley, das tollste Gedränge sah.

Eine einem so hohen Kurse entsprechende Rente konnte sich kaum aus den Steuern, dem Münzgewinn und dem Handelsgewinn der Kompanie ergeben, und wenn Law im Dezember 1719 auch eine Dividende von 40 % beschließen ließ, so bedeutete das für Rentner, die ihre Aktien zu hohem Kurse erworben hatten, doch nur eine magere Verzinsung. Da keine weiteren Emissionen zu erwarten waren, fing man an, zu realisieren. Die Mississippiens kauften Landgüter und entfalteten einen ungeheuren Aufwand, die Preise stiegen, und der Kurs der Aktien geriet ins Wanken.

Um dem Sturz der Aktien entgegenzuarbeiten, verband Law am 23. Februar 1720 Bank und Kompanie miteinander, fixierte am 5. März den Kurs der Aktien auf 9000 L., also das 18fache ihres Nominalbetrages, und erklärte die Aktien für jederzeit in Noten umwandelbar. Damit wollte Law auch die Aktien zu Geld machen. Gleichzeitig sollte das Edelmetall zur Scheidemünze herabgedrückt werden. Schon am 21. Dezember 1719 war Silber nur für Zahlungen bis zu 10 L., Gold bis zu 300 L. erlaubt worden, am 27. Februar 1720 wurde die Barzahlung bei Beträgen von mehr als 100 L. verboten; niemand durfte mehr als 500 L. in bar in seinem Hause haben. Daneben wurde durch wiederholte Umtarifierung und Münzverschlechterung den Inhabern von Hartgeld ihr Besitz vollends verleidet, sie zum Umtausch in die scheinbar stabileren Noten veranlaßt.

Neben den Geldbesitzern tauschten auch die Aktienbesitzer eifrig in Noten um, so daß bis zum Mai 2½ Milliarden L. in Noten ausgegeben waren. Ihre Fülle drückte auf ihren Wert. Das veranlaßte Law, am 21. Mai 1720 den Kurs der Noten auf die Hälfte ihres bisherigen Wertes, den der Aktien auf 5000 L., also nur mehr das Zehnfache ihres Nominalwertes, den Emissionskurs der cinq cents, festzusetzen.

Mit Recht sah man in diesem Edikt einen Vertrauensbruch, es wurde zum Anstoß einer panikartigen Krise, die auch die Widerrufung des Edikts am 27. Mai nicht aufzuhalten vermochte. Law selbst wollte diese Herabsetzung des Notenkurses nicht anders als eine Umtarifierung etwa der Gold- oder Silbermünzen angesehen wissen, sie sei durch den Stand des Umlaufs gerechtfertigt gewesen. Wie dem König kraft seines Münzrechtes die Zirkulationsmittel gehörten, so könne er auch ihren Wert gegeneinander bestimmen. Aber eben diese Willkür in der Festsetzung, die auf die Marktverhältnisse und die Meinung der Geschäftswelt keine Rücksicht nahm, entzog der Regierung alles Vertrauen. Wie die Regierung mit allen Mitteln die Hochkonjunktur forciert hatte, so tat sie jetzt alles, den Zusammenbruch zu verschärfen. Die Gewinne der Mississippiens wurden als illegitim mit Strafen verfolgt und die Noten widerrufen.

Die Noten und die Aktien wurden wieder in festverzinsliche Werte umgewandelt, die wagenden Aktionäre wurden wieder zu Rentnern, die schwebende Schuld des Staates wieder zu einer stehenden, freilich unter starken Kürzungen, die nicht nur die alten Rentner, sondern vor allem auch die Geschäftswelt zu tragen hatte, deren Zirkulationskapital in Noten mit einem Male in schlechtstehende Rente umgewandelt wurde. Vergebens ließen die auswärtigen Kaufleute durch ihre Regierungen protestieren. Die Liquidation der Lawschen Papiere kam einem Bankrott gleich.

Die Verbindung der kapitalistischen Formen der Wirtschaft mit der Machtfülle des Absolutismus, von der Law so Großes erwartete, hatte sich wegen der Willkür der Herrscher als verhängnisvoll erwiesen. Die rasche Änderung in den Vermögensverhältnissen, die durch das System eintrat, erschütterte die Stellung der alten Privilegierten. Die demokratische Verfassung, die Law im Gegensatz zu seinen holländischen Vorbildern seiner Kompanie verlieh, die Gleichheit der Aktionäre, half die politische Gleichheit der Revolution vorbereiten.

Eigentümlich, daß so hervorragende Schriftsteller wie James Steuart und Büsch den Irrtum Laws nicht erkannten! Sie meinten, wenn man die Fülle der Noten ruhig hätte weiter zirkulieren lassen, wäre alles in Ordnung geblieben, und übersahen ganz ihre Entwertung. So konnte das System Laws in der Assignatenwirtschaft noch einmal erstehen. Während die beschränkte Anwendung des Mittels der Ausgabe nicht in bar gedeckter Noten die Bank von England zum Rückgrat der Wirtschafts- und Finanzkraft Englands in den Kämpfen gegen die französische Revolution und Napoleon machte, konnte erst 1870 die Bank von Frankreich ihrem Lande den gleichen Dienst leisten. —

Im Siebenjährigen Kriege war Frankreich Kanadas verlustig gegangen, und auch in Ostindien hatte es den Engländern weichen müssen. 1770 löste sich die Französisch-ostindische Kompanie auf. Die Aufhebung der Vorrechte der Westindischen Kompanie (1734), die Erlaubnis eines gewissen Verkehrs der Neutralen mit den Kolonien (1784) ließen dafür die französischen Antillen im 18. Jh. aufblühen. 170 Millionen Frcs. soll ihre Jahresproduktion ausgemacht haben, davon der Hauptwert Zucker und Kaffee, daneben Baumwolle, Kakao, Ingwer, Indigo. Aber auch das französische Gewerbe nahm 1750—70 unter der größeren Freiheit, die ihm Gournay und seine Schüler gewährten, einen Aufschwung, wie er nach Martin nur mit dem der Jahre 1850—70 verglichen werden kann. Die alten Fabrikationsvorschriften kamen außer Übung, dafür aber begegnen seit 1749 Maßnahmen gegen die Arbeiterorganisationen, die durch das Wandern der Gesellen begünstigt, aber in verschiedene geheime Orden gespalten waren. Wie sehr es Frankreich gelang, sich als Industrieexportland zu entwickeln, erhellt daraus, daß nach einer Schätzung Neckers von 300 Millionen L. der französischen Ausfuhr 150 Millionen auf Fabrikate zumeist der Textilindustrie und 40 Millionen auf Wein und Spirituosen entfielen, während von einer Einfuhr von 230 Millionen 26 Millionen auf Rohwolle, 30 auf Rohseide und nur 40 auf Fabrikate kamen.

Neben reichen Kaufleuten und Fabrikanten stellten Steuerpächter und Ämterkäufer jene Finanzaristokratie dar, der gegenüber der alte Adel schon im 18. Jh. zurücktrat.

Die der französischen Revolution folgenden Wirren raubten Frankreich seinen blühenden Kolonialbesitz und gaben England auf diesem Gebiete die Vorhand. Noch einmal versuchte Napoleon die Vormachtstellung Englands zu brechen, indem er nicht nur im Anschluß an Colbert durch Zölle und Verbote die englische Wareneinfuhr zu bekämpfen suchte, sondern auch im Anschluß an Law seine Angriffe gegen den Kredit der Bank von England richtete.

Der französische Merkantilismus erreichte seinen Höhepunkt, als die französische Revolution und Napoleon die Militärmacht Ludwigs XIV. mächtiger erstehen ließen. 1791 wurde durch Aufhebung der Binnenzölle aus Frankreich ein einheitliches Wirtschaftsgebiet geschaffen. Die Siege der französischen Waffen öffneten die abhängigen Festlandsstaaten dem Absatz der französischen Waren, ohne daß Frankreich ihnen seinen Markt darbot. Allein im Kampf gegen England unterlag Frankreich auch diesmal. Vergebens verbot Frankreich 1796 die englischen Waren, vergebens errichtete Napoleon 1806 die Kontinentalsperre. Nelson errang 1805 bei Trafalgar den entscheidenden Sieg. Die Seeherrschaft verschaffte England das Monopol des Kolonialhandels. Und wie die Überspannung der merkantilistischen Absperrung versagte, so führte die Minderung der Kaufkraft der unterworfenen Gebiete 1811 zu einer Krise der dadurch in ihrem Absatz geschädigten französischen Industrie. Schon vor dem politischen Zusammenbruch zeigte sich die wirtschaftliche Niederlage Frankreichs.

5. England.

W. Cunningham, The growth of english industry and commerce in modern times. 3. Aufl. Cambridge 1903. Hewins, English trade and finance, chiefly in the 17. century. 1892. Ashley, The Tory Origin of free trade policy, Quart. J. of Ec. 11. 1897. G. Schmoller, Die englische Handelspolitik im 17. und 18. Jh. 1899. W. Michael, Die Entwicklung der englischen See- und Weltmacht: Nauticus 1900. S. 124ff. Cromwell, Geisteshelden Bd. 51. R. Faber, Die Entstehung des Agrarschutzes in England. Straßburger Abh. 1888. H. Levy, Monopole, Kartelle und Trusts, dargestellt an der Entwicklung in Großbritannien. 1909. Die Grundlagen des ökonomischen Liberalismus in der G. der englischen Volkswirtschaft. 1912. G. Unwin, Industrial Organisation in the 16. and 17. centuries. 1904. W. Scott, The constitution and finance of english, scottish, and irish Joint-Stock Companies to 1720. 1910—12. E. Bernstein, Kommunistische und demokratisch-sozialistische Strömungen während der englischen Revolution des 17. Jh., in G. des Sozialismus in Einzeldarstellungen I, 2. Lujo Brentano, Eine G. der wirtsch. Entwicklung Englands II. Die Zeit des Merkantilismus. Jena 1927.

Nicht nur innere Zwiste, die Ansprüche der Kirche und die Unsicherheit der Thronfolge hemmten im MA. das Gedeihen der englischen Wirtschaft; vor allem ging die Festlandspolitik der Herrscher über die Kräfte des Landes. Die Kämpfe um die Krone Frankreichs erschöpften die Mittel derart, daß den auswärtigen Kaufleuten, den Hansen und den Italienern, gegen Geldbewilligungen große Vergünstigungen gewährt werden mußten. Ihnen verliehen die Herrscher solche Privilegien, um damit ihre Finanzen vor der unbequemen Kontrolle des Parlaments sicher und selbständig zu gestalten. In ihren Händen befand sich daher bis ins 16. Jh. ein großer Teil des englischen Handels.

Nach den Rosenkriegen konsolidierte sich England und wurde unter Elisabeth zur protestantischen Vormacht. Die festländischen Eroberungen wurden aufgegeben, hatte doch die Königin alles aufzubieten, sich gegen ihre inneren und äußeren Feinde zu behaupten. Wie Holland, so erhob sich auch England im Kampfe gegen Spanien. Die englische Flotte brachte 1588 der spanischen Armada eine entscheidende Niederlage bei. Th. Gresham, der Begründer der Londoner Börse 1567[1]), vermochte Englands Geldbedarf von dem Antwerpener Markte unabhängig zu gestalten und auf die Kapitalkraft des eigenen Landes zu stellen. Durch die Münzreform von 1560 war dem Geldwesen Englands eine solide Basis gegeben. Die alten, minderwertigen Münzen wurden eingezogen, und wenn auch die neuen Münzen der Entwertung Rechnung trugen, so verfügte doch jetzt England über einen gleichmäßigen Wertmaßstab.

Schon 1534 hatten die letzten Galeeren der Venetianer England verlassen[2]), 1578 wurden die Privilegien des hansischen Stahlhofes in London aufgehoben.[3]) Die Engländer nahmen den Handel nach der Levante und nach Deutschland selbst in die Hand. Die Stapler, die nach dem Stapelplatz Calais die englische Wolle exportiert hatten, traten immer mehr zurück hinter den Merchant Adventurers, die zuerst in Antwerpen, später in Hamburg, der Hansestadt, ihre Niederlassung für den Export englischen Tuches einrichteten. Bereits 1553 waren die Russische Kompanie und die Afrikanische Kompanie, von Scott als die ersten Aktiengesellschaften bezeichnet, gegründet worden. Ihnen folgten 1568 die Privilegien für die Bergwerksunternehmungen der Mines Royal und der Mineral and Battery Works. Auch für die Kaperei wurden Gesellschaften gegründet, durch die die Kapitalien weiterer Kreise für dies gefährliche, aber unter Umständen recht einträgliche Geschäft aufgebracht wurden.

Handel und Gewerbe durften sich indes unter dem Schutz der englischen Macht nicht durchaus frei betätigen, sie wurden vielmehr einer eingehenden obrigkeitlichen Kontrolle unterworfen. In dem Statute of Artificers von 1562 ersetzte Elisabeth die bisherigen für die einzelnen Städte erlassenen Zunftordnungen durch eine für das ganze Reich geltende Gesetzgebung. Die harte Bedingung der siebenjährigen Lehrzeit vor der Meisterschaft wurde von London auf ganz England ausgedehnt. Organe der Regierung wachten über der Innehaltung der Vorschriften für die Güte der Waren und den Lohn der Arbeiter. Ebenso war der auswärtige Handel das Vorrecht bestimmter Kompanien. Wer ihn treiben wollte, mußte einer Kompanie beitreten, sich ihren Satzungen unterwerfen, die nach Art städtischer Zunftordnungen die Konkurrenz unter den Mitgliedern einschränkten (regulated companies), wie die Merchant Adventurers, die Eastland Company, die Levante Company, oder zur Ausnutzung des Privilegs ein gemeinsames Kapital aufbrachten (joint-stock companies). Die Krone konnte sich der Finanzkraft dieser privilegierten Kompanien bedienen. So zwang Elisabeth namentlich die Merchant Adventurers, aber auch die Russische und die Afrikanische Kompanie zu wiederholten Darlehen. Auf der Verbindung der Staatsmacht, die sich in den Dienst der nationalen Kaufleute stellte, und der Handelsgesellschaften, die als Agenten der Krone auftraten, beruhte die Stoßkraft der britischen Expansion. Im Tuchgeschäft waren ihre wichtigsten Interessen konzentriert.

1) I. W. Burgon, The life and times of Sir Thomas Gresham. 1519—79 (1839).
2) G. Schanz, Englische Handelspolitik gegen Ende des MA. Leipzig 1881. I, S. 166.
3) R. Ehrenberg, Hamburg und England im Zeitalter der Königin Elisabeth. Jena 1896.

William Cecil Lord Burleigh, 1572—1598 Lord Treasurer unter Elisabeth, wußte durch Prämien und Herbeiziehen von Fremden, deutschen Bergleuten und belgischen Webern, neue Gewerbszweige in England zu pflanzen. Francis Drake und Walter Raleigh legten den Grund zu der kolonialen Expansion Englands (Virginia). Allein aus den Berichten Raleighs von 1603 und 1618 erhellt, wie groß damals noch die Überlegenheit Hollands war.

Unter den ersten Stuarts wurde ein System gewerblicher Förderung und fiskalischer Ausbeutung ausgebildet, eine Verbindung von Kapitalismus und Fiskalismus, wie sie ähnlich zwischen den Habsburgern und den Augsburgern bestanden hatte. Wer eine neue technische oder kommerzielle Kombination aufbrachte, dem verlieh die Krone gegen entsprechende Gebühren ein Monopol. So wurde den Zinngießern ein Monopol des Zinnbergbaus, ferner ein Salzmonopol, ein Seifenmonopol, ein Stecknadelmonopol bewilligt. Diese Monopole waren nicht nur als Mittel, der Krone ohne parlamentarische Bewilligung Geld zu verschaffen, verhaßt, gegen sie wandte sich vor allem die Masse der durch das Monopol geschädigten kleinen Produzenten und das Publikum, das gegen höhere Preise keineswegs immer eine bessere Ware bekam. Dem Unwillen gegen die Monopole hatte das Parlament schon 1601 und 1624 Ausdruck gegeben. Einen endgültigen Sieg erlangten diese Bestrebungen, als 1640 das lange Parlament zusammentrat. Das Ergebnis war, daß im 18. Jh. Smith für England nur städtische Monopole, wie das der Fleischer, und koloniale Handelsmonopole anführen konnte, während er für nationale Industriemonopole auf das französische Beispiel hinweisen mußte.

Die englische Revolution wurde durch religiöse und politische Impulse getragen. Wirtschaftlich führte sie zur Freiheit der Unternehmer von obrigkeitlicher Aufsicht. Sie brachte aber auch soziale Bestrebungen hervor. Unter den siegreichen Independenten wandten sich 1649 die Leveller mit dem Rufe: Des Volkes Freiheit, des Soldaten Recht! gegen die Gentlemen. Freiheit bestehe nicht im freien Handel, sondern im freien Genuß der Erde, die Gemeingut aller sei. Und so fingen die poor diggers, die armen Gräber von George Hill, an, das öffentliche Land zu bebauen. Winstanley gab 1651 in seinem Law of freedom dem Gedanken Ausdruck, die politische Freiheit müsse auch zur wirtschaftlichen führen. Dazu müsse die Grundherrschaft durch Beseitigung des Eigentums am Boden aufgehoben werden. Nur der Staat dürfe vom Ausland kaufen und verkaufen. Er habe ein Magazin für Rohstoffe und eins für Fabrikate einzurichten, aus dem sich jeder versorgen könne.

In seiner Oceana fordert Harrington 1656 den Kampf gegen den großen Grundbesitz. Zahlreiche freie Landwirte könnten allein eine freie Verfassung gewährleisten; denn die Herrschaft richtete sich nach dem Eigentum.

Unter den Quäkern schlug John Bellers 1695 ein College of industry vor. Er vermied den Ausdruck Werkhaus, weil hier der Gedanke der Bestrafung der Bettler im Zuchthause überwogen hatte. Sein Arbeitshaus sollte 300—3000 Menschen umfassen, die in möglichst gegliederter Produktion alles, was sie brauchten, und Überschüsse dazu erzeugten. Das Haus sollte vier Flügel haben, einen für Verheiratete, je einen für ledige Männer und Mädchen, einen für Kranke und Invaliden. Die Mahlzeiten sollten gemeinsam sein. In dieser Welt im kleinen sollten geschickte Meister Lehrlinge heranbilden. Die Armen sollten wertschaffend beschäftigt werden. Arbeit sollte der Wertmaßstab sein.

Wir sehen, die soziale Frage war in jener Zeit Bauernfrage und Armenfrage.

Durch Organisation und Erziehung sollten die Armen zu Arbeitern werden, den Landbebauern das Land gehören. Diese sozialen Strömungen mußten freilich damals in England zurücktreten. Der große Grundbesitz und die kapitalistische Unternehmung in Handel und Industrie übernahmen in England die Führung des Wirtschaftslebens.

Die Revolutionen des 17. Jhs. untergruben die Herrschaft der Ordnungen des Zeitalters der Elisabeth, aber das Commonwealth wußte die englischen Interessen nach außen ebenso energisch zu vertreten wie die Königin. 1651 wurde die Navigationsakte erlassen, die die Einfuhr Englands aus fremden Erdteilen ebenso wie die Küstenschiffahrt und den Fischfang der englischen Flagge vorbehielt, während die Einfuhr aus europäischen Ländern nur auf Schiffen des Ursprungslandes oder auf englischen erfolgen durfte. Diese Maßregel richtete sich gegen die Holländer, die damals einen großen Teil auch des englischen Handels besorgten. Cromwell wußte in einem schweren Seekriege Holland zur Anerkennung der Navigationsakte zu zwingen. Insofern aber dies Gesetz zwischen den einzelnen englischen Schiffern keinen Unterschied machte, keine besondere Privilegierung irgendeiner Gruppe enthielt, wie die alten Ordnungen, wurde es als freihändlerische Maßregel damals aufgefaßt.

Cromwells Angriff auf das spanische Kolonialreich scheiterte 1654 auf San Domingo und führte nur zur Eroberung von Jamaika. Aber Blake besiegte die spanische Flotte 1657 bei Santa Cruz auf Teneriffa. In Portugal und in Schweden suchte Cromwell dem englischen Handel eine Monopolstellung zu gewinnen.

Der politische Absolutismus ist unter Umständen geneigt, in wirtschaftlichen Dingen größere Freiheit zu gewähren als eine parlamentarische Herrschaft, und es wäre verkehrt, den Aufschwung Englands einzig der Revolution von 1688 zuzuschreiben. Ebenso einseitig erscheint aber die Auffassung, die den Stuarts das Hauptverdienst an der Blüte Englands beimißt, eine Meinung, in der sich in gemeinsamem Gegensatz gegen die Ansprüche der Bourgeoisie imperialistische Historiker (Cunningham) und Sozialisten (K. Marx) begegnen. Mit Recht feiert Seely (Expansion of England) Cromwell als Begründer der englischen Seemacht. Die Restauration konnte in vielem von der Wirtschaftspolitik Cromwells zehren. Die finanziellen Schwierigkeiten des Protektorats, die 1657 zu einer Erneuerung des Privilegs der Ostindischen Kompanie gegen entsprechende Leistungen führten, ließen freilich auch das industrielle Leben Englands von den Schlägen des Krieges sich nur langsam erholen.

Die Navigationsakte förderte den englischen Schiffsbau und damit eine Grundlage der englischen Macht, weshalb sie auch von Ad. Smith gepriesen wurde; aber den englischen Handel, der vielfach auswärtige Schiffe benutzt hatte und nicht gleich genügend englische zur Verfügung gestellt bekommen konnte, schädigte sie zunächst. Aus dem baltischen, russischen, grönländischen Handel mußten sich die Engländer zugunsten der Holländer zurückziehen, und in den Kolonien konnte zunächst, namentlich solange Neu-Amsterdam noch in den Händen der Holländer war, an die Durchführung der Navigationsakte nicht gedacht werden. Sie wurde aber unter der Restauration eingeschärft und der Handel mit den Kolonien strengeren Bestimmungen unterworfen. Nach dem Gesetz von 1660 durften die Kolonien die tropischen Produkte, wie Zucker, Tabak, Baumwolle, ferner Schiffsbaumaterialien (enumerated articles) nur nach England bringen, während sie solche Waren, die den englischen Produkten Konkurrenz machen konnten, wie Korn, Spiritus, Pökelfleisch, überallhin exportieren durften. Nach dem Gesetz von 1663 durften die Kolonien europäische Waren nur über englische Häfen beziehen. Der koloniale Schiffsbau wurde durch die Akte so gut wie der englische begünstigt, aber der koloniale Handel mußte ihre Beschränkungen schärfer empfinden als der englische, sobald sie strikte durchgeführt wurden. Das aber geschah erst im 18. Jh. Hamburg wurde 1661, Holland 1667 die Waren des deutschen Hinterlandes als eigene zu rechnen gestattet.

Unter der Restauration führte die Einstellung der Zahlungen des Schatzamtes 1672 zu einer Krise unter den Goldschmieden, denen man seit der Beschlagnahme der Depositen im Tower durch Karl I. 1640 seine Gelder anzuvertrauen gewohnt war. Durch die Verbindung mit Portugal erhielt England 1661 Tanger und Bombay. Die englische Industrie bildete sich im Laufe des Jhs. zu einer auch die letzten Stadien des Produktionsprozesses, z. B. im Wollgewerbe die Färberei, beherrschenden Technik aus.

In einer merkwürdigen Statistik rechnet Gregory King 1689 unter denen, die den Reichtum des Landes mehren, 356586 ländliche Familien, in der Hauptsache Pächter und Freisassen, aber auch Lords und Geistliche. Der Handel ist durch 50000 Familien vertreten, 2000 Großkaufleute über See, die sich wie die Ritter stehen, 8000 kleinere Kaufleute über Land, die sich etwas schlechter stehen als die Gentlemen, und 40000 Ladenbesitzer. 60000 Gewerbetreibende und Handwerker stehen mit diesen auf gleicher Stufe. Wir sehen die überragende Bedeutung der Landwirtschaft im damaligen England und die noch geringe Bedeutung des Gewerbes neben dem Handel. Während auch Beamte und liberale Berufe zu den den Reichtum des Landes mehrenden gezählt werden, sollen 400000 Häusler und Arme, 364000 Arbeiter, 50000 Matrosen und 35000 Soldaten ihn mindern (Brentano II. S. 240—41).

So energisch England im 17. Jh. den Niederlanden nacheiferte, auf eine gleiche Stufe wurde die englische Wirtschaft doch erst durch die politische Verbindung beider Länder gehoben, durch die „glorreiche Revolution“ des Jahres 1688, die den Oranier Wilhelm III. auf den englischen Thron brachte. Der politische Schwerpunkt lag seit der Declaration of rights 1689 im Parlament. Die Parlamentsherrschaft ermöglichte eine Freiheit der Unternehmung, wie sie in anderen Monarchien damals nicht bestand. Die freiere Wirtschaft war aber, wie in Holland zu Beginn des Jahrhunderts, verbunden mit kapitalistischen Organisationen. Die joint-stock Companies, die Aktiengesellschaften, gewannen für England wachsende Bedeutung.[1])

Zahlreich waren die Gründungen, bei denen in dieser Form das Kapital gerade auch gewagten Unternehmungen zugeführt wurde. Neben Unternehmungen für die einzelnen Zweige des auswärtigen Handels, die Fischerei, die Kaperei, die Bergung von Wracks, die Gründung von Kolonien (Virginia Company 1618) standen Bergwerksunternehmungen, Gesellschaften für Wasserversorgung, für Landverbesserung, für industrielle Unternehmungen (Papier, Leinen, Glas, Metalle), schließlich Bank- und Versicherungsgesellschaften.

Unter diesen Aktiengesellschaften ragten drei hervor, die Bank von England, die neue Ostindische Kompanie und die Südseegesellschaft. Was sie alle auszeichnete, war ihre Verbindung mit den Finanzen des Staates. Gegen die Hingabe bedeutender Kapitalien (1200000 £ 1694, 2000000 £ 1698, 10000000 £ 1711) wurde den Gläubigern außer dem durch bestimmte Staatseinkünfte gesicherten Zins ein bestimmtes Privileg gegeben, der Bank von England das Privileg der Notenausgabe, der Ostindischen Kompanie das des Handels jenseits des Kaps der guten Hoffnung, der Südseegesellschaft das des Handels in den südamerikanischen Gewässern.

---

1) Ehrenberg, Zeitalter d. Fugger II. S. 305; genaue Aufzählung und G. der einzelnen Unternehmungen bei Scott.

Schon in Italien hatte man es verstanden, für den Geldumlauf und die Kapitalbeschaffung den Kredit einer vom Staate gestützten Bank heranzuziehen. Der 1587 in Venedig gegründete Banco di Rialto war zwar lediglich eine Depositenbank, der 1593 das Privileg verliehen wurde, daß alle Wechselzahlungen nur durch sie erfolgen sollten, der 1619 eröffnete Banco del Giro jedoch begann mit starken Verbindlichkeiten des Staates, dessen Schuldverschreibungen in den Bankbüchern von der Geschäftswelt als Zirkulationsmittel genutzt wurden.

So war die 1694 gegründete Bank von England im Gegensatz zur Bank von Amsterdam nicht nur Giro-, sondern auch Kreditbank. Den Kredit, den sie gab, verschaffte sie sich vor allem durch anfangs verzinsliche und auf den Namen lautende Noten; sie durfte sich bis zur Höhe des dem Staate geliehenen Kapitals verschulden. Sie diskontierte Wechsel, gab Lombarddarlehen und betrieb den Edelmetallhandel. 1708 erhielt sie das Privileg, daß keine andere Gesellschaft von mehr als 6 Personen Noten ausgeben dürfe. Kurzfristige kaufmännische Verbindlichkeiten bildeten von vornherein die Deckung der nicht in bar gedeckten Noten. Aber die Krisen, denen schon 1696 die Bank ausgesetzt wurde, zeigten deutlich, daß der durch die parlamentarische Kontrolle gestärkte Staatskredit die eigentliche Stütze der Bank war. Dieser Staatskredit wurde für die Handelswelt ausgemünzt, die ihn ihrerseits aber wieder stützte, indem sie auch die nicht in bar gedeckten Noten als Zahlungsmittel anerkannte. So kennzeichnet sich die Bank von England als ein aus dem Bündnis von Handelswelt und Staat hervorgegangenes Institut. Das Patersonsche Projekt trug den Sieg davon über das Chamberlainsche einer Landbank, bei der im Interesse der Tories der Grundbesitz durch Hypothekenbeleihung mobil gemacht und ausgemünzt werden sollte. Auf die Dauer bildete sich die Bank von England zum wichtigsten Pfeiler des englischen Wirtschaftslebens aus; sie wurde zum Hauptstützpunkt des Handels und der Finanzen und zu einem der wirkungsvollsten Mittel der Ausdehnung des englischen Einflusses.[1])

Die 1698 gegründete neue Ostindische Kompanie schloß 1702 eine Verwaltungsgemeinschaft mit der alten Kompanie und verband sich 1709 ganz mit ihr. Das englische Unternehmen des 17. Jhs. konnte sich dem holländischen nicht an die Seite stellen. 1697 jedoch rechnete Davenant von 2 Millionen £ englischen Handelsgewinns 600000 £ Gewinn aus dem ostindischen Handel, 900000 £ aus dem übrigen Kolonialhandel und nur 500000 £ Gewinn aus der englischen Ausfuhr, besonders von Tuchen. Im 18. Jh. eroberte die Kompanie England das indische Festland. Der Sieg des Lord Clive über den Nabob von Bengalen bei Plassey 1757 und die Erfolge Warren Hastings (1773—1785) verschafften England im Osten das Übergewicht über den französischen, ja, über den holländischen Einfluß. Für die inneren Verhältnisse Englands wurde die Kompanie, ähnlich wie die Casa di S. Giorgio für Genua, dadurch wichtig, daß in ihr Elemente zu Ansehen gelangten, die in der Heimat vom Regiment ausgeschlossen waren. Wie die Casa di S. Giorgio dem Genueser Adel zugute kam, so half die Ostindische Kompanie dem Aufstieg des englischen Mittelstandes.[2])

Die Bank und die Ostindische Kompanie schienen eine Zeitlang die 1711 gegründete Südseegesellschaft in den Schatten stellen zu wollen. Freilich, das Privileg des

1) E. v. Philippovich, Die Bank von England im Dienste der Finanzverwaltung des Staates. Wien 1885. S. 37ff. S. Asgill, Several assertions proved in order to create another species of money than gold and silver, 1696, war für eine Landbank eingetreten. Hollander Reprints.
2) Ehrenberg, Ostindische Handelsgesellschaften, im HWbStW. 3. Aufl. VI, S. 961.

Handels mit dem spanischen Amerika brachte ihr die erhofften Gewinne auch dann nicht, als nach dem spanischen Erbfolgekrieg 1713 Spanien der englischen Gesellschaft den Assientovertrag überließ, der ihr das gewinnbringende Geschäft der Versorgung der spanischen Kolonien mit Negersklaven brachte. Um so gewaltiger war der 1719 gefaßte Plan einer Übernahme sämtlicher englischen Staatsschulden durch die Gesellschaft. Die Projekte der Südseegesellschaft stehen im engsten Zusammenhang mit denen LAWS in Frankreich. LAW war durch das Vorgehen der englischen Gesellschaft beeinflußt und beeinflußte sie dann später wieder. Im Februar bis Juli 1719 übernahm die Südseegesellschaft das Lotterieanleihen, der Juli bis Dezember 1719 sah in Frankreich die Erfolge LAWS in der Übernahme der dortigen Staatsschuld, im Dezember 1719 hatte sich die Südseegesellschaft die Konvertierung von 31 Millionen £ englischer Staatsschuld gesichert.

Während in Frankreich das LAWsche Unternehmen die gesamten wirtschaftlichen Kräfte des Landes zusammenzufassen suchte, rief in England der Erfolg der Südseegesellschaft zahlreiche andere Gründungen hervor, die South-Sea-Bubbles. Fischereigesellschaften, Versicherungsgesellschaften, Gesellschaften für die Textilindustrie und den Landbau wurden mit geringer Anzahlungspflicht gegründet. Das Vertrauen, das die weitesten Kreise zu der Macht des Kredits ergriffen hatte, ermöglichte die unbestimmtesten und schwindelhaftesten Gründungen und ließ den Kurs aller Aktien ungeheuerlich in die Höhe gehen. Aber während LAW die Aktien seiner Kompanie bis auf das Vierzigfache steigen sah, vermochte die Südseegesellschaft im Juni 1720 ihre Aktien nur bis zum zehnfachen des Nominalbetrages zu steigern. Die Aktien anderer Unternehmungen, wie der Royal African Company und der General Insurance, steigen verhältnismäßig stärker. Offenbar konnten die schwindelhaften, durch ein alle Kreise erfassendes Spekulationsfieber emporgetriebenen Kurse auf die Dauer sich nicht behaupten, sie mußten zu den tatsächlich erzielten Gewinnen und Zinsen ins Verhältnis gesetzt werden. Allein die Südseegesellschaft selbst beförderte diesen Prozeß der Ernüchterung, indem sie gegen die anderen Gesellschaften vorging, um sich ein Monopol auf den Agioeifer des Publikums zu sichern. Das brachte eine allgemeine Erschütterung, die auch den Kurs ihrer Aktien von 1000 im Juni 1720 auf 400 und 180 im September sinken ließ.

Die Südseekrise und die LAWsche Krise stellen durch die starke Kapitalbeteiligung des Auslandes die erste große internationale Krise dar. Eine neue Form der Kapitalbildung, die Aktiengesellschaft, schien ungeahnte Möglichkeiten zu eröffnen. Die Ernüchterung nach dem Krach war so stark, daß, während man bis dahin vor allem an der kommerziellen Ausbildung der Unternehmung gearbeitet hatte, nicht von ungefähr die nächste Zeit eine Konzentration auf technische Probleme sah. Mit dem Jahre 1720 war ein Höhepunkt der kommerziellen Entwicklung, der Ausbildung des Aktienwesens erreicht, der erst nach dem Durchdringen der technischen Erfolge weitergeführt wurde. Immerhin verblieb als Ergebnis der großen Spekulationsjahre 1719 und 1720 die Stärkung der Organisationen des Kapitalverkehrs, der Londoner, aber auch der Pariser Börse, die der Amsterdamer ebenbürtig an die Seite traten. —

Gleich dem holländischen trat auch der englische Merkantilismus für Freiheit des Verkehrs nur ein, wo es galt, den Engländern lästige Fesseln zu lösen; im übrigen sollte der englische Markt den Engländern gehören. Wie man einzudringen suchte in den spanischen Verkehr, so suchte man die Holländer durch die

Navigationsakte, die französischen Waren durch Zölle und Einfuhrverbote fernzuhalten.

Der Angst vor den französischen Waren lag die in England durch Mun und andere besonders scharf vertretene Lehre von der Handelsbilanz zugrunde. Der heimischen Industrie sollte möglichst großer Absatz gesichert werden. Deswegen wurde nicht nur der heimische Konsum, sondern auch der Export ermuntert. Der Export von Waren brachte Geld ins Land, ein Überwiegen des Exportes von Waren wurde deswegen als günstige Handelsbilanz bezeichnet. Anders, wenn mehr Waren importiert als exportiert wurden. Dann wurde nicht nur von der fremden Ware der heimischen der Absatz im Inlande streitig gemacht, dieser Import mußte auch bezahlt werden, er führte Geld aus dem Lande, schwächte seine Wirtschaft. Jetzt hatte sich Frankreich unter Colbert zum ersten Industrielande Europas entwickelt und französischen Waren kam auch der englische Geschmack entgegen. Demgegenüber forderte das englische Gewerbe Erschwerung der französischen Einfuhr. Unter der Begründung, die französischen Exporte nach England überstiegen die englischen dorthin bei weitem, wurde 1678 die Einfuhr französischer Fabrikate verboten oder mit hohen Zöllen belegt, während man anderseits die Ausfuhr englischer Rohstoffe, vor allem der Wolle (1660), dem Gegner durch Verbote sperrte.[1])

Freilich bildete dieses Schutzsystem in England nicht eine einseitige Begünstigung der Industrie. Wilhelm III. verdankte seine Erhebung nicht minder den Grundherren. Ihnen kam er durch das Korngesetz von 1689 entgegen, welches, wenn der Kornpreis eine bestimmte Höhe nicht erreichte, die Einfuhr verbot, ja, auf den Export Prämien setzte, während bei Teuerung die Prämien fortfallen und die Einfuhr erleichtert werden sollte. Dies Gesetz ermunterte den Kornbau ähnlich wie die Navigationsakte die Schiffahrt. Gegenüber den von Fall zu Fall wechselnden Maßregeln anderer Staaten, die in der Regel die Ausfuhr im Interesse einer billigeren Versorgung des heimischen Marktes erschwerten, erschien es gleich der Navigationsakte damals als eine freihändlerische Maßregel. Die erweiterte Verwertungsmöglichkeit trug zu der Verbesserung des Anbaues bei.

Die einseitigen Maßnahmen gegen die Einfuhr fremder Waren mußten im Ausland entsprechende Gegenmaßregeln hervorrufen und damit den Export des eigenen Landes hemmen. Es ergab sich daraus die Notwendigkeit, durch Zwang oder durch Vertrag diese Schranken zu beseitigen. Günstig erschienen solche Verträge, die den Export des Landes erweiterten, ohne den Import entsprechend zu heben. Der Methuenvertrag, den England 1703 mit Portugal abschloß, entsprach diesem Ideal.[2]) Durch ihn verpflichtete sich Portugal, den englischen Wollwaren seinen Markt wieder zu öffnen, während England den portugiesischen Wein um ein Drittel geringer belastete als den französischen. Da Portugal nicht imstande war, den gesamten englischen Import mit seinem Wein zu bezahlen, mußte es den Rest in Geld senden. Das brasilianische Gold strömte nach England. England hatte eine günstige Handelsbilanz gegen Portugal!

1) F. Lohmann, Die staatliche Regelung der englischen Wollenindustrie vom XV. bis zum XVIII. Jh. Schmollers Forschungen XVIII, 1. Leipzig 1900. S. Fortrey, On Englands Interest and Improvement, 1663, führte aus, daß England gegen Frankreich jährlich 1 600 000 £ verlöre. Hollander, Reprints.

2) Schon Cromwell hatte 1656 mit Portugal einen Vertrag geschlossen. Schorer, Der Methuenvertrag (Z.f.d.g.St. 59, S. 597ff.). Der Englisch-ostindischen Kompanie kam das gute Verhältnis zu Portugal im Gegensatz zur holländischen zustatten. Michael, Cromwell II, S. 99, 136.

Der portugiesische Markt konnte jedoch den französischen nicht ersetzen. Deswegen suchten die Tories dem Frieden mit Frankreich von 1713 einen Handelsvertrag anzugliedern, der einen freieren Verkehr zwischen den beiden Ländern ermöglichen und die Verbote und Zollerschwerungen des letzten halben Jahrhunderts der Kämpfe beseitigen sollte. Allein dieser Vertrag, der die Aufhebung des Methuenvertrages zur Folge gehabt hätte, wurde verworfen, und so blieb bis zum Jahre 1786 das System der Handelsfeindschaft gegen Frankreich bestehen.

Der merkantilistische Protektionismus wurde von WALPOLE fortgebildet. Die von ihm verfaßte Thronrede von 1722 knüpft an Cromwells Gesetz zur Förderung des Handels von 1650 an und ist ein Gegenstück zu Colberts Mémoire von 1664. Er bediente sich insonderheit der Zollvergütungen (draw-backs), die bei auswärtigen Waren, die nicht in den heimischen Konsum eingingen, sondern wieder exportiert wurden, zu zahlen waren. Damit gewährte er nicht nur dem Handel eine Erleichterung, sondern auch der Industrie eine versteckte Prämie, da die Ausfuhrvergütung den Einfuhrzoll nicht selten übertraf und auf Identität der Ware nicht gesehen wurde. Gelegentlich dienten derartige Maßnahmen einfach der Bestechung, der Gewinnung parlamentarischer Majoritäten für die Regierung.

Trotz der staatlichen Zusammengehörigkeit kam die englische Wirtschaftspolitik Schottland und Irland nicht zugute. Gegenüber der schottischen Konkurrenz half man sich 1707 durch die Eingliederung Schottlands in das englische Wirtschaftsgebiet. Die irische Konkurrenz aber wurde durch die Macht des Siegers unterdrückt. Dem irischen Viehzüchter wurde der Import nach England und die Versorgung der Kolonien 1670 verboten, die aufkommende Wollmanufaktur durch einen prohibitiven Ausfuhrzoll auf Wollentuch 1697 niedergeschlagen. Beide Maßregeln trafen gerade die englischen Ansiedler, die gehofft hatten, auf diesem kolonialen Boden günstigere Bedingungen zu finden, und hatten einen starken Schmuggelexport von Wolle nach Frankreich zur Folge.

Es gelang England, Frankreich im Siebenjährigen Kriege zu schlagen und ihm Kanada zu entreißen. Die Früchte des Sieges sollten aber in erster Linie dem Mutterlande zugute kommen. Gerade nach 1763 wurde die Navigationsakte schärfer gehandhabt, der Handel der Kolonien mit Westindien erschwert, das Privileg der Ostindischen Kompanie auch in den Kolonien strenger zur Geltung gebracht. Die Kolonien sollten zum Mutterlande in einem ähnlichen Verhältnis stehen wie in der Stadtwirtschaft das platte Land zur Stadt, sie sollten Rohstoffe liefern, allenfalls auch Halbfabrikate, dem Mutterlande aber sollte die Fertigstellung der Waren überlassen bleiben, hier der Handel der Kolonien seinen Stapelplatz sehen. Deswegen wurde die Einwanderung von Handwerkern nach den Kolonien verboten, ebenso die letzte Arbeit an den Eisenwaren. Kein Hufnagel sollte in den Kolonien fertiggestellt werden.

Wenn auch England in der Navigationsakte und den Korngesetzen insofern freihändlerisch auftrat, als hier der Kreis der Berechtigten weiter als sonst ausgedehnt wurde, so verlieh auf der anderen Seite das Parlament dem englischen Merkantilismus besonders schroffe Formen in der Beschränkung des auswärtigen Handels und in der Behandlung der Kolonien.

6. Deutschland und Italien.

K. Biedermann, Deutschlands politische, materielle und soziale Zustände im 18. Jh. Leipzig 1854. K. Lamprecht, Deutsche Geschichte. Band VIII, 1, Buch 22,1: Entstehung und erste Entwicklungsperiode des modernen Bürgertums. G. Schmoller, Umrisse und Untersuchungen. Leipzig 1898. Knapmann, Das Eisen- und Stahldrahtgewerbe in Altena. Abh. Münster 7; Schanz, Zur Gesch. d. Kolonisation u. Industrie in Franken. E. Gothein, Wirtschaftsgeschichte des Schwarzwaldes I. Straßburg 1892. W. Troeltsch, Die Calwer Zeughandlungskompagnie und ihre Arbeiter. Jena 1897. C. Brauns, Kurhessische Gewerbepolitik im 17. u. 18. Jh. 1911. J. Malinjak, Die Entstehung der Exportindustrie und d. Unternehmerstandes in Zürich im 16. u. 17. Jh. Züricher St. 2. P. Dirr, Augsburger Textilindustrie im 18. Jh., Zeitschr. d. Hist. V. f. Schwaben u. Neuburg 1911; E. Zimmermann, Erfindung u. Frühzeit des Meißner Porzellans. W. Stieda, Die Anfänge der Porzellanfabrikation auf dem Thüringerwalde. 1902. Die keramische Industrie in Bayern während des 18. Jhs. Leipzig 1906. Dietz, Frankfurter Handelsgeschichte. Frankfurt a. M. 1910. K. Bräuer, Studien zur Gesch. der Lebenshaltung in Frankfurt a. M. während des 17. u. 18. Jhs. Frankfurt a. M. 1915. E. Hasse, Geschichte der Leipziger Messen. Leipzig 1885. J. Goldfriedrich, Gesch. d. deutschen Buchhandels 2 u. 3, 1648—1805, 1908 u. 1909. B. Hagedorn, Ostfrieslands Handel u. Schiffahrt im 16. Jh., Ostfrieslands Handel u. Sch. vom Ausgang des 16. Jhs. bis zum Westfälischen Frieden, Abh. zur Verkehrs- u. Seegeschichte III u. VI. J. G. Büsch, Versuch einer Geschichte der Hamburgischen Handlung 1797. Laufenberg, Hamburg und sein Proletariat im 18. Jh. Hamburg 1910.

Hatten die Hanse und die süddeutschen Städte noch in dem Verkehr des 16. Jhs. eine hervorragende Stelle eingenommen, so wurde Deutschland im 17. und 18. Jh. in den Hintergrund gedrängt. Die Gründe dieses Umschwunges lagen sowohl in den auswärtigen wie in den inneren Verhältnissen.

Süddeutschland hatte durch seinen Anschluß an den italienischen und spanischen Handel geblüht. Mit dem Aufkommen Hollands und Frankreichs mußte es zurücktreten. Der Fall Antwerpens zog die Bankrotte vieler großer Augsburger Häuser nach sich. Durch die Monopolisierung der Rheinmündung, das Eindringen in die Ostsee, das Ansichreißen des ost- und westindischen Handels errang Holland die Handelsherrschaft über Deutschland, die Hanse und die süddeutschen Städte gleichmäßig zurückdrängend. Und während die Heerzüge der Franzosen das deutsche Gewerbe schädigten, brachte die Überlegenheit der französischen Manufakturen den deutschen Markt in Abhängigkeit von dem französischen Geschmack.[1]) Nicht eine Verschiebung der Verkehrswege schädigte Deutschland — an den Vorzügen der geographischen Entdeckungen nahmen die Deutschen im 16. Jh. vollen Anteil —, vielmehr führte die Verschiebung der politischen Lage den Umschwung herbei.[2])

Dazu kam, daß in Deutschland eine Zusammenfassung der wirtschaftlichen Kräfte nicht gelang. Die Städte, die in ihrem Ringen gegen die auswärtige Konkurrenz an ihrem Hinterland Unterstützung hätten finden müssen, hatten gerade die Landesherren als ihre gefährlichsten Gegner zu fürchten. Die Territorialhoheit stritt gegen die Handlung, und im 16. und 17. Jh. unterlagen die Städte meist der sich konsolidierenden Macht der Territorialherren. Während die skandinavischen Staaten und England sich von der Herrschaft der deutschen Kaufleute befreiten, verloren die deutschen Städte selbst ihre Unabhängigkeit, Münster 1661,

---

1) Nach A. Buff, Augsburg in der Renaissancezeit. Bamberg 1893. S. 89 und 121ff. war der Dreißigjährige Krieg für den Niedergang der Stadt noch entscheidender als die niederländischen Wirren. 1617 gab es 201 Steuerpflichtige, die 25—50 fl. steuerten, 103, die 50—100 fl., 124, die 100 fl. und darüber zahlten, 1661 waren es 80, 36 und 20. Die höchste Steuer betrug 1617 2666 fl., 1661 448 fl. Über Hollands „Monopol" des früher über Venedig betriebenen Spezereihandels siehe Becher, S. 93, Kap. XVII.

2) D. Schäfer, Die deutsche Hanse. 1903. S. 124ff. H. Sieveking, Die Handelsstellung Süddeutschlands in MA. und Neuzeit. Beilage z. Allg. Zeitg. 4. u. 5. Nov. 1902.

Erfurt 1664, Magdeburg 1666, Braunschweig 1671, Höxter 1674. Und wenn es den deutschen Fürsten auch gelang, Bremen 1666 der schwedischen, Hamburg 1686 der dänischen Herrschaft vorzuenthalten, wurde Straßburg 1681 von den Franzosen besetzt. Aber auch unter sich verlieh den Städten der alte Zusammenschluß keinen Halt mehr. England konnte im 16. Jh. bei seinen Versuchen, in das Handelsgebiet der Hanse einzudringen, Emden und Stade gegen Hamburg, Elbing gegen Danzig ausspielen. Schließlich waren Hamburg und Danzig es zufrieden, unter Verzicht auf das alte Vorrecht des Eigenhandels die Ausländer zuzulassen, um ihrem Platze wenigstens einen großen Umsatz zu sichern.

Während vom 13. bis zum 16. Jh. die deutschen Kaufleute wagend vorgedrungen waren in die nordischen Länder, nach Italien und Spanien, sehen wir jetzt die Fremden in das deutsche Handelsgebiet eindringen. Köln verdankte seine Handelsblüte zu Ausgang des 16. Jhs. den in seine Mauern übergesiedelten Portugiesen, Niederländern und Italienern; in Nürnberg verdrängten die Italiener die Einheimischen aus dem Handel mit Seidenwaren und Spezereien; in Frankfurt und Mannheim spielten die eingewanderten Niederländer eine große Rolle, und Hamburgs Aufschwung im 17. Jh. ist den, wenn auch unter bestimmten Bedingungen, in die Stadt gelassenen Engländern, Niederländern und portugiesischen Juden zuzuschreiben (Gründung der Bank 1619). Nirgends fanden die Réfugiés nach der Widerrufung des Edikts von Nantes entgegenkommendere Aufnahme als in deutschen Territorien, Brandenburg und Hessen.

Freilich drangen auf einem Gebiete die hansischen Seestädte seit dem Ende des 16. Jhs. vor. Sie nahmen die Fahrt nach der Iberischen Halbinsel, nach Lissabon, Cadiz und dem Mittelmeer auf und konnten gerade in den Wechselfällen der Kriege, z. B. wenn Holländer und Engländer von den iberischen Häfen ausgeschlossen waren, reiche Gewinne einheimsen. Allein wenn es auch nicht an Heldentaten einzelner Geleitschiffe fehlte, hinter diesem Verkehr stand nicht wie einst die beherrschende Seemacht der vereinigten Städte, er mußte sich dem Risiko der Überwältigung durch den Stärkeren unterwerfen.

Die deutsche Flotte, die im 16. Jh. noch von 30000 auf 55000 Last gewachsen war, behauptete sich im 17., während freilich die Rivalen, namentlich Holland, stark anwuchsen und war 1670 immer noch ungefähr gleich der britischen mit ihren 52000 Last und blieb der französischen mit ihren 40000 Last überlegen. Während Emden, das zu Ausgang des 16. Jhs. eine außerordentliche Blüte gesehen, von 14000 auf 4000 Last zurückging und auch Preußen und Pommern einen Rückgang aufweisen, behauptete sich Lübeck mit 8000—9000 Last und stieg Hamburg von 6800 auf 21200 Last.[1])

Neben dem Seeverkehr gewann der Landverkehr steigende Bedeutung, indem sich Leipzig auf einem nicht durch territoriale Handelspolitik abgeschlossenen Gebiet durch seine Messen zum Mittelpunkt des Handels nach dem Osten aufschwang, namentlich nach Polen und dem Balkan. Die Kaufkraft der polnischen Juden und der Griechen und Armenier war für den Ausgang der Messen entscheidend.

Im Osten wußten deutsche Fürsten deutschen Einfluß auf die Nachbarländer, Österreich auf Ungarn, Sachsen und Preußen auf Polen, auszudehnen. Stärker aber war die Beeinflussung deutschen Wesens von den überlegenen Wirtschaftsmächten des Westens.

---

1) Vogel, Zur Größe d. europ. Handelsflotten. S. 301.

Wie die einzelnen Territorien ihr Sonderinteresse in den Vordergrund schoben, so charakterisiert die deutsche Gesellschaft in dieser Epoche eine starke Sonderung und Abschließung der Stände. Je mehr die Zeit eine Annäherung der einzelnen Volksgruppen verlangte, wurde das Festhalten des Adels an seinen Privilegien gegenüber dem Bürger, des Bürgers gegenüber dem Bauern lästig. Aber gerade die unteren Schichten hielten am zähesten an ihren Vorrechten fest. Niemand konnte strengere Bedingungen der Aufnahme stellen, niemand strenger die „Unehrlichen" ausschließen als die Handwerksgesellen.[1])

Solche Bestrebungen mögen als Gegengewicht gegen die Desorganisation des großen Krieges verstanden werden. Sie zeigen aber, mit welchen Schwierigkeiten der Aufbau einer deutschen Volkswirtschaft nach jenen Verwüstungen rechnen mußte.

Auch Frankreich gelangte erst im 17. Jh. zur Einheit; es schien eine Zeitlang, als könnte in Deutschland die Zentrale, der Kaiser, eine der französischen Königsmacht ähnliche Stellung erringen. Wallensteins Heer stand an der Ostsee, und 1628 hatten die Hansestädte in Lübeck zu beraten, ob sie im Anschluß an diese Macht die Ausrüstung einer deutschen Flotte wagen wollten. Sie lehnten ab. Die Gegensätze zwischen dem Kaiser und den partikularen Gewalten waren durch den Gegensatz der Religion verschärft. Im Bunde mit den glaubensverwandten Schweden wurden die Ansprüche des Kaisers zurückgewiesen. Dieser Bund mit dem deutschen Protestantismus und die Siege über Polen verschafften Schweden für eine Zeitlang im Kampfe gegen Christian IV. von Dänemark das Dominium maris baltici. Mit 808707 Rthlr. erbrachten die in Danzig, Pillau, Memel, Windau und Libau hauptsächlich von der Kornausfuhr erhobenen Seezölle die Hälfte der schwedischen Staatseinnahmen. Im Süden konnte sich Frankreich in seinem Gegensatz gegen Habsburg ähnlich auf die partikularen Gewalten, besonders Bayern, stützen.

Wenn England Einheit und Freiheit verband, in Frankreich die Einheit zunächst auf Kosten der Freiheit durchgesetzt wurde, erhielt sich in Deutschland eine gewisse Freiheit durch die politische Zersplitterung. So konnten die aus den Reichsstädten und den größeren Territorien vertriebenen Juden sich in den geistlichen und weltlichen Kleinstaaten ansiedeln (Deutz, Hanau, Fürth).

Trotz der territorialen Zersplitterung bildete sich ein nationaler Markt aus. Handel und Gewerbe überschritten die lokalen Grenzen, und Nord und Süd, die im MA. einigermaßen getrennte Wirtschaftsgebiete dargestellt hatten, kamen einander immer mehr entgegen. Damit wurde die Regelung von Handel und Gewerbe zu einer nationalen Angelegenheit. In der Tat suchte das Reich durch seine Münzordnungen den Geldumlauf einheitlich zu regeln und durch seine Reichspolizeiordnungen die Starrheit der alten Gewerbeverfassungen zu durchbrechen. Entsprechend dem sich ausbreitenden Verlagsystem sollte den Abschließungsbestrebungen der Meister ebenso wie den Selbständigkeitsgelüsten der Gesellen entgegengetreten werden. Wie 1597 die englischen, verbot das Reich 1676 die französischen Waren im Lande, und nach langen Schwierigkeiten kam 1731 ein Reichsgewerbegesetz zustande, das ähnlich wie die Maßnahmen der Elisabeth und die französischen Gesetze aus dem Ende des 16. Jhs. die Autonomie der Zünfte und Gesellenverbände brechen wollte; die Zünfte sollten zu Organen der Staats-

1) 1671 wurde in Frankfurt a. M. eine Kleiderordnung erlassen, die noch 1731 erneuert wurde. Die 5 Stände hatten sich nicht nur in der Tracht, sondern auch im Aufwand bei Festlichkeiten, Hochzeit und Begräbnis und dergleichen, zu unterscheiden. Bräuer, I, S. 227.

gewalt werden, die Gesellen durch die „Kundschaft", den Arbeitsnachweis, von den Meistern abhängig sein.

Allein das Reich sah sich außerstande, seine Verordnungen durchzuführen. Hatten doch 1567—71 die Gesellen erfolgreich gegen den Abschied von 1566 sich wehren können, den die Städte auszuführen gesucht hatten. Nur die Territorien verfügten über die Machtmittel, ihren Anordnungen Nachdruck zu verleihen. So fiel ihnen die eigentliche Leitung der deutschen Wirtschaftspolitik zu. Sie hatten das Münzrecht, so traten an die Stelle von Reichsmünzordnungen Vereinbarungen der Territorialherren über den Münzfuß, wie die Zinnaische von 1667 und die Leipziger von 1690. Das 1595 zu Generalpostmeistern des Reichs ernannte Haus Taxis konnte seine Einrichtung nur in den kleineren Territorien voll zur Geltung bringen; die größeren richteten ihre eigene Post ein, so vor allem der Große Kurfürst, der 1660 die Ansprüche der Taxis zurückwies und zwischen Memel und Cleve einen musterhaften brandenburgischen Postdienst unterhielt. Auch bei dem Reichsgewerbegesetz von 1731, dessen Anregung von Preußen ausgegangen war, fiel die Ausführung den Territorien zu, die sie in sehr verschiedener Weise ausübten. Während die größeren Staaten, namentlich Preußen in seiner Handwerksordnung von 1733, den Gedanken des Gesetzes voll zum Ausdruck brachten, mußten die kleineren, namentlich die Reichsstädte, auf ihre Zünfte und Gesellen größere Rücksicht nehmen.

Wenn das Wandern der Gesellen und der Handelsverkehr die territorialen Grenzen überwand, so sehen wir auf agrarem Gebiete die Unterschiede zwischen dem Kolonialland und den alten Siedelungen zwischen dem Süden und Norden gerade nach dem großen Kriege schärfer hervortreten. Deutschland zerfiel nach seiner Agrarverfassung in drei Gebiete. Während im Südwesten kleinbäuerlicher Betrieb herrschte, wurden im Hannöverschen die geschlossenen Meierhöfe wieder eingerichtet, und im Osten bildete sich die Gutsherrschaft aus.

Der Staat brauchte auch im Osten die den Gutsherren verpflichteten Bauernwirtschaften, weil er aus ihnen mit Vorliebe seine Rekruten holte. Ihre Stallungen und Gebäude, die dem Grundherrn eine Last waren, konnte der Kriegsherr für seine Einquartierungen nicht entbehren. Der preußische und österreichische Bauernschutz wurde durch militärische Rücksichten gefordert. Die sogenannte Redintegrationsgesetzgebung der nordwestlichen deutschen Staaten, die eine Wiederbesetzung der Meierhöfe nach dem Dreißigjährigen Kriege verlangte, trug einen anderen Charakter.[1]) Ihr Ziel erklärte sich aus dem finanziellen Interesse der Regierungen an den von den Meiern zu zahlenden Steuern und richtete sich vor allem gegen die Besetzung des Landes durch kleinere Wirte, Kötter u. dgl., die den Regierungen nicht leistungsfähig genug erschienen. Im Nordwesten ging man, indem man die Meierhöfe für geschlossene Einheiten erklärte, gegen die Zersplitterung in kleinere Wirtschaften vor, im Osten gegen die Aufsaugung durch den Großbetrieb.

Die Reichsstädte und kleineren Territorien konnten in dieser Zeit eine gewisse Blüte erreichen, wenn sie mit ihrem Handel und ihrem Gewerbe sich in die Lücken schoben, die ihnen die Ausbreitung der herrschenden Wirtschaftsmächte ließ. Aber wenn früher Handel und Gewerbe in den Reichsstädten ihren Hauptsitz hatten, suchten sich jetzt die Territorien, wenn sie die freien Städte nicht in ihre Gewalt bekommen konnten, durch Neugründungen selbständige Verkehrsmittelpunkte zu schaffen. Diesen landesherrlichen Städten wurden ähnliche Vorrechte gewährt, wie sie die freien Städte ausgebildet hatten.[2]) Handel und Verkehr

---

1) Wittich, S. 401ff.

2) Borgius, Mannheim und die Entwicklung des südwestdeutschen Getreidehandels. Freiburg 1899. S. 21ff., 26. Schmoller, S. 19: „planmäßige Förderung des städtisch-industriellen Lebens".

sollten in ihnen konzentriert sein. Gegenüber den versteinerten Ordnungen der freien Städte zeichneten sich die Fürstengründungen häufig durch freiere Grundsätze aus; Fremden und Andersgläubigen wurde die Ansiedlung erleichtert, und die strenge Aufsicht des Landesherrn wurde oft weitsichtiger geübt als die des städtischen Rates.[1]) So blühte neben den isolierten Reichsstädten das pfälzische Mannheim auf, neben Köln Krefeld; so wurde neben Nürnberg Fürth, neben Hamburg Altona begünstigt. Indessen hatten die Residenzen, an die die Fürsten im Sinne Colberts privilegierte Manufakturen anzugliedern bestrebt waren, unter den territorialen Verschiebungen und dem Wechsel der Dynastien, der häufig mit Residenzverlegung verbunden war, zu leiden.[2]) Den Städten kamen ihre alten Handelsverbindungen und die Tradition eines geschulten Gewerbestandes zugute. So konnte sich Augsburg trotz aller Widerwärtigkeiten im 18. Jh. als Mittelpunkt des Geldverkehrs behaupten und in seinen Mauern eine Kattundruckerei in den neuen Formen der Fabrik entwickeln.

Während Augsburg und Nürnberg unter der Abschließung ihrer alten Verkehrsgebiete litten, hoben sich Frankfurt, das mit seinen Messen das Einfallstor der holländischen und französischen Waren wurde, und Leipzig, dessen Messen gleichfalls dem Vertrieb fremder Waren, französischer Seiden- und englischer Wollenstoffe, nach dem Osten dienten, dabei aber auch dem sächsischen und thüringischen (Gera) Gewerbe einen lohnenden Markt boten. Durch seine Textilindustrie war Sachsen das gewerbreichste Gebiet Deutschlands. Arbeitete das Gewerbe im wesentlichen für den lokalen Markt, so wußte z. B. die westfälische (Bielefeld) und die schlesische Leinenindustrie, ingleichen die Metallindustrie einigen Überschuß für den Export zur Verfügung zu stellen, der aber bei weitem an die Einfuhr fremder Luxuswaren nicht heranreichte. Die Mittel für den Bezug dieses Mehrimports gewährten Deutschland vor allem die Subsidien, die auswärtige Mächte deutschen Fürsten für die Gewährung von Kriegsvölkern zahlten, mochten diese als selbständige Bundesgenossen fechten oder in den Dienst der Holländer, Engländer und Franzosen genommen werden.[3]) In dem Seeverkehr wußten die freien Städte sich eine gewisse Stellung zu behaupten, wenn auch nur ein Teil des Verkehrs auf eigenen Schiffen betrieben wurde. Danzig war Mittelpunkt des polnischen Getreideexports, den meist die Holländer besorgten; Hamburg, Lübeck und Bremen dienten dem Import von Kolonialwaren, Wein und auswärtigen Fabrikaten. An den Handel schloß sich die Verarbeitung der eingeführten Waren an. So blühten in Hamburg die Zuckersiederei, die Samtmanufaktur und andere Gewerbe.

Seit Frankreich 1734 seinen westindischen Kolonien die Freiheit des Exports ihrer Waren gestattet hatte, wandte sich ein großer Teil dieses Exports nach Ham-

---

1) E. Baasch, Hamburgs Handel und Schiffahrt am Ende des 18. Jhs. Hamburg um die Jahrhundertwende 1800. Hamburg 1900, 5. S. 171: Der Zunftzwang treibt den Hamburger Schiffsbau zu den Nachbarstaaten.

2) Es ist nicht richtig, wenn Schmoller, Herkunft u. Wesen der deutschen Institutionen, Deutschland u. der Weltkrieg I, S. 208, nur den Residenzen des damaligen Deutschland eine Blüte zuschreibt und fortfährt: „Alle anderen Städte gingen zurück, und zwar um so mehr, je selbständiger sie waren." Hamburg und Leipzig waren keine Residenzen. Düsseldorf und Mannheim litten schwer durch die Verlegung der Residenz nach München.

3) Über die ungünstige Handelsbilanz Deutschlands gegen Frankreich siehe Biedermann, S. 276. Mehr noch als die Mehreinfuhr an Fabrikaten (5,1 Millionen Livres gegen 3,7 Millionen) fiel die Mehreinfuhr an Viktualien (Wein!) ins Gewicht (7 Millionen Livres gegen 2,3 Millionen, bei Rohstoffen kamen auf 2 Millionen Livres Einfuhr aus Frankreich, 2,3 Millionen Ausfuhr nach Frankreich). Vgl. M. Adler, S. 48. Bericht aus der letzten Zeit Ludwigs XIV.

burg, das dadurch von Holland unabhängig wurde. Die Eroberung Hollands ließ 1795 für eine Zeitlang den holländischen Handel nach Hamburg übersiedeln. Der rationellere Betrieb des Handels und der Gang der Unternehmungen ins Große, der, von Italien ausgehend, im 16. Jh. in Oberdeutschland Eingang gefunden hatte, wurde im 18. Jh. in Hamburg allgemein.[1]) 1765 wurde hier die erste Assekuranzkompanie auf Aktien gegründet, der weitere namentlich in dem Unabhängigkeitskriege der Vereinigten Staaten folgten.[2])

Der Große Kurfürst versuchte, durch Kolonien in Afrika an dem Negerhandel nach Amerika teilzunehmen.[3]) Karl VI. hoffte durch die Hebung von Triest, durch die Gründung einer Orientalischen und die Förderung der Ostindischen Kompanie (1722—1731) seinen Staaten Anteil an dem überseeischen Handel zu gewähren. Allein die Holländer unterdrückten diese unbequeme Konkurrenz. Aussichtsreicher waren die kolonialen Versuche der nordischen Mächte. Im 17. Jh. faßte Schweden eine Zeitlang am Delaware Fuß, und durch Christian IV. trat Dänemark in die Reihe der Kolonialmächte. Als Hollands Macht durch England gebrochen, England durch den Abfall der nordamerikanischen Kolonien geschwächt war, erlangte zu Ausgang des 18. Jhs. der dänische Kolonialhandel, gestützt auf Kolonien in West- und Ostindien sowie an der Guineaküste, neben dem stets gepflegten nordischen Handel größere Bedeutung, bis die Engländer 1801 die dänische Flotte zerstörten.

Bei der Kleinheit und Zerrissenheit des Gebietes konnten die Versuche kleinerer Staaten, ein selbständiges Wirtschaftsgebiet zu bilden, keinen Erfolg haben. Die Subventionierung einer Porzellanfabrik oder einer Tuchfabrik, die im wesentlichen für den Hof oder die Armee arbeitete, stellte häufig nur eine besondere Form der Ausgabe, eine durch den zu kleinen Maßstab karikierte Nachahmung des französischen Musters dar. Nur die größeren östlichen Staaten, Österreich und Preußen, konnten daran denken, ähnliche Maßregeln durchzuführen, und auch für sie kamen die im Westen zerstreuten Enklaven bei derartigen Versuchen nicht in Frage. Die Abschließung dieser Staaten verschärfte nur die Zerrissenheit Deutschlands. Niemanden schädigte der österreichische und preußische Merkantilismus zunächst mehr als Sachsen und die Reichsstädte.[4]) Allein die Hebung der Konsumkraft so weiter Gebiete, die jetzt erst intensiverer Verkehrswirtschaft entgegengeführt wurden, mußte doch auch denjenigen draußen liegenden Städten zugute kommen, denen die Gunst ihrer Verkehrslage und die freiere Wirtschaft, zu der sie sich notgedrungen entschlossen, einen Vorsprung verliehen. So brachte es Leipzig trotz aller Bedrängnis des Siebenjährigen Krieges, der ihm sein Stapelrecht nahm, zu Ausgang des 18. Jhs. zu hoher Blüte, und auch Hamburg, das nicht mehr wie im 17. Jh. an eine Sperrung der Elbe denken konnte[5]), verschaffte der wirtschaftliche Aufschwung des brandenburgischen Hinterlandes schließlichen Gewinn.

---

1) J. G. Büsch, Theoretisch-praktische Darstellung der Handlung; Versuch einer Geschichte der Hamburgischen Handlung. R. Ehrenberg, Große Vermögen II, das Haus Parish in Hamburg. Jena 1905.

2) A. Kiesselbach, Die wirtschafts- und rechtsgeschichtliche Entwicklung der Seeassekuranz in Hamburg. 1901.

3) Schück, Brandenburg-Preußens Kolonialpolitik unter dem Großen Kurfürsten und seinen Nachfolgern. 1889. vgl. über die Kurländischen Kolonien am Gambia und auf Tobago W. Eckert, Kurland unter dem Einfluß des Merkantilismus. Ein Beitrag zur Staats- und Wirtschaftspol. Herzog Jakobs v. Kurland (1642—92) Riga 1927.

4) Hasse, S. 150ff., S. 326, 1765: „Die hohen Imposten in Böhmen und Brandenburg.“ Hintze, S. 210ff. Adler, S. 42. Büsch passim.

5) E. Baasch, Der Kampf des Hauses Braunschweig-Lüneburg mit Hamburg um die Elbe vom 16.—18. Jh. Quellen und Darstellungen zur Geschichte Niedersachsens. Bd. XXI, 1905.

Während die Hamburger Bank (1619) und die Nürnberger (1621), ebenso wie die Bank von Amsterdam und die von Venedig sowie die der Casa di S. Giorgio angegliederte zu Genua im wesentlichen dem Wechselverkehr dienende Girobanken waren, konnte die 1706 gegründete Wiener Stadtbank nach Art der Bank von England den Kredit pflegen.

H. Sieveking, Die kapitalistische Entwicklung in den italienischen Städten des MA. VSozWG. 1909. Ricca-Salerno, Storia delle Dottrine Finanziarie in Italia col raffronto delle dottrine forestiere e delle istituzioni e condizioni di fatto. 2. ed. Palermo 1896. G. Prato, La Vita Economica in Piemonte a mezzo il sec. XVIII. Turin 1908. L. Einaudi, La Finanza Sabauda all aprirsi del sec. XVIII e durante la Guerra di Successione Spagnuola. Turin 1908. A. Vietti, Il Debito Pubblico nelle provincie che hanno formato il Primo Regno d'Italia. Mailand 1884. H. Büchi, Finanzen und Finanzpolitik Toskanas im Zeitalter der Aufklärung (1737—90) im Rahmen der Wirtschaftspolitik. Berlin 1915.

Wenn Schmoller das 16.—18. Jh. als Zeitalter der Territorialwirtschaft zwischen die städtische Epoche des Mittelalters und die nationalwirtschaftliche des 19. Jhs. setzen will, so trifft diese Charakteristik nur auf die Eigentümlichkeit Mitteleuropas zu, in dem sich keine zentrale Wirtschaftsgewalt ausbilden konnte. In Deutschland und in Italien öffnete die territoriale Zersplitterung das Land auswärtigen Einflüssen. Die italienischen Territorien wiesen den deutschen gegenüber eine größere Geschlossenheit auf. Während die deutschen Reichsstädte, selbst Ulm, Rothenburg, Nürnberg, Lübeck, Hamburg, Bremen, nur über beschränkten Territorialbesitz verfügten, hatte Venedig, abgesehen von seinem Kolonialbesitz in Dalmatien, in Candia, Cypern, auf dem Peloponnes, auf der Terra firma ein ansehnliches Reich erworben und behauptete Genua seine Herrschaft über Ligurien. Es fehlte zwar auch in Italien nicht an kleineren Staaten, seine politische Karte wies aber nicht solches Gewirre auf wie die Deutschlands im 18. Jh. In den größeren Territorien, wie im Königreich beider Sizilien, im österreichischen Mailand, in Toskana und Piemont, konnten einer aufgeklärten Verwaltung nach dem Steuerdruck des 17. Jhs. im 18. mannigfache Reformen gelingen.

In Neapel wurden die Wirtschaftswissenschaften so gut gepflegt wie die Kameralistik in Preußen und Österreich. Wenn es Broggia gelang, 1743 ein System der Abgaben aufzustellen, ähnlich wie später Justi ein System des Finanzwesens aufbauen konnte, wenn Genovesi, teilweise Hume folgend, in seiner „Economia civile" ein System der staatlichen Wirtschaft nach Art der privaten entwickelte, so wurden die Reformen in Neapel doch erst spät zu Ausgang des Jahrhunderts unter Palmieri durchgeführt. Mustergültig hingegen war die österreichische Verwaltung in Mailand, wo unter dem Prinzen Eugen die erste rationelle Grundsteuer auf Grund genauer Vermessung und Einteilung des Bodens in drei Klassen nach seiner Fruchtbarkeit eingerichtet wurde. Das 1718—33 fortgesetzte Werk wurde unter Maria Theresia 1749—58 vollendet. Während Neri sich um dies „Censimento milanese" verdient machte, trat Verri erfolgreich für die Abschaffung der Steuerpacht ein. Ebenso gelang es in Piemont, nach den Opfern des spanischen Erbfolgekrieges unter der mustergültigen Verwaltung Gropellos die Kräfte des Landes zu neuem Aufschwung zusammenzufassen.

Im Mittelalter hatten die Städte an der Spitze des wirtschaftlichen Vorwärtsstrebens gestanden. Jetzt traten sie zurück. Venedig wurde eine Rentnerstadt, in der die Adligen die Einkünfte ihrer Güter auf der Terra firma verzehrten. Es galt im 18. Jh. als ein Mittelpunkt heiteren Lebensgenusses. Genua bewahrte sich durch seine Tätigkeit im Geldhandel und in Finanzgeschäften eine größere Stellung in der Wirtschaft. Zum wichtigsten Handelsplatz aber blühte unter toskanischer Herrschaft der Freihafen von Livorno auf. Hier versorgten sich die Holländer mit den Produkten der Levante. Während Florenz im MA. durch sein Gewerbe geblüht hatte, befaßten sich die dem Zeitalter mit Recht als vorbildlich erscheinenden Reformen des Großherzogs Leopold 1765—90 mit der agraren Grundlage des Landes, bauten Toskana als Ackerbaustaat auf.

Wenn wir im Merkantilismus eine Verbindung rationeller Staatsverwaltung mit rationeller Wirtschaftsführung sahen, so überwog in Holland und in England nach der Revolution des 17. Jhs. die private Initiative, während sonst auf dem Kontinent, auch in Italien, die aufgeklärte Verwaltung in den Vordergrund trat.

7. Die Russische Expansion und der östliche Merkantilismus.

W. Kuske, Die weltwirtschaftlichen Anfänge Sibiriens. Schmollers Jb. 1922. J. Kulischer, Russische Wirtschaftsgeschichte. Jena 1925. v. Schulze-Gaevernitz, Volkswirtschaftliche St. aus Rußland. Leipzig 1899. H. v. Srbik, Der Staatliche Exporthandel Österreichs von Leopold I. bis Maria Theresia. Wien 1907. Priebatsch, Die Judenpolitik des fürstl. Absolutismus im 17. u. 18. Jh. Festschr. f. Dietr. Schäfer. 1915. M. Grunwald, Samuel Oppenheimer und sein Kreis. 1913. M. Adler, Die Anfänge der merkantilistischen Gewerbepolitik in Österreich. Wiener Staatsw. St. 1903. K. Pribram, Gesch. d. österr. Gewerbepolitik. 1740—1840. A. Salz, Gesch. d. Böhm. Industrie in d. Neuzeit. 1913. A. Zimmermann, Blüte u. Verfall d. Leinengewerbes in Schlesien. Acta Borussica: O. Hintze, Die preuß. Seidenindustrie im 18. Jh. Berlin 1892. W. Naudé, Die Getreidehandelspolitik I. 1896. II. 1901. M. Weyermann, Zur Gesch. des Immobiliarkreditwesens in Preußen. Freiburg 1910.

Während die Flotten Spaniens und Portugals als staatliche auszogen, wie in Venedig, die holländischen und englischen dagegen, wie in Genua, im Dienste einer privaten Kompanie, vollzog sich die Expansion des Moskowitischen Reiches, nachdem es sich vom Tatarenjoche befreit hatte, ostwärts zunächst durch eine private Gesellschaft, die dann aber ihre Eroberungen dem Zaren zur Verfügung stellte.

Die aus Nowgorod stammende Firma Stroganow, die Pelz- und Salzhandel trieb, erhielt 1558 eine Kolonialkonzession. In ihrem Auftrage eroberte 1579—81 Jermak Sibirien: Sibir am Tobol wurde den Tataren entrissen, an dessen Stelle später Tobolsk sich erhob. 1586 wurden diese Eroberungen dem Zaren übergeben. Wie in Canada die Pelzhändler der Hudson-Company, so drangen in Sibirien Pelzhändler und Regierungsposten immer weiter vor. Ihnen folgten Ansiedlungen in Stadt und Land. Nach Peking zogen seit dem Vertrage mit China von 1653 Kronkarawanen, die nach fünfjähriger Unterbrechung 1727 wieder zugelassen wurden.

Erscheinen so die Russen dem Osten gegenüber als Träger der europäischen Zivilisation, so führte der Aufbau des Staates im Osten zu Bindungen, wie sie im Westen nur den nicht als gleichberechtigt angesehenen Negersklaven gegenüber angewandt wurden. Der Staat mußte sich im Osten auf den Adel stützen. Die Geschichte Rußlands, so gut wie die Ungarns und Polens, ist bestimmt durch den Gegensatz zwischen großem und kleinem Adel. Die Masse der Bauern war in Rußland frei, aber zu Diensten und Abgaben verpflichtet. Die großen Grundherren konnten den Bauern günstigere Bedingungen stellen als der kleine Adel, der sich durch Bauernknappheit in seiner Existenz bedroht sah. Da griff 1597 der Zar zu seinen Gunsten ein. Der Pachtvertrag wurde für unkündbar erklärt und der Bauer damit schollenpflichtig gemacht. Peter d. Gr. hob mit Einrichtung der Kopfsteuer den Unterschied zwischen einstmals freien Bauern und Sklaven auf. Dem Grundherrn wurde 1713 das Recht der Knute gewährt.[1]) Die Gebundenheit des Land-

1) Vgl. hierzu M. Weber, Wirtschaftsgeschichte. 1923. S. 6. Kapitalistische Entwicklung der Grundherrschaft. S. 88.

volks erreichte unter Katharina II. den höchsten Grad. Die Verkehrswirtschaft führte hier in ihren Anfängen nicht zu einer Befreiung der Bauern, sondern dazu, daß sie — frei von ihren Grundstücken — als Sklaven verkauft werden konnten.

Wohl vermochte die Grundherrschaft die ihr zur Verfügung stehenden Kräfte auch zu gewerblicher Tätigkeit anzuwenden. Allein die Leistungen dieser unfreien Arbeit in den gutsherrlichen „Fabriken" waren keine hervorragenden. Für bessere Ware und bessere Dienste blieb Rußland auf das Ausland angewiesen. Noch in der Schlacht bei Navarino war die Kommandosprache auf der russischen Flotte holländisch.

Während Rußland in der Behandlung seiner Bauern sich bewußt in Gegensatz zu den Freiheitsbestrebungen des Westens setzte, suchten Österreich und Preußen wohl Anschluß an die Methoden westeuropäischer Wirtschaft. Die Lage dieser Staaten wies aber trotz solcher Bemühungen der Herrscher damals mehr Ähnlichkeit mit dem Osten als mit dem Westen auf.

Österreich, dem zu Anfang des Dreißigjährigen Krieges große Aussichten gewinkt hatten, nahm unter Leopold I. nochmals einen Aufschwung zu einheitlicher Wirtschaftspolitik. Allein die Anregungen der großen Merkantilisten, eines BECHER, HÖRNIGK, v. SCHRÖDER, holländische und englische Methoden einzuführen, drangen nicht durch. Erst im 18. Jh. wurden die Pläne v. SCHRÖDERS im Bankwesen und im „Intelligenzwerk" ausgeführt, einem Inseratendienst, der den Abnehmern eine Übersicht über den Markt gewähren und damit zugleich den Absatz fördern sollte. Das von BECHER 1675 begründete, von SCHRÖDER 1677 fortgeführte Wiener Kunst- und Werkhaus, eine Lehr- und Versuchsanstalt zur Einführung der Wollen- und anderer Industrien, konnte sich nicht behaupten. In den Kämpfen gegen Türken und Franzosen war der Kaiser angewiesen auf den Kredit des Hofjuden SAMUEL OPPENHEIMER und der Holländer, denen die staatlichen Quecksilber- und Kupfervorräte verpfändet werden mußten. Während jedoch Friedrich der Große noch im Siebenjährigen Kriege mit den alten Finanzmitteln, Schatz, Münzverschlechterung, privater Kredit, operierte, konnte sich damals Österreich schon des organisierten Kredits der 1706 gegründeten Wiener Stadtbank bedienen. Großzügig wurde vom Prinzen Eugen und von Maria Theresia die Besiedlung des den Türken abgenommenen Gebietes gefördert. In der Förderung des Gewerbes und der Landwirtschaft ging der aufgeklärte Absolutismus Josephs II. Wege, die die Freiheit der Unternehmung vorbereiteten. Wenn Österreich in der staatlichen Förderung der Wirtschaft voranging, fand diese Politik in Preußen folgerechtere Ausbildung.

Unter den Fürsten, die durch staatliche Eingriffe die Wirtschaft ihres Landes heben zu können meinten, stehen Friedrich Wilhelm I. und Friedrich der Große obenan. Durch die Heranziehung von Kolonisten, Pfälzern und Salzburgern, hoben sie den Landbau und die Konsumkraft des Landes. Friedrich Wilhelm I. suchte preußischem Tuch eine Ausfuhr nach Rußland zu verschaffen, Friedrich II. widmete seine Hauptaufmerksamkeit der Seidenindustrie. Durch Privilegien wurden die „Künstler" herbeigelockt und durch Strafen festgehalten, wenn sie wieder fort wollten.

Bei den ungünstigen Grenzen des brandenburgischen Staates wurde es dem Könige schwer, merkantilistische Pläne durchzuführen. Wie er Schlesien erwarb, dachte er an die Beherrschung des industriellen Sachsen und des agraren Polen. Gegenüber Sachsen suchte er durch Schutzzölle und Verbote die Industrie ins

Brandenburgische zu ziehen, Polen bekam er 1775 durch Erwerbung Westpreußens und der unteren Weichsel in die Hand. Er konnte den Plan durchführen, Polen als Rohstoffland von dem industriellen Preußen abhängig zu machen. Während der polnische Tarif von 1775 andere Seidenwaren mit zwölf Prozent belastete, hatten preußische nur zwei Prozent zu zahlen.

Die Landesherren hatten in dem Kampfe der Stände, des Adels, der Städte und der Bauern, zu vermitteln. Der Absolutismus selbst des 18. Jhs. hob die wirtschaftlichen Unterschiede der Stände nicht auf; Pflichten und Rechte eines jeden Standes gegen den Landesherrn genau abmessend, ließ er sie häufig sogar schärfer hervortreten. Nur indem er ihnen die selbständige Macht nahm, sie alle dem Fürsten unterordnete, bereitete er die Gleichheit der Staatsbürger der neuen Zeit vor. Dem Adel, der dem Könige seine Offiziere stellte, war der Besitz der Rittergüter vorbehalten. Den Bauernstand brauchte der König für seine Armee; deswegen war dem Adel das Legen von Bauernstellen untersagt. Die Bürger sollten Steuern zahlen, die Akzise, deswegen wurden Handel und Verkehr in den Mauern ihrer Städte konzentriert.[1])

Die städtische Wirtschaft, die im Westen dem Adel Rentenbezug durch die nach der Stadt verkaufenden Bauern gestattete, war im Osten weniger ausgebildet. Der Grundherr behauptete das Recht, durch die Schranken des städtischen Marktes ungebunden, seine Produkte verwerten zu können. Wollte er seine Rente steigern, so bot sich ihm in der Eigenproduktion für den Export das beste Mittel. Durch diesen Eigenbetrieb hatte er ein Interesse daran, das Hoffeld auf Kosten des Bauernlandes zu vergrößern. Er zog Bauernstellen schlechten Rechtes ein; im Dreißigjährigen Kriege, im Nordischen, im Siebenjährigen wüst gewordene Stellen wurden nicht wieder besetzt, sondern zum Gutshofe geschlagen.

Die Stellung der übrigbleibenden Bauern verschob sich durch diesen Eigenbetrieb des Gutsherrn vollkommen. Die Fronden und Abgaben, die die Bauern im Westen zu leisten hatten, änderten nichts an der Tatsache, daß sie, wenn auch hoch belastete, selbständige Landwirte waren. Die Spann- und Handdienste, die sie im Osten dem Hoffeld des Gutsherrn leisten mußten, ließen sie ebensosehr als dessen Arbeiter erscheinen.

Die Rechte des Grundherrn im Westen waren für ihn eine Rentenquelle, günstigenfalls konnten sie ihm helfen, seine landesherrliche Stellung zu festigen; im Osten nutzte der Grundherr umgekehrt die ihm von der über ein umfangreicheres Gebiet herrschenden Territorialgewalt verliehenen obrigkeitlichen Rechte zur Arrondierung und zum Ausbau seiner Gutsherrschaft aus. Der Bauer, der im Westen aus der Vielheit seiner Herren Vorteil ziehen konnte, war im Osten dem Gutsherrn, der die Patrimonialgerichtsbarkeit ausübte, ausgeliefert. Seine Fronden stiegen ins Ungemessene, so daß ihm nicht Zeit blieb, seinen Acker ordentlich zu bestellen. Er verlor die Lust an solchem Besitz und strebte fort. Dem baute der Gutsherr vor, indem er den Abzug zunächst nur gegen Stellung eines Ersatzmannes gestattete, dann überhaupt verbot. Der gegen den Willen des Herrn Entwichene konnte zurückgefordert werden.

Zu der Schollenpflicht trat der Gesindezwangsdienst der Kinder des Bauern. Zunächst behielt die Herrschaft sich ein Vorrecht vor auf den Dienst, wenn die Kinder dienen wollten. Dann wurde daraus die Pflicht, eine Anzahl Jahre, bis zur

1) G. v. Below, Territorium und Stadt. S. 271ff.

Übernahme eines Hofes oder bis zur Heirat, zu dienen. Den Termin bestimmte der Herr.

Fronden, Schollenpflicht und Gesindezwang machten die Erbuntertänigkeit des Bauern aus. Seine Stellung verschlechterte sich dadurch, daß vielfach, so in Mecklenburg durch Husanus in seinem tractatus de servis seu hominibus propriis 1590, die Sätze des römischen Rechtes über die Sklaverei auf ihn angewandt wurden, während im Westen, in Hessen, sich die Lage der Bauern dadurch verbesserte, daß sie nach dem Recht der Emphyteuse behandelt wurden. Die Unfreiheit hatte geringe Bevölkerung und schlechte Arbeitsleistung zur Folge. Mit vier mageren Pferden pflügte der Bauer das Feld des Gutsherrn, das bedang außer dem Pflüger einen Treiber. Je schlechter die unwillig geleisteten Dienste, um so mehr wurden sie gesteigert, um so weniger blieb dem Bauer Zeit zur Bebauung des eigenen Landes, um so weniger hatte er Neigung, ein Geschlecht aufzuziehen, das dem gleichen traurigen Lose verfallen schien.[1] Je geringer die Zahl der Bauern durch die Vergrößerung des Hoffeldes wurde, um so drückender wurde die Lage der Übriggebliebenen.

Dem Legen der Bauern konnte der Staat nicht gleichgültig gegenüberstehen. Auch in England hatte einst die Sorge um die Verteidigung der Küste gegen Frankreich zu Gesetzen geführt, die auf der Isle of Wight das Zusammenschlagen der Bauerstellen verhindern sollten.[2] Kräftiger schritt der preußische und österreichische Staat im 18. Jh. ein. Gerade als in England, aber auch in Ostholstein und Mecklenburg, die Bauern infolge des Eindringens der neuen Wirtschaft massenhaft gelegt wurden, wurde dieser Bauernschutz wirksam.

Zu einer eigenartigen Ausbildung des Kreditwesens führte die Verbindung entwickelter Formen der Verkehrswirtschaft mit ständischer Beschränktheit in Preußen. Die Verschärfung des Hypothekenrechts hatte seit 1748 eine Verschuldung des Bodens nicht mehr als möglichst bald abzustoßende Last erscheinen lassen, sondern die Möglichkeit dauernder Verschuldung geboten. Diese Möglichkeit wurde von den Rittergutsbesitzern durch die Organisation der Landschaften ausgenutzt, die 1770 für Schlesien, 1777 für die Mark, 1781 für Pommern, 1787 für West- und 1788 für Ostpreußen errichtet wurden. Sie beruhten auf einer durch den Staat begünstigten solidarischen Zwangsvereinigung der Rittergüter einer Provinz zur Aufnahme von Darlehen. War der Kreis derer, denen der Kredit zugute kommen sollte, ein beschränkter, so suchte man möglichst weite Kreise zu seiner Gewährung heranzuziehen. Dem dienten die von dem Kaufmann Büring vorgeschlagenen Pfandbriefe, Urkunden über die eingegangene Schuld, die die Landschaft ausgab und für die sie haftete. Ursprünglich sollten diese Pfandbriefe nur ein vorübergehendes Hilfsmittel für den durch den Krieg stark mitgenommenen schlesischen Adel bilden. Man war sich der Gefahren, die eine so enge Bindung der Bodenverschuldung an den allgemeinen Kapitalmarkt bringen konnte, wohl bewußt. Allein diese Bedenken behielten nicht die Oberhand. Die Pfandbriefe wurden gern in Zahlung genommen. Die märkischen Stände hofften von ihrer Ausgabe geradezu eine Vermehrung der Umlaufsmittel. In Wien war Law, der sich dort nach dem spanischen Erbfolgekriege, ehe er nach Frankreich ging, angeboten hatte, vom

1) Hansen, S. 29. S. 60: Die Bevölkerung der adeligen Güter nur halb so stark wie die der freien Distrikte. Über künstliche Beschränkung der ehelichen Fruchtbarkeit bei den Leibeigenen vgl. Büsch, Geldumlauf. Buch VI, 3. § 7.

2) Ashley, An Introduction to English Economic History and Theory II. S. 268 und 291, unter Heinrich VII.

Prinzen Eugen abgewiesen. Man könnte sagen, daß seine und der englischen Tories Ideen in Preußen eine teilweise Verwirklichung fanden. Billiger Kredit und steigende Güterpreise ergaben sich dadurch für die Ritterschaft; die gesteigerte Spekulation in Gütern führte dann aber auch 1806 zu um so kräftigerem Rückschlag.[1])

Der Getreidehandel bildete einen Hauptstreitpunkt zwischen den Städten und dem Adel. Die Städte beanspruchten das Vorrecht, daß alles Korn zunächst dem städtischen Markt zugeführt werden müßte, nur das dort nicht verkaufte dürfe ins Ausland gebracht werden; der Adel dagegen behauptete das Recht der freien Ausfuhr. In diesem Streite stellte schon der Große Kurfürst sich insofern auf die Seite des Adels, als er ihm freie Kornausfuhr gewährte, dagegen Handwerk und Handel auf dem Lande verbot. An dieser Politik hielten die Könige des 18. Jhs. fest. Während die Wolle, der wichtige Rohstoff der Manufakturen, im Lande bleiben sollte, durfte das Getreide, ähnlich wie in England, exportiert werden.

Friedrich Wilhelm I. und Friedrich der Große wußten die Interessen der Getreideproduzenten mit denen der Konsumenten zu verbinden, nicht durch Freiheit des Verkehrs, ihre Politik beruhte vielmehr auf Beschränkung dieser Freiheit und obrigkeitlicher Regulierung. Das polnische Korn war billiger als das preußische, es machte ihm eine unbequeme Konkurrenz. Deswegen wurde 1722 die Einfuhr polnischen Kornes verboten. Diese Getreidesperre bedeutete aber keinen vollständigen Verzicht auf das billigere polnische Korn; nur der private Handel sollte dem preußischen Produzenten keine Konkurrenz machen; der König selbst aber kaufte in billigen Jahren massenweise polnisches Getreide ein, das er in seinen Magazinen aufstapelte. Diese Magazine dienten nicht nur der Militärverpflegung; in Zeiten der Teuerung, wenn die heimische Produktion nicht ausreichte, wurden sie den Konsumenten geöffnet. Was in Jahren des Überflusses dem englischen Getreideproduzenten die Exportprämien boten, gaben dem preußischen die Magazine, trotz des großen Angebotes lohnenden Absatz. Sie kauften zur Kammertaxe im Lande, auch wenn eine günstige Ernte den Marktpreis unter diese Taxe sinken ließ. Stieg anderseits der Marktpreis über die Taxe von 18—24 Groschen pro Scheffel, so gaben die Magazine zur geringeren Taxe ab. Damit wurde der Getreidepreis in Berlin vor allzu heftigem Steigen bewahrt, und in der Hungersnot von 1771 erwiesen sich die preußischen Magazine für die ganze Bevölkerung von großem Werte.

Das System Friedrichs des Großen, das seinen Landen eine Blüte der Industrie und stets ausreichende Versorgung verschaffen sollte, hatte die Ohnmacht Polens zur Voraussetzung.[2]) Polen hatte Preußen so, wie das platte Land der Stadt, zu dienen. Mit der Erwerbung größerer Teile Polens durch die Teilungen von 1793 und 1795 verschob sich der Charakter der preußischen Wirtschaft vollkommen. Das Schwergewicht lag fortan im Getreideexport vor allem nach England, der nur zum Teil durch die preußische Reederei besorgt wurde.

Aber auch unter dem großen Könige unterschied sich der preußische Merkantilismus von dem der westlichen Staaten. In Holland brauchte die Staatsgewalt den Unternehmungsgeist nicht zu fördern. Insofern er auch in dem Handel mit dem Feinde nichts Bedenkliches sah, mußte er eher zurückgehalten werden. Den Interessenten und ihren Organisationen konnte man die wirtschaftliche Regelung

---

1) M. Weyermann, Zur Gesch. d. Immobiliarkreditwesens in Preußen. Freiburger vw. Abh. 1910.

2) W. Naudé, Die brandenburgisch-preußische Getreidehandelspolitik von 1713—1806. Schmollers Jb. 1905. S. 162ff.

überlassen. In England förderte Elisabeth die Unternehmung durch obrigkeitliche Regelung, aber nach der Revolution waren es auch dort die Unternehmer, die für ihre Interessen selbst zu sorgen wußten. Colbert und seine Nachfolger mußten schon schärfer eingreifen bei der Erziehung eines Unternehmerstandes, aber wir sahen, wie verfehlt diese Eingriffe häufig waren, wie die Reglementierung schließlich wie eine Last empfunden wurde. In Deutschland glaubte sich die Staatsgewalt in der Bevormundung der Unternehmer nicht genugtun zu können. „Wie die Kinder in der Wiege" wollte der Kurfürst von der Pfalz seine Fabrikanten erziehen. Schärfer faßte man in Preußen seine Leute an: „Der Plebs geht von der alten Leier nicht ab, bis man ihn bei Nase und Armen zu seinem Vorteil schleppt." Ebenso energisch wollte Peter der Große seine Untertanen zu modernen Menschen erziehen. Man darf sich nicht wundern, wenn solcher Zwang, zumal mit einem Fiskalismus verbunden, wie er in der letzten Zeit Friedrichs II. unter den französischen Regiebeamten hervortrat, seinen Zweck verfehlte.

Dazu kommt ein Zweites. In Holland und England konnte der Staat sich auf geldwirtschaftlich empfindende Klassen stützen. Hier war der Merkantilismus eine reine Fortbildung der bürgerlichen Wirtschaftspolitik der mittelalterlichen Städte. Wir sahen, wie schon in Frankreich Klerus und Adel unter dem ancien régime das gleiche Tempo des Fortschritts hemmten. Die Verfolgung der Hugenotten und die Privilegien des Adels lasteten auf den bürgerlichen Unternehmern. Viel weiter mußte das Fürstentum im Osten dem Adel entgegenkommen. Dort, wo der Adel ausschlaggebend war, blieben ihm die Bauern ausgeliefert, wie in Mecklenburg und Polen. Selbst der große Reichstag von 1788—91 wußte Polen keine Regelung der Bauernfrage zu gewähren. In Ungarn gingen Maria Theresia und Josef II. auf dem Verordnungswege vor. 1767 wurde durch Raab das Urbarium verfaßt, das die Abgaben der Bauern regelte; von den Verordnungen Josefs II. blieb unter seinem Nachfolger Leopold II. nur die persönliche Freiheit der Bauern als Reichsgesetz erhalten. Selbst die preußischen Könige vermochten im 18. Jh. nicht, die Leibeigenschaft aufzuheben.

An zwei Stellen wies die Entwicklung der Verkehrswirtschaft im Zeitalter des Merkantilismus Züge auf, die an die antike Entwicklung erinnern, in der der Kapitalismus gerade zu schärferer Gebundenheit führte: die Leibeigenschaft des Ostens und die Sklaverei der Pflanzungskolonien. Im Zentrum des Verkehrs, in Westeuropa, bestanden wohl auch mannigfache Beschränkungen des platten Landes, der Kolonien und des auswärtigen Handels, allein die hier überwiegende Tendenz zu ihrer Lockerung sollte den Sieg behalten. Die Zeit des Merkantilismus, in der sich das Kapital neben Boden und Arbeit durchzusetzen sucht, kennzeichnen obrigkeitliche und genossenschaftliche Bindungen, die wir mit Feudalkapitalismus und Zunftkapitalismus bezeichnen können. Die Aufhebung der merkantilistischen Gebundenheit charakterisiert die neue Zeit.

8. Die Literatur.

Roscher, Gesch. der Nationalökonomik in Deutschland. Gesch. d. Wissenschaften in Deutschland XIV. München 1874. K. Zielenziger, Die alten deutschen Kameralisten. Jena 1914. L. Sommer, Die österreichischen Kameralisten in dogmengeschichtlicher Darstellung. Wien 1920, 1925. E. Salin, Gesch. d. Volkswirtschaftslehre. 1923. L. Haney, History of Economic Thought. New York 1917. Hollander, Reprints. Hopkins Baltimore. Roscher, Zur Gesch. der englischen Volkswirtschaftslehre im 16. u. 17. Jh. Abh. der sächs. Ges. d. Wissenschaften III. Leipzig 1857. H. Schacht, Der theoretische Gehalt des englischen Merkantilismus. 1900. A. Held, Careys Sozialwissenschaft und das Merkantilsystem. Würzburg 1860. Ricca Salerno, Storia delle dottrine financiarie. Palermo 1896. Daire, Economistes financiers du XVIII siècle. Paris 1851. Dubois, Précis de l'histoire des doctrines économiques. Paris 1903. F. K. Mann, Der Marschall Vauben u. die Volkswirtschaftslehre d. Absolutismus 1914.

Die wirtschaftlichen Fragen waren bisher weniger in ihrer besonderen Bedeutung aufgefaßt, als nach dem Einfluß beurteilt, den ihre Lösung auf die religiösen und politischen Verhältnisse haben würde. So hatten sich die israelitischen Propheten gegen den Glanz des neuen Königtums gewandt, weil seine Organisation die alte Gleichheit der Volksgenossen untergrub. So hatte Aristoteles die Förderung des Mittelstandes verlangt, damit die Stadtgemeinde nicht auseinanderfalle in Reiche und Arme. Auch den Scholastikern war es darum zu tun, die wirtschaftlichen Interessen in die Ordnung der Gesellschaft einzustellen.

Als man in der Renaissance dazu überging, sich den Aufbau der Gesellschaft auf wirtschaftlicher Grundlage vorzustellen, dachte man zuerst an die Organisation der Arbeit. Sie liegt der Utopia des Morus 1516 und dem Sonnenstaat des Campanella 1623 zugrunde, aber ebenso dem Becherchen Werkhause 1667 und John Bellers College of Industry 1695. Daneben ist es die Frage der Bodenverteilung, die bei dem Vordringen des großen Grundbesitzes brennend wird. Harrington verlangt in seiner Oceana eine gleichmäßige Verteilung des Bodens.

Das eigentliche Problem, das diese Zeit auszeichnete, war das Aufkommen des Kapitals. Da dessen flüssigste Form das Geld, findet man die Merkantilisten vor allem mit Geldproblemen beschäftigt. Man hat ihnen sogar vorgeworfen, daß sie über den Geldschleier nicht hätten hinwegsehen können. Das ist nicht richtig. Aber sie legen den Hauptwert auf das Geld. So Serra, der 1613 sein „Breve trattatulo delle cause che possono far abondare li regni d'oro e d'argento, dove non sono miniere" schrieb. Auch Petty nennt in seiner Politischen Arithmetik 1655 Gold, Silber und Juwelen den Reichtum allzeit und allerorten (wealth at all times and all places), den es vor allem zu fördern gälte.

Der Unterschied der Wirtschaftsverfassung zeigt sich auch in dem Schrifttum. In Deutschland verfassen die Kameralisten umfangreiche Abhandlungen darüber, wie die fürstliche Kammer am besten verwaltet werde, die sich an die Beamten, den Fürsten und seine Minister wenden. In England finden wir namentlich seit der Mitte des 17. Jhs. eine Fülle von Gelegenheitsschriften (Pamphlets), die sich mit Einzelfragen des Handels befassen und sich an die öffentliche Meinung der Geschäftswelt wenden.

So mannigfaltig die Stimmen sind, die aus jenen Jahrhunderten zu uns dringen, lassen sich doch einige Gebiete aufweisen, in denen besonders Charakteristisches für diese Epoche geleistet wurde.

Es galt, die wirtschaftlichen Dinge rationell zu erfassen. Dazu mußte man vor allem über die Größe der Bevölkerung, ihre Steuerkraft und dergleichen genaue Daten haben. So sah das merkantilistische Zeitalter die Anfänge der Statistik. 1591—1596 veröffentlichte Giovanni Botero seine „Relazioni Universali", in denen er an die geographische Beschreibung der Länder statistische Untersuchungen über die Bevölkerung und den Wohlstand und seine Ursachen anschloß.[1]) Durch die Exaktheit seiner Berechnungen, die ihn dann freilich oft zu kühnen Kombinationen verleiteten, zeichnete sich Sir William Petty (1623—1687)[2]) aus.

1) A. Magnaghi, Le relazioni universali di Giov. Botero. Turin 1906.

2) A treatise of taxes and contributions 1662, Several essays in political arithmetic. Political survey or anatomy of Irland 1672. The economic writings of Sir William Petty ed. C. H. Hull. Cambridge 1899.

Nach den Methoden der Naturwissenschaft sollte die Volkswirtschaft einem Körper gleich zergliedert werden. SCHRÖDERS „Manufakturinventar" sah eine Produktionsstatistik vor, wie sie die Beamtenschaft des 18. Jhs. zu führen angehalten wurde. Die politische Arithmetik widmete sich insonderheit den Problemen der Bevölkerungsbewegung, um eine Grundlage für die Lebensversicherung aufzustellen. In Deutschland vertrat diese Forschungen am glänzendsten der preußische Feldprediger SÜSSMILCH in seinen „Betrachtungen über die göttliche Ordnung in den Veränderungen des menschlichen Geschlechts, aus der Geburt, dem Tode und der Fortpflanzung desselben erwiesen". Berlin 1741.

Der Bedarf des Staates war die treibende Kraft für die Ausdehnung der Verkehrswirtschaft. Übermäßige Anspannung der öffentlichen Lasten führte zum Ruin des Landes, aber bei rationeller Regelung konnte nicht nur die Wirtschaft des Fürsten gesichert, sondern auch die Wirtschaft der Privaten ermuntert werden. So führt die Betrachtung der Finanzen zur Kenntnis der volkswirtschaftlichen Zusammenhänge. Das durch die Kontributionen des Dreißigjährigen Krieges besonders hart mitgenommene Deutschland hat den Problemen der Finanzen besondere Aufmerksamkeit gewidmet. Hier schrieb KASPAR KLOCK 1634 seinen Tractatus de contributionibus, 1651 seinen Tractatus de aerario. SECKENDORF veröffentlichte 1656 seinen „teutschen Fürstenstaat", W. v. SCHRÖDER 1686 seine „fürstliche Schatz- und Rentenkammer". Während BECHER vor allem verlangt, daß die fiskalischen Interessen Rücksicht nehmen sollten auf eine billige Versorgung des Landes, daß jeder seine Nahrung habe, wird von CHRISTIANO TEUTOPHYLO (Tenzel) in seiner „Entdeckten Goldgrube in der Accise" 1685 der namentlich von holländischen und englischen Schriftstellern (DE WITT, PETTY, TEMPLE) vertretene Gedanke verfochten, eine gewisse Verteuerung notwendiger Lebensmittel sei als Zwang zur Arbeit für die unteren Klassen nicht unerwünscht. Hingegen sollte das Arbeit beschäftigende Kapital möglichst geschont werden. Die Kameralisten v. JUSTI (System des Finanzwesens, Halle 1766)[1]) und SONNENFELS (Grundsätze der Polizei, Handlung und Finanz, Wien 1765) waren die Begründer einer Wissenschaft von den Finanzen. In seinen Grundsätzen der Steuern, in denen er Rücksicht auf die wirtschaftlichen Verhältnisse der Pflichtigen und gerechte Gleichheit der Steuern voranstellt, hat JUSTI die Grundlagen der Lehre von den Abgaben schärfer noch als AD. SMITH formuliert.

In Frankreich rief der Steuerdruck unter Ludwig XIV. die Werke VAUBANS (Dîme royal 1707) und BOISGUILLEBERTS (Détail de la France 1695, Factum de la France 1706) hervor. In Italien, dessen Regierungen im 18. Jh. sich in der Regelung des Steuerwesens besonders auszeichneten (Censimento milanese), schrieb BROGGIA seinen Trattato dei tributi, delle monete e del governo della sanità. Neapel 1743.

Die Ausdehnung der Verkehrswirtschaft, auf der sich die Staatsfinanzen aufbauten, war durch die Erweiterung des Geldumlaufs bedingt. Nicht nur als Schatz, sondern auch als Zirkulationsmittel schätzte man das Geld, das nützliche Arbeit hervorrief. Dem Geldproblem sehen wir daher die Forscher sich vor allem widmen. BODINUS erkannte 1568 als erster, daß die Menge des amerikanischen Edelmetalls die Preise erhöhe. SCARUFFI wollte 1582 in seinem „Alitinonfo", dem „wahren Licht", das Münzwesen dem Fiskalismus der Fürsten entziehen und schlug eine nach dem Wertverhältnis des Goldes zum Silber von 1 : 12 zu prägende

1) F. FRENSDORFF, Über das Leben und die Schriften des Nationalökonomen J. H. G. v. Justi. Nachrichten der K. Gesellschaft d. Wissenschaften zu Göttingen. 1903. Heft 4.

Einheitsmünze vor, „wie wenn die Welt eine Stadt und ein Reich wäre". Auch DAVANZATI wendet sich in seiner „Lezione delle monete" 1582 gegen Münzverschlechterung. Er setzt die Menge des Geldes der der Güter entgegen und findet, daß der Wert durch die Seltenheit bestimmt wird. In dieser Richtung setzt MONTANARI 1680 in seinem „Breve trattato del valore delle monete in tutti gli stati" die Untersuchung fort. In den von W. STAFFORD 1581 herausgegebenen Gesprächen wird die Wirkung der Geldentwertung auf die verschiedenen Stände aufgezeigt.

Daß hinter dem Geldproblem das Kapitalproblem steckte, zeigen die Erörterungen, die in England im 17. Jh. über die Höhe des Zinsfußes gepflogen wurden. CULPEPPER verlangte 1668, daß der Staat einen niedrigen Zinsfuß festsetzen sollte. JOSIAH CHILD führte aus, England könne nur bei niedrigem Zins mit Holland konkurrieren, und DAVENANT verlangte eine Besteuerung der den Zins hochhaltenden Geldkapitalisten.

MUN suchte den Gegensatz zwischen Geldbesitz und Handel, also Geldkapital und produktivem Kapital dadurch zu beseitigen, daß er erklärte, es sei nicht richtig, daß Geldvermehrung den Handel drücke: beide stiegen und fielen miteinander. NORTH sah im Kapitalreichtum Hollands den Grund seines niedrigen Zinsfußes und BARBON erklärte: nicht das Geld, sondern das Kapital bestimme den Zins.[1])

Wirtschaftliche Betätigung fand damals das Kapital vor allem im Handel. Der auswärtige Handel, der Geld ins Land brachte, war ein Hauptthema der Merkantilisten. Wie die Buchführung den einzelnen unterrichtete, ob er Gewinn machte, so sollte die Bilanz des auswärtigen Handels zeigen, wie das Land gewönne. Th. MUN in seiner Schrift „Englands Treasure by Foreign Trade or the Balance of our Foreign Trade is the Rule of our Treasure" entwickelte die Lehre von der Handelsbilanz, führte aber wie CHILD aus[2]), es schade nichts, wenn England nach Indien Silber ausführe für die indischen Zeuge, die es mit größerem Gewinn wieder absetzen könne in Europa.

Entsprechend den französischen Verhältnissen verlangt MONTCHRÉTIEN in seinem „Traité de l'économie politique" 1615 Förderung der Industrie, um unabhängig vom Ausland zu werden.

BECHER, wohl der bedeutendste der deutschen Merkantilisten, zeigt einen merkwürdigen Gegensatz zwischen dem, was er als Politiker zuerst empfahl, und dem, was ihm vom Standpunkte des Naturrechts als letztes Ziel erschien. In seinem „Politischen Discurs" 1667 gab er die Mittel an, wie ein Land volkreich und wehrhaft zu machen und in eine rechte societatem civilem zu bringen. Den Kaufleuten wollte er dabei nicht trauen. Ein zentrales Werk-, Proviant- und Kaufhaus sollte die gesamte Wirtschaft regeln. In seinem „Moral Discurs" 1669 bekämpft er geradezu das Geld als Ursache der Armut. Ein Arbeitsgeld soll es ersetzen. Die Ungleichheit der Würden soll aufhören und die Güter, mit gleicher Arbeit erworben, auch gemein werden. Es ist merkwürdig, wie sich hier, ähnlich wie bei BELLERS, der Merkantilismus mit dem Sozialismus eines OWEN und PROUDHON berührt.

---

1) „Interest is commonly reckoned for money; . . . but this is a mistake; for the interest is paid for stock". HANEY. S. 102.

2) SVEN HELANDER, Weltw. Arch. 1923. Sir Josiah Child schrieb als Großaktionär der Ostindischen Compagnie..

Der Gedanke einer Regelung des Wirtschaftslebens klingt bei W. v. Hörnigk, Österreich über alles, wenn es nur will, 1684, wieder in der Idee eines zentralen Kaufhauses, ähnlich bei v. Schröder in seiner Forderung eines „Manufakturhauses“, das Gesellen ausbilden, und einer „landesfürstlichen Wechselbank“, die die Meister verlegen sollte.[1])

In dem Kampfe des Staates gegen die Zünfte traten die Kameralisten energisch gegen die Produktionseinschränkungen der Zünfte ein. Die Verleger nannte Becher die Grundsäulen aller Stände. Verlag und Manufaktur erschienen ihnen nicht nur wegen ihrer technischen und kommerziellen Überlegenheit wünschenswert, sondern vor allem auch, weil sie der durch die Kriegszeiten desorganisierten Masse der Bevölkerung Arbeitsgelegenheit verschafften.

Das Interesse an wirtschaftlichen Fragen rief im 18. Jh. in Deutschland sogar Zeitschriften hervor, die „Ökonomische Fama“ 1729 und die „Leipziger Sammlungen von wirtschaftlichen, Policey-, Cammer- und Finanzsachen“ 1742.

Zusammenfassend können wir mit Ad. Smith das 16.—18. Jh. als Periode des Merkantilismus bezeichnen. In der verschiedensten Weise bildete sich eine Wirtschaftspolitik aus, die eine Förderung der Verkehrswirtschaft durch obrigkeitliche Regelung erstrebte. Die sie beherrschenden Gedanken haben sich aus der Praxis herausgebildet. Die Anfänge der Wissenschaft schließen sich an die Praxis der verschiedenen Länder an. Der omnipotente Staatsmann glaubte durch seine Dekrete alles erreichen zu können, allein die Tatsachen wollten sich seinen Gesetzen häufig nicht fügen. Dieser Widerstand führte zum Nachdenken über wirtschaftliche Probleme, die man zunächst für sich, dann erst in ihrem Zusammenhang zu erkennen suchte.

Wir möchten doch nicht mit Schmoller lediglich in der politischen Zusammenfassung das Wesen dieser Zeit sehen. Auch Salin, der die nationale Besonderheit der einzelnen Forscher betont, muß die gemeinsame Grundlage der wirtschaftlichen Aufgabe: Entwicklung der Verkehrswirtschaft, anerkennen. Neben der Überzeugung von der Wirksamkeit obrigkeitlicher Einmischung stehen ganz bestimmte wirtschaftstheoretische Auffassungen hinter den einzelnen Maßnahmen. Die Lehre vom Bedarf und vom Markte wird ausgebildet. In der Zirkulation glaubt man die treibende Kraft der Entwicklung zu finden. So nur ist Law mit seiner Überschätzung der Bedeutung des Geldumlaufs zu verstehen. Pinto meinte, das Geld vermehre sich auf seinem Wege.[2]) Glänzend wußte Galiani vom Standpunkt subjektiver Schätzung aus den Wert und den Zins zu erklären.[3]) Während Mun die Lehre von der Handelsbilanz zur Erkenntnis der Zahlungsbilanz erweiterte, stand bei Law und den von ihm beeinflußten Schriftstellern, Melon (Essai politique sur le commerce 1734), Dutot (Reflexions politiques sur les finances et le commerce 1738) und Forbonnais (Éléments du commerce 1754) die innere Zirkulation im Vordergrund. Sonnenfels spricht in seiner „Handlungswissenschaft“ (Grundsätze II, 1769) zuerst von der Landwirtschaft, dann von den Manufakturen und drittens erst von der äußeren Handlung. So fanden hier die heute in der „Praktischen Sozialökonomie“ behandelten Probleme ihre Darstellung.

Eine Zusammenfassung erhielten die merkantilistischen Lehren durch den Neapolitaner Genovesi (Lezioni di commercio ossia economia civile 1765) und den

1) H. v. Srbik, W. v. Schröder, SBAk. Wien 1910. Phil.-hist. Kl. 164, 1.
2) „L'argent se multiplie dans sa marche.“ De la circulation et du crédit. S. 136.
3) „Della moneta“. 1751.

Schotten James Steuart (Inquiry into the principles of political economy 1767), dem der Hamburger J. G. Büsch in seiner „Abhandlung von dem Geldumlauf" 1780 sich anschloß. Als Vertreter des Merkantilismus, der staatlichen Förderung der Verkehrswirtschaft, hoben diese Schriftsteller die Bedeutung des Zirkulationsprozesses und der Einmischung des Staatsmannes für die Wirtschaft hervor.[1])

Im 10. Kapitel seines ersten Buches „Von den Folgen, welche sich daraus ergeben, daß die beiden Hauptklassen eines Volkes, die Landwirte und die freien Arbeitskräfte, in ihren Wohnplätzen voneinander getrennt sind", gibt Steuart einen Abriß der wirtschaftlichen Entwicklung, der die Triebkräfte des merkantilistischen Zeitalters folgendermaßen darstellt: Die Urbanisierung des Adels in Spanien, Frankreich, England veranlaßte ihn zu größeren Ausgaben, die ihn zwangen, durch Verpachtung und rationellere Wirtschaft auf höhere Geldeinnahmen zu sehen. Die damit auf dem Lande freigesetzten Kräfte fanden in den Städten Beschäftigung durch die Ausgaben der in prunkvoller Lebenshaltung miteinander wetteifernden Grundherren.

Diese Gedankengänge hat Sombart außer in seinem Hauptwerk besonders in seinen Schriften „Luxus und Kapitalismus" und „Krieg und Kapitalismus" herausgearbeitet. Aber nicht jeder Krieg, nicht jeder Luxus wirkt aufbauend auf die kapitalistische Wirtschaft; diese irrationalen Elemente, die an sich zerstörend dahinbrausen, können solche Bedeutung vielmehr nur gewinnen, wenn sie mit rationaler Bedarfsdeckung zusammengehen, die den gesteigerten Ausgaben gesteigerte Einnahmen gegenüberstellt. Das Verlangen nach solcher Steigerung kann zum Streben nach Überschuß werden bei den Ausgebenden selbst oder den sie Bedienenden. So löst die Dynamik des Bedarfs das Erwerbsstreben aus.

II. Die Grundlagen der freien Verkehrswirtschaft.

W. Hasbach, Die allgemeinen philosophischen Grundlagen der von F. Quesnay und Ad. Smith begründeten politischen Ökonomie (Schmollers F. X, 2). Leipzig 1890. G. Jellinek, Die Erklärung der Menschen- und Bürgerrechte. 2. Aufl. 1904. Goetz-Briefs, Untersuchungen zur Klassischen Nationalökonomie. Jena 1915.

Schon im Zeitalter des Merkantilismus war gelegentlich eine Theorie von praktischer Bedeutung geworden — denken wir nur an die Lehre von der Handelsbilanz oder an das Système Laws —, im großen und ganzen gingen damals Theorie und Praxis aus von den empirischen Besonderheiten der einzelnen Länder. Im 18. Jh. aber bildete sich eine nationalökonomische Wissenschaft aus mit dem Anspruch auf Allgemeingültigkeit, die von entscheidendem Einfluß auch auf das wirtschaftliche Leben wurde. Grundlage dieser Wissenschaft war das Naturrecht. Wie einst die römischen Juristen in dem Streben, das historisch gewordene Recht zum Naturrecht umzubilden, die Rechtswissenschaft geschaffen hatten, so führte jetzt die Aufnahme derselben Lehren der Stoa zur Begründung der Nationalökonomie.

Was ursprünglich eine religiöse und politische Forderung war, die Freiheit der Persönlichkeit, wurde als das von der Natur Gegebene hingestellt, ja, die Freiheit der Person, des Eigentums und der Verträge konnte als wirtschaftlich vorteilhaft empfohlen werden. Dabei wurde vorausgesetzt, daß die Menschen verständig und

1) S. Feilbogen, J. Steuart und Ad. Smith. Z. f. d. g. St. Tübingen 1889. S. 218ff. H. Sieveking, J. G. Büsch und seine Abhandlung von dem Geldumlauf. Schmollers Jb. 1904. S. 157.

gut genug wären, diese Freiheit zur selbständigen Entwicklung ihrer Anlagen und ihres Besitzes zu gebrauchen. Wie der Merkantilismus von dem Gedanken ausging, die Unternehmer müßten erst zur Erkenntnis ihres Vorteils gewaltsam erzogen werden, trat jetzt der selbständig gewordene Unternehmer auf den Plan, der sich zutraute, seine Sachen besser zu verstehen als ein ihnen ferner stehender Staatsbeamter. Doch war das individualistische Naturrecht keineswegs staatsfeindlich. Es glaubte vielmehr an eine Harmonie der Interessen zwischen dem einzelnen und dem Staat und wollte, daß durch die freie Entwicklung der Kräfte der einzelnen das Ganze stärker und mächtiger würde.

In England wurden diese Gedanken vor allem durch John Locke (1632—1704) vertreten, und die Revolution von 1688 schien England die natürliche Freiheit gegeben zu haben. Sehnsüchtig blickten die Franzosen zu diesen Verhältnissen hinüber, und wie Montesquieu in seinem „Esprit des lois" seinen Landsleuten die englische Verfassung als Muster aufstellte, so wiesen auch zahlreiche Schriftsteller, wie der Intendant de Gournay und seine Schule, hin auf die englische Wirtschaft. Am radikalsten formulierte d'Argenson die Forderung der Handelsfreiheit: „Laissez-faire". Als erster Durchbildner einer konsequenten Theorie trat auf François Quesnay, der Stifter der Schule der Ökonomisten oder der Physiokraten.

1. Die Physiokraten.

A. Oncken, Oeuvres économiques et philosophiques de François Quesnay. Francfort et Paris 1888. Bauer, L'article „Hommes" de F. Quesnay; Schelle, „Impots" par Quesnay, Revue d'histoire des doctrines économiques et sociales 1908. G. Weulersse, Le mouvement physiocratique en France de 1756 à 1770, 1910. S. Feilbogen, Smith und Turgot. Wien 1892. A. Wahl, Vorgeschichte der französischen Revolution I. Tübingen 1905. H. Glagau, Turgots Sturz. HZ. 97. S. 473ff. Ch. Gide et Ch. Rist, Histoire des doctrines économiques depuis les Physiocrates jusqu' à nos jours. 1909. O. Fengler, Die Wirtschaftspolitik Turgots und seiner Zeitgenossen im Lichte der Wissenschaft des Ancien Régime. 1912.

François Quesnay, geboren 1694, war ein Chirurg, der sich auszeichnete durch sein Auftreten gegen zu starkes Aderlassen und Leibarzt der Pompadour wurde. Er schrieb 1756 und 1757 für die Enzyklopädie die Artikel „fermiers" und „grains" und verfaßte 1758 sein Tableau économique, das 1760 als Anhang von Mirabeaus „Ami des hommes" erschien. Es galt ihm, die natürliche Ordnung der Dinge zu erfassen und den „ordre positif" dem „ordre naturel" anzupassen: die Natur sollte herrschen.

Quesnay ging aus von den Unvollkommenheiten der französischen Zustände. Er sah ihren Fehler in der einseitigen Begünstigung von Industrie und Handel und verlangte eine gleiche Förderung der Landwirtschaft, wie sie der englische Merkantilismus durchgeführt hatte. Auch die Landwirtschaft sollte die Vorzüge des freien Verkehrs genießen. In der einseitigen Betonung des landwirtschaftlichen Interesses erinnern die Physiokraten an die kanonistische Doktrin des MA., aber der von dieser — als Gott besonders wohlgefällig — empfohlene Landbau war der des selbstgenügsamen Bauern, die Physiokratie nahm sich des in der Verkehrswirtschaft dem Erwerb nachgehenden landwirtschaftlichen Unternehmers an.

Hatten die Merkantilisten den äußeren Erscheinungen des Verkehrs ihre Hauptaufmerksamkeit gewidmet, waren sie dem Gelde und seinem Umlauf als den Zeichen des Reichtums nachgegangen, so suchten die Physiokraten die Quelle des Reichtums in Grund und Boden. Von dem Konsum und der Zirkulation wandten sie den Blick auf die Produktion und die Verteilung.

„La terre est l'unique source des richesses", das ist der Grundgedanke der Physiokratie. Nur die auf Grund und Boden verwandte Arbeit vermag Überschüsse zu erzielen, sie ist die Quelle des „produit net". Nicht als ob die anderen Tätigkeiten nicht auch nützlich wären, aber sie können keinen Reichtum schaffen, nur den bereits vorhandenen verwandeln.

Aus dem Umlauf des produit net, des Reinertrages der Landwirtschaft, ergibt sich der Kreislauf der Verkehrswirtschaft, den QUESNAY nach Analogie des Blutkreislaufes darzustellen suchte. Die wichtigste Klasse der Bevölkerung sind nach ihm die Grundbesitzer, die in der Pacht das produit net beziehen, das teils als Geschenk der Natur, teils als Verzinsung der in den Boden gesteckten Kapitalien, der dépenses foncières, sich darstellt. In der Verwendung dieser Reinerträge, der richesses disponibles, liegt die wichtige Aufgabe der Grundbesitzer. Sie allein sind imstande, dem Staate Steuern zu zahlen; es genügt, von den Grundbesitzern nach Maßgabe ihres produit net eine einzige Steuer zu erheben; da alle anderen Steuern, die indirekten, doch schließlich aus dem den Grundbesitzern zustehenden Fonds gezahlt werden, begnüge man sich, die Steuer bequemer direkt an dieser Quelle zu erheben. Die Grundbesitzer unterhalten aber auch einzig durch ihre Ausgaben Handel und Industrie. Ja, die Klasse der Ackerbauer selbst hängt von den Ausgaben der Klasse der Grundbesitzer ab, die ihnen teils direkt, teils auf dem Umwege der Händler und Gewerbtreibenden ihre Produkte abnimmt. Von der Höhe der Grundrente, die den Grundbesitzern zufließt, hängt daher nach der Meinung der Physiokraten das Gedeihen der Volkswirtschaft ab.

Neben der Klasse der Grundbesitzer steht die der Landbauer. Ihre Arbeit schafft das produit net, das dem Grundherrn zufließt, sie sind daher die eigentliche „classe productive". Diese Ehre gebührt aber nicht dem Landwirt schlechthin. Der kleine Bauer, der métayer, wie er damals vor allem im Süden und Osten Frankreichs vorkam, vermag mit seiner unvollkommenen „Ochsenkultur" nur die Subsistenzmittel für sich und seinen Herrn zu erwirtschaften. Der Träger der „bonne culture", die mit Pferden arbeitet, wie sie damals der Norden und Westen Frankreichs, die Normandie, Isle de France, sah, ist der große Pächter, der fermier, der landwirtschaftliche Unternehmer. Ihm muß die Gesetzgebung die möglichst hohe Verwertung seiner Produkte nicht, wie es im damaligen Frankreich durch Getreideausfuhrverbote geschah, erschweren, sondern in jeder Weise erleichtern. Je höher der Getreidepreis, um so besser; denn: hat der Pächter (nicht der Bauer!) Geld, so hat es die ganze Welt: „pauvre paysan, pauvre royaume; pauvre royaume, pauvre roi!" Die reichliche Verzinsung muß möglichst viel Kapital in die Landwirtschaft locken; denn nur hier findet es als „richesses d'exploitation", landwirtschaftliches Betriebskapital, seine naturgemäße Verwendung. Es darf den Pächter nicht schmerzen, wenn er dem Grundherrn das produit net abzugeben hat; denn die Vermehrung der richesses disponibles kommt auch dem Pächter durch die Vermehrung der Nachfrage nach ländlichen Produkten zugute.

Der „classe productive" der rationellen Landwirte steht die „classe stérile" der Gewerbe- und Handeltreibenden gegenüber. Denn sie vermag, wenn es auf natürlichem Wege zugeht, keinen Überschuß, kein produit net, zu produzieren. Der Wert dessen, was sie produziert, ist immer nur gleich den Produktionskosten, nicht mehr. Diese Klasse kann sich also nur ihre Unterhaltsmittel von Landbauern und Grundbesitzern erwerben, sie heißt daher auch „classe salariée". Wenn sich bei ihr Reichtümer ansammeln, so kann das nur auf Kosten der produktiven Klasse geschehen, die „richesses pécuniaires" sind „richesses stériles". Wo der Wohlstand eines Landes, wie in Venedig, Genua, Holland oder Hamburg, auf Handel und Industrie beruhte, schien das den Physiokraten der natürlichen Ordnung zu widersprechen.

Die besitzlose Bevölkerung, die Tagelöhner, wurden vor allem als Konsumenten heimischer Produkte gewürdigt. Hohe Getreidepreise sollten auch ihnen nützen, weil sie vermehrte Arbeitsgelegenheit schüfen.

Auch in der Bevölkerungslehre standen die Physiokraten in scharfem Gegensatz zu den Merkantilisten. Nicht auf die Vermehrung der Bevölkerung, sondern auf die Steigerung des landwirtschaftlichen Ertrages komme es an. Nach diesem müsse sich der Stand der Bevölkerung richten. Wenn die Merkantilisten vielfach in der Not der Massen einen Zwang zur Arbeit gesehen hatten, verfocht QUESNAY die auch von SMITH aufgenommene These, die Hebung der Arbeiterklasse bedeute eine Steigerung ihrer Leistungsfähigkeit.

Wo die Naturordnung durchgeführt wäre, da gäbe es, so meinte QUESNAY, kein Auf und Nieder, die rationelle Wirtschaftsordnung begründe vielmehr einen allen Wechselfällen Trotz bietenden, dauerhaften Zustand, ein „empire fixe et durable". In China glaubte QUESNAY dies Idealreich in die Wirklichkeit übergeführt zu sehen.

QUESNAY schloß sich eine begeisterte Schar von Anhängern an, deren Führer MIRABEAU wurde. Auch außerhalb Frankreichs fanden seine Ideen Anklang, insonderheit versuchte der Markgraf Karl Friedrich von Baden in einigen Dörfern das physiokratische Steuersystem, und von Josef II. und Leopold II. wurden wenigstens einige der physiokratischen Prinzipien aufgenommen, die Freiheit der Person und des Handels. Den Merkantilismus riefen die Physiokraten durch ihre Einseitigkeiten zur Gegenwehr auf: GALIANI in seinen Dialogues sur le commerce des blés 1770 und NECKER in seinem Eloge de Colbert 1773 traten ihnen entgegen. In TURGOT aber erstand der Physiokratie ein Anhänger, der nicht nur ihre Gedanken fortführte, sondern berufen schien, sie in Frankreich zu verwirklichen.

1727 geboren, anfangs Theologe, war TURGOT 1761—1774 als Intendant von Limoges tätig. Hier verfaßte er 1766 zur Belehrung zweier Chinesen seine „Réflexions sur la formation et la distribution des richesses". Entschiedener als QUESNAY forderte er im Gegensatz zum Merkantilismus absolute Handelsfreiheit, die nach seiner Meinung vor allem der Landwirtschaft zugute kommen würde. Die Aufhebung der damals bestehenden Regulierung des Verkehrs sollte aber nicht nur den Produzenten besseren Absatz, sondern auch den Konsumenten bessere Versorgung verschaffen. 1774 wurde TURGOT zum Finanzminister Ludwigs XVI. ernannt. Er führte die Freiheit des Getreidehandels im Inneren des Reiches durch und wußte den sich im Frühling des nächsten Jahres dagegen im Mehlkrieg erhebenden Widerstand niederzuschlagen. 1776 ging er weiter, er ließ die königliche Wegefron abschaffen und die Zünfte aufheben. Allein diese Edikte wurden noch im selben Jahre zurückgenommen. Die Voraussetzung zur Durchführung der physiokratischen Reformen war die Erhaltung des Friedens; Ludwig XVI. aber glaubte die Gelegenheit des Abfalls der Vereinigten Staaten von England benutzen zu sollen, um Frankreich für die im Siebenjährigen Kriege erlittenen Demütigungen zu rächen, und beschloß den Krieg gegen England. So stürzte TURGOT.

Theoretisch bedeutet TURGOT insofern einen Fortschritt über QUESNAY hinaus, als er eine Entwicklung in der Volkswirtschaft annimmt. Ursprünglich gab es nur Landbauer. Dann konnten die „cultivateurs" neben sich die „classe salariée" unterhalten. Später führte die Knappheit des Bodens dazu, daß als letzte die Klasse der „propriétaires" erstand. In seiner Wertlehre erkannte er, durch GATIANI beeinflußt, die Bedeutung der Schätzung an. Er wußte den Zins zu würdigen. Die verschiedenen Unternehmungen ergeben durch ihre Konkurrenz einen Durchschnittsprofit, der letzten Endes auf dem produit net beruht.

Auch Josefs II. Versuche, durch Freigabe von Handel und Verkehr den Lebensmittelmarkt zu beleben, schlugen fehl. Die Auffassung, Kommerzialgrundsätze, wie sie für die Verlagsindustrie ausgesprochen werden könnten, dürften auf Polizeianstalten, wie die Versorgung von Wien, keine Anwendung finden, führte unter seinen Nachfolgern wieder zu Verboten des Zwischenhandels in Lebensmitteln und zu Brot- und Fleischtaxen. Ebenso blieb im Gewerbewesen Josefs II. Einschränkung der Reglementierungen eine Episode, und von seinen Verordnungen zur Bauernbefreiung blieb nur die ihnen persönliche Freiheit gewährende bestehen, während die Aufhebung des gutsherrlich-bäuerlichen Verhältnisses ihm nicht gelang.

Die Hoffnungen der Physiokraten, der aufgeklärte Absolutismus werde ihre Ideen durchführen, erfüllten sich nicht. Erst die französische Revolution brachte die Aufhebung der feudalen Lasten 1789, die Aufhebung der Binnenzölle und die Gewerbefreiheit (1791). Sie machte die Grundsteuer zur Hauptstütze der französischen Finanzen. Freilich hat die Revolution den Physiokraten insofern nicht Rechnung getragen, als sie nicht, wie sie es wünschten, nach englischem Muster den Großbetrieb in der Landwirtschaft begünstigte. Hier traten den Physiokraten sozialistische Ideen entgegen, die die französische Agrarverfassung im Gegensatz zur englischen beeinflußten.

2. Adam Smith.

S. Feilbogen, Smith und Hume. Z. f. d. g. St. 1890. S. 695ff. W. Hasbach, Untersuchungen über Ad. Smith und die Entwicklung der politischen Ökonomie. Leipzig 1891. F. Raffel, Englische Freihändler vor Ad. Smith. 1905. Ad. Smith, Inquiry into the nature and causes of the wealth of nations. 1776. 3. Aufl. 1784. Lectures on justice, police, revenue and arms delivered in the university of Glasgow by Adam Smith, reported by a student in 1763 and edited with an introduction and notes by E. Cannan 1896. E. Cannan, A history of the theories of Production and Distribution in english political economy from 1776 to 1848. 2. Aufl. 1903.

In England unterzog Hume die merkantilistischen Lehren in seinen Essays 1742 (2. Aufl. 1752) einer zersetzenden Kritik. Als Historiker stellte er sich allgemein gehaltenen Behauptungen, wie der, Handel und Verkehr machten ein Gemeinwesen mächtiger, skeptisch gegenüber. Aber die Vertiefung in die Zustände früherer Zeiten führte ihn gelegentlich dazu, bei den veränderten Verhältnissen der Gegenwart früher wirksame Mittel zu empfehlen. So sah er mit Besorgnis auf das Wachsen der englischen Staatsschuld; er meinte, entweder müßte die Nation den Staatskredit vernichten, oder der Staatskredit würde die Nation vernichten, und er wollte, daß man zu dem Staatsschatz der Alten zurückkehrte. Ohne Theorie kommt auch der Historiker nicht aus, und so sehen wir Hume das merkantilistische Dogma von der Wichtigkeit der Geldfülle bekämpfen mit dem Dogma der Quantitätstheorie: eine Vermehrung des Geldes führe nur zu einer Erhöhung der Warenpreise, bedeute also nur einen nominellen Vorzug, ja, da die gesteigerten Preise die Exportfähigkeit hemmten, sogar einen Nachteil. Die Sorge der Vertreter der Lehre der Handelsbilanz um Erhaltung und Vermehrung des Geldvorrates im Lande sei unnütz; nicht nur als Mensch, sondern als Brite wünscht Hume die Handelsblüte Deutschlands, Spaniens, Italiens, ja, sogar des gefährlichsten Rivalen, Frankreichs; England würde dadurch mehr gewinnen, als wenn diese Länder in die Bedürfnislosigkeit Marokkos und der Berberei versänken.

Hume weist die Vorzüge und Schwächen der historischen Schule auf. Er zeichnet sich aber vor manchen ihrer späteren Vertreter aus durch Vorsicht in der Umgrenzung seiner Behauptungen und durch Sorgfalt im Schließen. Wie er in der Erkenntnislehre Kant den Weg bahnte, so konnte in der Wirtschaftslehre sein schottischer Landsmann und Freund Adam Smith auf ihm fußen.

Ad. Smith war 1723 in Kirkcaldy in Schottland geboren und widmete sich in seinen Studien besonders der Philosophie. Als Professor der Logik und Moralphilosophie in Glasgow verfaßte er 1759 seine „Theorie der moralischen Empfindungen“. 1764 legte er seine Professur nieder, um in Begleitung des Herzogs von Buccleugh auf Reisen zu gehen. In Paris wurde er mit den

Theorien der Physiokraten bekannt. Zurückgekehrt, ließ er sich 1766 in Kirkcaldy nieder, wo er seine „Untersuchung über die Natur und die Ursachen des Volkswohlstandes" verfaßte, die 1776 in London erschien. 1790 fand er auf dem Edinburger Friedhof sein Grab. Sein Werk wurde von der nachhaltigsten Bedeutung. ROSCHER meinte, in der Dogmengeschichte der Nationalökonomik erschiene alles Frühere als Vorbereitung auf ihn, alles Spätere als Fortsetzung von ihm oder Gegensatz zu ihm.[1])

Nicht von dem Stoff der Wirtschaft, dem Boden, wie die Physiokraten, nicht von ihrem Mittel, dem Gelde, wie die Merkantilisten, sondern von der menschlichen Arbeit ging SMITH bei seiner Untersuchung aus. Er schildert, wie ihre Schaffenskraft durch Teilung der Arbeit verstärkt wird. Aber wodurch wird diese Teilung der Arbeit nach SMITH begrenzt? Durch die Ausdehnung des Marktes! Nicht jede Arbeit, sondern die für den Markt arbeitende schafft Wert. Wie SMITH in seinem Werke von der Theorie der moralischen Empfindungen von der gesellschaftbildenden Kraft der dem Menschen eingeborenen Empfindungen der Sympathie mit seinen Mitmenschen ausgegangen war, so wollte er hier zeigen, wie der Mensch, auch wenn er scheinbar seinen eigenen Vorteil allein verfolgte, durch die freie Konkurrenz des Marktes gezwungen würde, gleichzeitig für das Ganze zu arbeiten.[2])

Die Arbeit, an die SMITH zunächst dachte, ist die des kleinen selbständigen Unternehmers. Nur so können wir seine Ausführungen I, 6 verstehen, daß dem Arbeiter ursprünglich das ganze Produkt seiner Arbeit gehörte, während er später gezwungen wurde, dem Kapitalisten und dem Grundbesitzer einen Teil dieses Produktes abzugeben. Die Lage des abhängigen Lohnarbeiters ist eine durchaus andere. Der Unternehmer hat die Leitung des Produktionsprozesses und die Verwertung des Produktes in der Hand. Der Arbeiter hat durch den Lohnvertrag nur Anspruch auf Lohn, nicht aber auf das Arbeitsprodukt. Sein Einkommen ist daher abgeleitetes, ähnlich wie das des Zinsempfängers. Indem SMITH die verschiedenen Arten der Arbeit, selbständige und abhängige, nicht scharf schied, schuf er die Grundlage der späteren sozialistischen Lehre, die die Abgabe eines Teiles vom Arbeitslohn an Kapitalist und Grundeigentümer als Usurpation bekämpfte.

Wie die Physiokraten ging SMITH bei der Schilderung der wirtschaftlichen Klassen aus von den Verhältnissen der landwirtschaftlichen Unternehmung. Aber wie anders beurteilte er die von den Physiokraten so hoch gepriesenen Grundbesitzer: als Leute, die es lieben, zu ernten, wo sie nicht gesät haben! Den Arbeitern wies er dafür, wenigstens im Urzustande, die höchste Stelle zu. In einer entwickelteren Wirtschaft aber nehmen nach seiner Meinung die Kapitalisten, die Besitzer der Überschüsse früherer Arbeit, den ersten Platz ein. Indem sie ihre Kapitalien in der Produktion, Arbeitsgelegenheit schaffend, anlegen, setzen sie das Triebrad der Wirtschaft in Bewegung.

Ausdrücklich lehnt SMITH den Gedanken ab, als ergäbe sich der Profit aus der den Betrieb leitenden Tätigkeit des Unternehmers.[3]) Er soll vielmehr nur aus dem Kapital herrühren und durchaus im Verhältnis zu der Größe des angewandten Kapitals stehen. Ausnahmen von dieser Regel, wie der höhere Gewinn des durch Geschäftsgeheimnisse seinen Konkurrenten überlegenen oder durch staatliche Privilegien begünstigten Unternehmers oder der durch besondere Vorzüge der Bodenlage hervorgerufene Gewinn, machen SMITH an dem Glauben an das von ihm im Anschluß an die Physiokraten aufgestellte Naturgesetz nicht irre, während

1) Gesch. d. National-Ökonomik in Deutschland. S. 594.

2) W. WINDELBAND, Die Geschichte der neueren Philosophie. 2. Aufl. 1899 I. S. 350f. R. EUCKEN, Die Lebensanschauungen der großen Denker. 6. Aufl. 1905. S. 376ff.

3) In Gegensatz zu SMITH würdigte JEAN BAPTISTE SAY in seinem „Traité d'économie politique ou simple exposition de la manière, dont se forment, se distribuent et se consomment les richesses", Paris 1803, die Bedeutung des „Entrepreneur", Buch I, Kap. 6.

doch die gleiche Profitrate ebensogut als der Durchschnitt verschiedener Einzelschätzungen und Erscheinungen gedeutet werden könnte.

Indem Ad. Smith an Stelle von Grund und Boden die Arbeit als wertschaffend anerkannte, konnte er die Einseitigkeit der Physiokraten, mit der sie zwischen produktiver Arbeit des Landwirts und steriler des Gewerbe- und Handeltreibenden unterschieden, überwinden. Indem er aber an Stelle der Unternehmertätigkeit und ihres Gewinns das unpersönliche Kapital und seinen Profit setzte, öffnete er einer Reihe physiokratischer Einseitigkeiten wieder die Tür.

Wenn Smith auch (II, 5 am Ende) zugab, daß der einzelne in Handel und Industrie, selbst wenn er ohne Kapital anfinge, es leichter zu Vermögen brächte als in der Landwirtschaft, und wenn er auch den Grund des Vorzugs der reicheren Nationen vor allem in dem bei ihnen mehr entwickelten Gewerbe sah und als Grund dieses Vorsprungs anführte, im Gewerbe ließe sich die Arbeitsteilung weiter durchführen als in der Landwirtschaft (I, 1), so erklärte er doch an anderer Stelle, die Kapitalanlage in der Landwirtschaft sei die vorteilhafteste, weil hier die Natur umsonst mitarbeite, und meinte, die geringere Produktivität der Landwirtschaft, die der „Natur" widerspräche, wäre nur durch künstliche Eingriffe des Staates zu erklären.

Dieser Gedanke liegt auch der im dritten Buche seines Werkes niedergelegten Wirtschaftsgeschichte zugrunde.

Smith zeichnete sich dadurch vor Quesnay aus, daß er nicht einem gerechten Naturzustande alle Abweichungen als durch die Unvernunft der Menschen hervorgerufen gegenüberstellte, sondern der historischen Entwicklung gerecht zu werden versuchte.[1]) Freilich konstruierte er, entsprechend seiner Wertschätzung der verschiedenen Kapitalanlagen, einen natürlichen Gang der Entwicklung, nach dem das Kapital zuerst die Landwirtschaft, dann das für den lokalen Markt arbeitende Gewerbe, dann die Exportindustrie, erst den Binnenhandel, dann den Außenhandel beleben müsse. Wenn er nun zugestehen mußte, daß die tatsächliche Entwicklung Westeuropas eine andere gewesen war, daß der wirtschaftliche Fortschritt zuerst in dem städtischen Handel und Gewerbe hervorgetreten und sich dann erst der Landwirtschaft zugewandt habe, wenn er sah, daß die modernen Staaten Kolonialhandel und Exportindustrie vor Binnenhandel und -Gewerbe pflegten, so erschien ihm das wider die Natur. Nur die den freien Verkehr auf dem Lande hindernden und die Exportindustrie und Fernhandel einseitig begünstigenden Einmischungen der Obrigkeit konnten nach Smiths Meinung diesen unnatürlichen Gang der Geschichte herbeigeführt haben. Die amerikanischen Kolonien boten ihm dagegen ein Bild des natürlichen Fortschritts. Hier wandte sich das Kapital vor allem der Landwirtschaft zu und rationellerweise erst später den anderen Anlagen. Smith übersah, daß diese „natürliche" Entwicklung der Wirkung des Kapitalismus auf kolonialem Boden entsprang, daß aber im MA. und im Beginn der Neuzeit eben die Bildung dieses Kapitalismus die Aufgabe war.

Das, was Ad. Smith als das für seine Zeit Richtige vorempfand, was die Zukunft bringen sollte, die freie Verkehrswirtschaft, stellte er als das von der Natur Gewollte hin. Er zeigte die Unzulänglichkeit und Verkehrtheit der Maßnahmen des herrschen-

1) Über den historischen, realistischen Sinn Smiths vergleiche die Urteile von Sismondi, Nouveaux principes I, Kap. 7, und Gülich, Geschichtliche Darstellung des Handels, der Gewerbe und des Ackkerbauess V. S. 183. Man darf nicht vergessen, daß Smith vor der industriellen und agraren Umwälzung schrieb.

den Systems, das, von der Handelsbilanzlehre ausgehend, den Verkehr überall zu regulieren und zu beschränken suchte. In dem Kolonialsystem gipfelte der Merkantilismus. Hier setzte deswegen seine Kritik der damaligen Handelspolitik am schärfsten ein. SMITH verwarf jede Beschränkung des kolonialen Verkehrs, er meinte, deswegen wären die englischen Kolonien mehr aufgeblüht als die spanischen, weil in ihnen eine größere Freiheit herrschte. Scharf auch wandte er sich gegen die privilegierten großen Kolonialgesellschaften. Er ging dabei aus von der Meinung der Überlegenheit des Kleinbetriebes bei freier Konkurrenz. Wenn jeder nur für sich arbeite, werde er am intensivsten schaffen. Auch in der Landwirtschaft glaubte SMITH im Gegensatz zu den Physiokraten an die Vorzüge des Kleinbetriebes.

Es sollte sich herausstellen, daß die Handelsfreiheit vor allem dem großen Unternehmer in Handel und Industrie zugute käme. Die Vertretung dieser Interessen lag SMITH so fern, daß er im Gegenteil die Handelsfreiheit verlangte, um die Privilegien jener großen Unternehmer zu brechen im Interesse von Landwirtschaft und Arbeitern. Erinnern wir uns, daß die damaligen Gesetze den Arbeiter in der Botmäßigkeit des Unternehmers zu halten suchten, daß die Festsetzung der Löhne, des Maximallohns, der Niedrighaltung der Löhne diente, so können wir es verstehen, daß SMITH von der Aufhebung der Staatseinmischung eine Verbesserung der Lage der Arbeiter erwartete. Einer Einmischung zugunsten der Arbeiter war er nicht durchaus entgegen, wie er denn das Verbot der Lohnzahlung in Waren (Trucksystem) rühmte. Ebensowenig war SMITH der Ansicht, die Handelsfreiheit könnte der Landwirtschaft schaden. Die Höhe der Transportkosten würde den Landwirt schon vor auswärtiger Konkurrenz schützen, ein Argument, das auch LIST noch gegen die Getreidezölle anführte. Vielmehr würde die Handelsfreiheit der Landwirtschaft alle die Kapitalien zuführen, die die jetzigen Gesetze ihr künstlich entzögen.

Man hat gelegentlich die Gegnerschaft SMITHS gegen obrigkeitliche Einmischungen in das Wirtschaftsleben als Staatsfeindschaft gedeutet. Mit Unrecht! Die Scheidung der staatlichen Aufgaben von den dem einzelnen zufallenden wirtschaftlichen, eine Art der Arbeitsteilung, sollte beiden, Staat und Privaten, zugute kommen, beiden eine wirksamere Erfüllung der ihnen eigentümlichen Aufgaben ermöglichen. Die Ostindische Kompanie bekämpfte SMITH deswegen so energisch, weil er meinte, die Vereinigung staatlicher und wirtschaftlicher Aufgaben in ihrer Hand müßte zur Folge haben, daß sie ein schlechter Kaufmann und ein schlechter Staatsmann wäre. Er übersah, daß diese Kompanien Gebilde aus der Zeit der sich entwickelnden Staatsmacht waren: weil der Staat sich nicht imstande sah, in jenen fernen Gewässern seinen Aufgaben gerecht zu werden, übertrug er privaten Unternehmungen ihre Durchführung. Erst der erstarkte Staat konnte sie selbst in die Hand nehmen. Starker Staat und starke Unternehmung sind die Voraussetzungen der Handelsfreiheit. Wie die private Unternehmung anfangs staatliche Aufgaben übernahm, so mußte auf anderen Gebieten der Staat durch seinen Schutz und seine Privilegien das Unternehmertum erst heranbilden. Bei allem Gegensatz, der SMITH von den Merkantilisten trennt, dürfen wir doch das Gemeinsame nicht übersehen. Beide wollten die Verkehrswirtschaft, die dem einzelnen größeren Wohlstand, dem Staate größere Kraft verlieh. Den Merkantilisten kam es darauf an, die Verkehrswirtschaft aus ihren Anfängen zu entwickeln, dazu forderten sie Staatshilfe, Regulierung des Verkehrs. SMITH schrieb für eine entwickelte Verkehrswirtschaft, die durch Freiheit des Handels erst ihre volle Entfaltung erhalten konnte.

Für die Merkantilisten sollte der Untertan gefördert werden, um dem Staatszweck zu dienen, die Finanzwirtschaft stand ihnen voran, an sie schloß sich die Volkswirtschaftspflege an. Für SMITH stand das Individuum voran. Aus seiner

Förderung durch die Freiheit ergab sich von selbst die Förderung des Staates. Die Finanz behandelte er daher am Ende seines Buches: ihre Regeln ergaben sich ihm aus der Anwendung der das Wirtschaftssystem beherrschenden Prinzipien.

Wenn der Staat auf eigene Wirtschaft verzichten soll, so muß er seine Einnahmen vor allem aus den Steuern ziehen, die mit Rücksicht auf die Kräfte der wirtschaftlichen Klassen zu erheben sind. Die Gegnerschaft SMITHS gegen Staatseinnahmen aus Eigenbesitz, aus den Domänen, erklärt sich aus der schlechten Verwaltung der damaligen englischen Domänen. Die schien ihm zu beweisen, daß der Staatsbetrieb dem privaten nicht gewachsen sei. Er dachte nicht an Großbetriebe, wie sie der spätere Kapitalismus in Eisenbahnen u. dgl. zeitigte, die auch nur mit Beamten betrieben werden können, und bei denen der Staatsbeamte reichlich so gut funktioniert wie der Privatbeamte. Wo es sich aber um die Konkurrenz kapitalkräftiger Unternehmer handelt, für die kleinerer Betrieb sich eignet, da empfiehlt sich noch heute das SMITHsche Rezept: verkauft die Domänen; der Private wird den Boden weit besser bestellen; die Steuer, die ihr von ihm erheben könnt, wird dem Staate mehr einbringen als der jetzige Ertrag der Eigenwirtschaft.

Wir sahen, daß SMITH die handelspolitischen Bedrückungen der Kolonien verwarf. Welches Interesse hatte dann aber England an ihrem Bleiben? Ein finanzielles! SMITH wollte die Kolonien beisteuern lassen zu den Kosten des Reiches. Dafür aber müßten sie im Parlament vertreten sein. Der Mann, den man so oft des Kosmopolitismus geziehen hat, entwarf den Plan eines angelsächsischen Weltreiches nach dem Muster des römischen. Allerdings lag ihm nichts daran, daß der Schwerpunkt dieses Reiches immer im Mutterlande liege. Wüchsen die Kolonien an Steuer- und Wehrkraft über das Mutterland hinaus, so hätte vielmehr der Sitz des Reiches dahin überzugehen, wo am meisten zu seiner Erhaltung beigesteuert würde. Wäre es aber nicht möglich, die Kolonien so zu den Lasten des Reiches heranzuziehen, so sollte man sie ziehen lassen. Sie kosteten dann mehr, als sie einbrächten. Der Handel mit ihnen würde bleiben, auch wenn sie unabhängig wären, ja, die größere Blüte, die die Unabhängigkeit den Kolonien bringen würde, würde dem Mutterlande selbst durch gesteigerte Aufnahmefähigkeit dieses Marktes zugute kommen.

3. Möser und Fichte.

JUSTUS MÖSER, Patriotische Phantasien 1774—1778. O. HATZIG, J. Möser als Staatsmann u. Publizist, Quellen u. Darst. z. Gesch. Niedersachsens XXVII. J. G. FICHTE, Beitrag zur Berichtigung der Urteile des Publikums über die französische Revolution 1793, neuer Abdruck 1844. Der geschlossene Handelsstaat 1800. H. SIEVEKING, Fichte u. die Sozialökonomie, Monatsschrift für Soziologie 1909.

Wir sahen, wie die Physiokraten und AD. SMITH im 18. Jh. aus dem individualistischen Naturrecht die nationalökonomische Wissenschaft herausarbeiteten. Die Reste des MA., die ihre Zeit aufwies, die Gebundenheit des Bodens, die Zünfte u. dgl., erschienen ihnen als unnatürliche Hemmnisse, die dem alleinberechtigten Streben der wirtschaftenden Persönlichkeit unverständigerweise sich entgegensetzten. Ihre Anschauung entsprach den Fortschritten der Wirtschaft in England und Frankreich. Ganz anders mußte das Urteil dort lauten, wo die gegenwärtige wirtschaftliche Lage unerfreulich war, wo aber die Erinnerung an eine Vergangenheit lebte, die gerade durch den korporativen Zusammenschluß groß gewesen war.

In dem westfälischen Kreise erstand den Deutschen in dem Osnabrücker JUSTUS MÖSER ein Schriftsteller, der auch das Wirtschaftsleben scharf zu beobachten wußte. In seiner Heimat war von dem Glanze, den einst die Hanse den norddeutschen Städten verliehen hatte, nicht viel mehr zu spüren. Die Bürger, die einst vereint bis Bergen und Nowgorod gefahren, waren jetzt unter verschiedenen Territorialherren zersplittert und in Abhängigkeit von den Seestädten und dem Auslande. Kein Wunder, wenn Möser den Einrichtungen des MA. liebevolles Verständnis entgegenbrachte. Die von der Aufklärung seiner Zeit verachteten Organisationen suchte er in ihrer historischen Bedingtheit zu würdigen. Das aber führte ihn weiter zur Bekämpfung der Lehren des Naturrechts.

Freiheit und Eigentum erschienen den Aufklärern als unveräußerliche Rechte der Menschheit. Möser setzt dem Naturrecht eine Naturgeschichte der Leibeigenschaft entgegen (IV, 61). „Nicht sowohl Krieg und Tyrannei, als natürliche Bedürfnis und Verbindlichkeit in der Jugend eines Staates hätten den Leibeigentum oder die Leibeshaft so früh und so allgemein eingeführt. Denn Leute, welche nichts hatten, mußten froh sein, daß man ihnen Kredit auf ihren Leib gab.“ Indessen würde man bei zunehmender Bevölkerung (und Gelegenheit, Arbeiter zu finden) die Leibeshaft mit allen ihren Folgen immer mehr verschwinden und nur dasjenige davon beibehalten sehen, was wahren Nutzen brächte.

Das Lob der Arbeitsteilung hatte Smith gesungen, Möser kehrt ihre Schattenseiten hervor. Der Meister, der viele Gesellen beschäftigen kann, unterweist jeden einzelnen nur in einer Teilfunktion. So geht der Sinn für das ganze Werk verloren. Der Arbeiter kann wohl Uhrfedern oder Stuhlbeine machen, aber keine fertige Uhr, keinen fertigen Stuhl. Was ist die soziale Folge dieser „Simplifikation“? Der Geselle verliert seine Selbständigkeit: er kann nur noch unter einem größeren Meister arbeiten. Dieser kann durch die bessere Organisation der Arbeit den kleinen Meister unterbieten. Der größere Markt, den die große Stadt bietet, entzieht den kleineren Orten das Gewerbe und konzentriert es in den Großstädten.[1])

Mösers Sympathien galten, im Gegensatz zu den Merkantilisten sowohl wie zu den Physiokraten, indessen im Einklang mit einigen Stellen bei Smith, der sich selbst genügenden Landwirtschaft. Keine Arbeit habe so natürliche Reizungen und Anlockungen für den unverdorbenen Menschen als der Ackerbau; sie erfordere einen Fleiß, der sich selbst belohne und sich durch sich selbst erhalte. Wo jeder einen eigenen Hof besitze, jeder von seinem Ackerbau ruhig und vergnüglich lebe, sei Fleiß, Ordnung und Tugend zu Hause, bedürfe es fast gar keiner Gesetze und Strafen. „Alle diese großen Vorteile für Tugend, Sitten und Policey verlieren sich, so bald eine starke Bevölkerung durch Städte, Dörfer oder Heuerleute verstattet wird.“[2]) Die selbständigen Bauern seien allein imstande, das Land gegen Sturmfluten und Kriegsgefahr zu schützen. Malthus vorgreifend, meinte Möser, schwerlich werde sich jemals eine erhebliche Bevölkerung durch Handarbeiter erhalten lassen, ohne die Hälfte davon unter der Peitsche des Hungers und der Not sterben zu lassen.

Handel und Handwerk sollten wieder auf die Städte beschränkt werden. Den Grund ihres Verfalls sah Möser in der Überhandnahme der Krämerei, der Packenträger, der Hausierer, die mit der billigen Ware des Großbetriebes das Land überschwemmten. Gegen sie sollte nach Art der Navigationsakte verfahren werden.[3])

Indessen sollten die Städte sich nicht auf ihre Bannmeile beschränken, sich vielmehr — wie einst in der Hanse — zusammentun zu kühnen Unternehmungen. Der Geist der Handlung, welcher sich gewiß von beiden Indien Meister gemacht und den Kaiser zum Universalmonarchen erhoben haben würde, unterlag der aufkommenden Territorialhoheit. Wäre das Los anders gefallen, so würde nicht Lord

---

1) I, 32: „Von dem Verfall des Handwerks in kleinen Städten: ... ein kleiner Ort ist keine Schaubühne für so große Acteurs, und schwerlich wird ein mäßiges Städtgen vortreffliche Maler, Bildhauer und andre Künstler unterhalten können.“

2) II, 1: „Von dem Einflusse der Bevölkerung durch Nebenwohner auf die Gesetzgebung.“

3) I, 38: „Urteil über die Packenträger.“

Clive, sondern ein Ratsherr von Hamburg am Ganges Befehle erteilen. „Sollte es denn aber nicht möglich sein, daß einige Landstädte nur ein oder anders gemeinschaftliches Packhaus in den Levantinischen Häfen errichteten und dort einen gemeinschaftlichen Bedienten hielten?"[1])

MÖSER übersah, daß die Nation, wollte sie in der Gegenwart die alte Stellung wieder erringen, nicht mit verrosteten Spießen, sondern mit den Waffen der Neuzeit kämpfen mußte. Eine davon war die politische Einheit und Kraft, die MÖSER forderte, wie SMITH ihr in seiner Würdigung der Navigationsakte sogar wirtschaftliche Rücksichten opferte, die andere aber die neue Wirtschaftsverfassung, die eben auf Arbeitsteilung beruhte. Nicht den westfälischen Landstädten, sondern nur den von MÖSER geschmähten Seestädten war es möglich, Deutschland wieder auf dem Weltmarkt eine Stellung zu erringen, und nicht der selbstgenügsame Bauer und Handwerker, sondern die große Industrie erfüllte sein Wirtschaftsleben mit neuer Bedeutung. Nur widerwillig entschlüpft MÖSER das Geständnis, daß ein Land, das — wie England — die Opfer der neuen Wirtschaftsorganisation auf sich nähme, „größer und glücklicher sei als ein Land, worin man aus Furcht vor Dieben und Bettlern die Heuerleute (die keinen Bauerhof ihr eigen nennen) gar nicht duldet".

Kann man MÖSER als den Führer einer historischen Schule hinstellen, die ihre Blicke vorwiegend rückwärts richtete, so fanden doch auch die Ideen des Naturrechts in Deutschland kraftvolle Vertreter. In seinem „Beitrag über die französische Revolution" trat FICHTE auf gegen die Vorrechte des Adels.

Keiner könne ein unabänderliches Recht auf die Person eines anderen Menschen haben; daran habe jeder selbst das unveräußerliche Eigentum. „Gebt den Handel mit dem natürlichen Erbteile des Menschen, mit seinen Kräften, frei; ihr werdet das merkwürdige Schauspiel erblicken, daß der Ertrag des Grundeigentums und alles Eigentums in umgekehrtem Verhältnis mit der Größe desselben stehe."[2]) Wie SMITH schwebt FICHTE als Ideal ein Nebeneinander selbständiger kleiner Eigentümer, Bauern und Handwerker, vor, die nur durch freie Verträge miteinander verbunden sind. In der Forderung der Vertragsfreiheit geht FICHTE sehr weit: „Es ist ein unveräußerliches Recht des Menschen, auch einseitig, sobald er will, jeden seiner Verträge aufzuheben" ... „Er hat das unveräußerliche Recht, seine Willkür nach dem Grade seiner Vervollkommnung abzuändern." Die Voraussetzung ist freilich „die Pflicht, mithin auch das unveräußerliche Recht, ins Unendliche an seiner Vervollkommnung zu arbeiten und seinen besten Ansichten jedesmal zu folgen".[3]) Als Endzweck des Staates erscheint FICHTE die Erziehung zur Freiheit. „Könnte der Endzweck je völlig erreicht werden, so würde gar keine Staatsverfassung mehr nötig sein; die Maschine würde stille stehen, weil kein Gegendruck mehr auf sie wirkte. Das allgemein geltende Gesetz der Vernunft würde alle zur höchsten Einmütigkeit der Gesinnungen vereinigen, und kein anderes Gesetz würde mehr über Handlungen zu wachen haben."[4])

Tritt hier FICHTE als Vorkämpfer eines extremen Individualismus, ja, des Anarchismus auf, so entwirft er in seinem „Geschlossenen Handelsstaat" das Programm einer sozialistischen Gesellschaft.

Hier herrscht der Zwang. Personen, welchen die neue Ordnung, welche allein wahre Ordnung ist, lästig, drückend, pedantisch vorkommen würde, dürfen auswandern, aber nur mit ihrem Gelde. Produkte und Ländereien müssen sie da lassen und dürfen sie nicht zu Geld machen. Wie PLATO und ARISTOTELES, wie MORUS und CAMPANELLA geht FICHTE aus von einer Kritik des Bestehenden: „Wer nichts ausschließend zu eigen bekommen hat, hat auf nichts Verzicht getan; er ist in Absicht des Rechtes isoliert, da er nicht mit gerechtet hat, und behält seinen ursprünglichen Rechtsanspruch, allenthalben alles zu tun, was er nur will." Dieser „halben Wilden im Schoße der Gesellschaft" muß sich der Staat annehmen. Die Bestimmung des Staates ist es, „jedem erst das Seinige zu geben, ihn in sein Eigentum erst einzusetzen, und sodann erst, ihn dabei zu schützen". Eigentum ist aber nach FICHTE nicht ausschließender Besitz einer Sache, sondern ein ausschließendes Recht auf eine bestimmte freie

---

1) I, 43: „Ob die deutschen Städte sich wieder zur Handlung vereinigen sollen?"
2) Neuer Abdruck S. 173. 3) S. 143, 145. 4) S. 71, vgl. S. 156.

Tätigkeit. Mitglieder geschlossener Zünfte haben danach so gut Eigentum wie Ackerbauer, auch wenn Fichte kein Eigentum des Bodens anerkennt. Selbstgenügsame Bauern und Handwerker sollen im Staate wohnen, der nach außen sich abschließt. Dem Norddeutschen soll nur der Bezug französischen Weines gegen Korn gestattet sein. Zu reisen hat aus dem geschlossenen Handelsstaate nur der Gelehrte und der höhere Künstler. Wie Smith wendet sich Fichte gegen das Merkantilsystem, aber während jener es durch Handelsfreiheit ersetzt sehen möchte, will Fichte die unvollständige Schließung gegen den auswärtigen Handel, die das nicht leistet, was sie soll, durch eine vollständige ersetzen. Voraussetzung der Schließung ist freilich, daß im Inneren der Ackerbau und die Fabriken auf den beabsichtigten Grad der Vollkommenheit gebracht und der Staat in seine natürlichen Grenzen eingerückt ist; die hierzu erforderlichen Rüstungen hat dem Staate die Einziehung des Geldes ermöglicht, das durch nicht vermehrbare Zeichen ersetzt wird. Das Volk befindet sich zufolge der vor der Schließung gemachten Verbesserungen in einem beträchtlichen Wohlstande, und von diesem Wohlstande genießen alle ihren geziemenden Teil.

So sehr wir bei Fichte die Formulierung der ethischen Forderungen der Freiheit der Persönlichkeit und des gleichen Rechtes der Staatsbürger auf Ausübung ihrer Tätigkeiten bewundern müssen, so wenig befriedigt das technische Detail seiner Ausführungen. Wie Smith in seinen Vorlesungen noch vorwiegend den Handwerker vor Augen hatte, so taucht bei Fichte der vom Kapital beschäftigte Arbeiter erst in der Rechtslehre von 1812 auf. Er schrieb den Geschlossenen Handelsstaat zur Zeit der Norddeutschen Neutralität und widmete ihn dem preußischen Minister v. Struensee. Fichte meinte, die wirtschaftlichen Dinge durch solchen Entwurf endgültig erledigen zu können. Er übersah, daß die Bewegung der Bevölkerung, der verschiedene Ausfall der Ernten, die Wandlungen der Technik, schließlich, was Preußen 1806 unliebsam aus seinen Träumen aufschrecken sollte, der Wettkampf der Völker, jede Stabilität der Wirtschaft ausschließen. Der Sozialismus, der solcher Stabilität das Wort redet, verbindet sich dadurch leicht mit konservativen, ja, reaktionären Ideen. Wollte doch Babeuf die Bildung der Städte rückgängig machen, über das Land sollte sich die ganze Bevölkerung verteilen. So sieht Fichte gleich Plato und Aristoteles im auswärtigen Handel, der doch so oft zum Hebel des wirtschaftlichen Fortschritts wurde, den zu bekämpfenden Ungleichmacher. Richtiger faßte Pestalozzi das Verhältnis der Wirtschaft zur Kultur auf. Wirtschaft, Recht und Kultur müßten von fortschreitender Bewegung erfüllt sein. Die Stufenfolge der gesellschaftlichen Freiheit bleibe immer mit der Stufenfolge der menschlichen Erleuchtung und mit dem bestehenden Fuße des bürgerlichen Eigentums innig verwoben.[1])

4. Der Zusammenbruch des Merkantilsystems.

Cunningham, The growth of english industry and commerce, the mercantile system, Kap. XVII. F. Salomon, William Pitt der Jüngere. 1901. 1906. Hochstetter, Die wirtschaftlichen und politischen Motive für die Abschaffung des britischen Sklavenhandels. Staats- und sozialwissenschaftl. F. Bd. XXV, 1.

Die merkantilistischen Beschränkungen des Verkehrs waren nie ohne Widerspruch geblieben. Eine Bill von 1604, die sich gegen die Monopole richtete, erklärte den Freihandel als das natürliche Recht und die Freiheit des Engländers. In seinen „Discourses upon trade“ hatte North 1691 darauf gerechnet, der Sturz Jakobs II. würde England den Sieg des Freihandels bringen. Allein wir sahen, wie die dem freien Verkehr günstig gesinnten Tories im 18. Jh. gegen die schutzzöllnerischen Whigs nicht aufkommen konnten. Erst der Unabhängigkeitskrieg der nordamerikanischen Kolonien brachte das Merkantilsystem zu Fall.

1) P. Natorp, Gesammelte Abh. zur Sozialpädagogik I, IV: Pestalozzis Ideen über die Arbeiterbildung und soziale Frage.

Nirgends war der Sinn für die Freiheit des Individuums stärker ausgeprägt als bei den Männern, die um ihres Glaubens willen England verlassen hatten, um in Nordamerika ihrem religiösen Ideal nachleben zu können. Man hatte ihnen anfangs große Freiheit gelassen, und auch nach der Navigationsakte blieb ein gut Teil dieser Freiheit bestehen, da bei den weiten Entfernungen das Gesetz nur lässig durchgeführt werden konnte. Allein, je mehr die Kolonien sich entwickelten, um so unbequemer wurden ihnen die Versuche, sie zugunsten des Mutterlandes einzuschränken, und gerade das 18. Jh. brachte eine Verschärfung dieser Maßregeln. 1718 wurde den Handwerkern die Auswanderung nach den Kolonien verboten. England begünstigte die Einfuhr von Roheisen aus den Kolonien 1750 durch Zollfreiheit, verbot aber gleichzeitig den Kolonien die Weiterverarbeitung des Eisens und ließ die ihr dienenden Werke niederlegen. Das Monopol der Englisch-ostindischen Kompanie wurde auf die Kolonien ausgedehnt, die sich bequemer durch die Holländer hätten mit Tee versehen können.

Solange die Kolonien durch die sie umklammernde Macht Frankreichs auf den Schutz des Mutterlandes angewiesen waren, konnten sie nicht an Abfall denken. Seit aber im Siebenjährigen Kriege England den Franzosen Kanada entrissen hatte, fühlten sie sich frei. Die Versuche, sie, ohne ihnen Anteil an der Regierung zu geben, an den Lasten des französischen Krieges durch neue Steuern teilnehmen zu lassen, führten zu einer Gärung, der in der Vernichtung der Teekisten im Hafen zu Boston das Signal zum Ausbruch gegeben wurde.

1776—1783 erkämpften die nordamerikanischen Kolonien im Bunde mit Frankreich ihre Unabhängigkeit. Aber nicht nur ihnen, sondern auch den Neutralen gegenüber mußte England seine Schiffahrtsgesetze lockern. Freilich dem Versuch Hollands, als neutrale Macht den Handel an sich zu reißen, kam England durch Vernichtung der holländischen Seemacht zuvor. 1780 aber bildeten die Kontinentalmächte unter Vortritt Rußlands eine bewaffnete Neutralität, der England nachgeben mußte. So ließ denn Holland seine Schiffe unter kaiserlicher und preußischer Flagge fahren. Auch Dänemark und Schweden zogen aus der Frachtfahrt reichen Gewinn.

Der Abfall der Kolonien veranlaßte England zu einer Neuordnung der irischen Verhältnisse. 1779 wurde eine große Reihe der Beschränkungen des irischen Handels aufgehoben, 1782 den Iren ein Parlament gegeben, dessen Maßnahmen sich freilich gleich gegen England richteten. Mit dem 1. Januar 1801 wurde Irland mit Großbritannien nach dem Muster der englisch-schottischen Union vereinigt. Hier also wurde der Smithsche Plan verwirklicht. Und noch auf einem anderen Gebiet hatte er Erfolg.

1786 schloß Pitt einen Handelsvertrag mit Frankreich ab. Dem Verehrer Smiths kam auf seiten der Franzosen der Einfluß der Physiokraten entgegen. Der Vertrag brach mit vielen der alten Verbote. Französischem Wein, Glas, Juwelen, nicht aber der französischen Seidenindustrie, wurde der englische Markt geöffnet, englischen Baumwoll- und Eisenwaren der französische. Der Erfolg dieses Edenvertrages und der Pittschen Zollkonsolidation von 1787, einer Vereinfachung und Ermäßigung der Abgaben, war neben einer Verminderung des Schmuggels der große Aufschwung des englischen, insonderheit auch des irischen Handels, den Pitt 1792 in seiner Budgetrede feiern konnte.

Die französische Revolution brachte ein Aufflammen der alten Handelsfeindschaft gegen England und damit eine Erneuerung der gehässigen Kampfmittel des

Merkantilismus. Aber gerade der Verlauf dieses Machtkampfes verhalf der Handelsfreiheit zum Durchbruch. In den neunziger Jahren des 18. Jhs. fiel England eine fast unbeschränkte Seeherrschaft zu, die zu einer Verdoppelung seines Zwischenhandels von 5199037 £ 1791 auf 11948234 £ 1798 führte. Napoleon aber wußte durch eine Verbindung mit den Vereinigten Staaten diese Stellung zu brechen. Er überließ ihnen 1803 Louisiana für 80 Millionen Frcs.; dafür machte die neutrale nordamerikanische Schiffahrt der englischen eine gefährliche Konkurrenz, die den Kolonien zugute kam, die England im Frieden von Amiens 1802 wieder hatte herausgeben müssen.

Als England unbeschränkt auf den Antillen herrschte, hatten Zucker- und Kaffeeanbau auf den eroberten Inseln, damit aber auch die Sklavenzufuhr einen großen Aufschwung gewonnen. Jetzt wäre eine Fortdauer des Sklavenhandels im wesentlichen nichtbritischen Gebieten zugute gekommen und hätte den altbritischen Kolonien Schaden gebracht. Deswegen verbot England 1807 den Sklavenhandel, nachdem Dänemark seine Beseitigung schon 1792 für 1803 festgesetzt hatte. Da England den Sklavenhandel fast ausschließlich beherrschte, bedeutete dies Verbot die tatsächliche Aufhebung des Sklavenhandels überhaupt, dessen Wiederaufnahme nach 1813 durch Frankreich oder Spanien England zu verhindern wußte. So fanden die idealen Bestrebungen der Abolitionisten (Wilberforce) durch den Verlauf des politischen Machtkampfes ihre Erfüllung.

England aber vergalt Frankreich mit gleicher Münze. Wie Frankreich den Vereinigten Staaten, so half England der kontinentalen Opposition gegen Frankreich. Seine Subsidien unterstützten die Koalitionsarmeen, seine Heere kämpften auf der Iberischen Halbinsel, und die Freiheitskämpfer von 1813 fochten vielfach in englischen Uniformen. Dafür erlangte England nach der Niederwerfung Napoleons in Hannover und Holland die Bildung ihm eng verbundener Staaten, die ihm den entscheidenden Einfluß auf die deutsche Nordseeküste sicherten. Holland hatte im Bunde mit Frankreich sein Kolonialreich eingebüßt. Kap und Ceylon behielten die Engländer, die Sundainseln gaben sie den Holländern zurück.

Frankreich verlor im Verlaufe der Revolution Haiti. Wichtiger wurde die Befreiung Südamerikas. Unter Bolivar errangen die spanischen Kolonien ihre Selbständigkeit, 1822 sagte sich Brasilien als Kaiserreich von Portugal los. Als die Heilige Allianz Miene machte, diesen Abfall von der legitimistischen Ordnung zu rächen, traten ihr die Vereinigten Staaten entgegen, deren Präsident Monroe 1823 das Einschreiten europäischer Mächte in Amerika als Akt der Feindseligkeit gegen die Union hinstellte. Die Befreiung der südamerikanischen Kolonien öffnete dem nordamerikanischen und englischen Handel ein weites Feld. Auch Länder, die keine Kolonien hatten, wie Deutschland, konnten sich jetzt direkt an dem überseeischen Handel beteiligen.

Während der Merkantilismus im Grunde einer Universalmonarchie zustrebte, wenigstens einem Reiche, das alles, was es brauchte, selbst hervorbrächte, führte so der gegenseitige Wettbewerb der Völker um die Bildung solcher Reiche zum Entstehen vieler selbständiger Gebilde, die auf freieren Handelsverkehr miteinander angewiesen waren, und der Wettkampf förderte gleichzeitig die Freiheit im Innern. Weil die französische Revolution Bauern und Bürgern die Freiheit gebracht hatte, konnte sie nicht nur dem Anprall des geeinten Europa widerstehen, sondern drang auch siegreich erobernd vor. Frankreich konnten die anderen Mächte nur widerstehen, wenn sie ihrerseits die Ideen der französischen Revolution sich aneigneten. So reorganisierte sich vor allem Preußen nach 1807 durch Einführung der französischen Kriegs- und Wirtschaftsverfassung. Die Kriegspartei, die Preußens Wehrkraft neu aufbaute, war zugleich die eifrigste Förderin der Bauernbefreiung.

5. Englische und französische Landwirtschaft. Die Anfänge des modernen Sozialismus.

W. Hasbach, Die englischen Landarbeiter in den letzten hundert Jahren und die Einhegungen. Schriften des Vereins f. Sozialpolitik 59. Leipzig 1894. H. Levy, Entstehung und Rückgang des landwirtschaftlichen Großbetriebes in England, Berlin 1904. F. Wolters, Studien über Agrarzustände und Agrarprobleme in Frankreich von 1700—1790. Schmollers F. XXII, 5. 1905. Lichtenberger, Le socialisme et la révolution. Paris 1899. H. Girsberger, Der utopische Sozialismus des 18. Jh. in Frankreich und seine philosophischen und materiellen Grundlagen. Zürich 1924.

Seit der zweiten Hälfte des 18. Jhs. verbreitete sich, von England ausgehend, ein rationeller Betrieb der Landwirtschaft.

Bei der bis dahin vorherrschenden Dreifelderwirtschaft war der größere Teil des Landes ewige Weide. Weil diese gemeinsam von den Dorfgenossen genutzt wurde, tat niemand etwas für sie. Die Folge war mangelhafte Viehhaltung. In der Ackerflur lagen die zu dem einzelnen Hofe gehörigen Ackerstücke in den verschiedenen Gewannen zerstreut, im Gemenge mit denen der anderen Höfe. Nur nach gemeinsamem Plan der Dorfgenossen konnte daher Bestellung und Ernte vorgenommen werden. Auf das Stoppelfeld wurde die gemeinsame Herde getrieben. Wenn dadurch auch etwas Dünger aufs Feld kam, so war dies doch ganz ungenügend; die Sorgfalt der Bestellung, die der einzelne dem ihm ganz zu eigen gehörenden Grundstücke angedeihen zu lassen pflegt, blieb durch den Flurzwang ausgeschlossen. Die Feldflur wurde in der Regel so bestellt, daß auf den drei Feldern Wintergetreide, Sommergetreide und Brache sich folgten. Gelegentlich wurde die Brache mit Futterkräutern besömmert. Im ganzen aber hatten der geringe Viehstand und die geringe Düngung geringe Ernten, einen geringen Ertrag der Landwirtschaft zur Folge.

Ein ganz anderes Bild ergab sich, wenn das ganze Land in Schläge oder Koppeln eingeteilt wurde und in diesen in regelmäßigem Turnus auf Jahre des Getreidebaues Jahre der Weide folgten (geregelte Feldgraswirtschaft, holsteinische Koppelwirtschaft, Egartenwirtschaft in den Alpen), oder die Jahre des Getreidebaues regelmäßig durch Jahre des Anbaues anderer Pflanzen unterbrochen wurden (Wintergetreide, Hackfrüchte, Sommergetreide, Klee, Thaers sogenannter Norfolker Fruchtwechsel). Der Wechsel der Kulturen verhinderte hier, daß dem Boden immer nur Stoffe entzogen wurden, jede Kultur bereitete vielmehr, da sie dem Boden zugleich andere Stoffe zuführte, ihn für die nächste Bestellung vor.

Diese intensiveren Feldsysteme setzten aber eine Auflösung der alten Agrarverfassung voraus. Die gemeine Weide wurde vom Grundherrn eingehegt oder unter den Dorfgenossen aufgeteilt. Der Grundherr oder andere Wirte zogen ihre Äcker aus dem Gemenge der Ackerflur heraus und umzäunten sie. Für die kleineren Wirte, bei denen die Viehhaltung von der größten Bedeutung war, bedeutete der Verlust der Gemeinweide, an der sie nur ein unsicheres, jedenfalls zu keiner genügenden Entschädigung führendes Recht hatten, eine schwere Schädigung. Sie sahen sich, falls sie nicht fortzogen, ganz auf Lohnarbeit angewiesen. Aber auch die Lage der Bauern verschlechterte sich. Wo ihr Besitzrecht ein schlechtes war, wo sie vielleicht nur Zeitpächter waren, zog der Grundherr die kleineren Höfe zu größeren Pachten zusammen. Die Kosten der Einhegung und die Armenlasten lasteten auf dem kleineren Betriebe besonders schwer. Der Erbpächter oder kleinere Besitzer fühlte sich der Konkurrenz des großen Betriebes nicht gewachsen und verkaufte mehr oder minder freiwillig seine Stelle. So ging in England mit der Einführung rationellen Betriebes das Schwinden des Bauernstandes Hand in Hand. Ähnlich wurden im Nordosten Deutschlands die Bauern gelegt. Es bildeten sich in England die drei Klassen der Physiokraten: der Grundherr, der Pächter, der Landarbeiter.

Schon einmal, im 15. und 16. Jh., hatte dieses Vorrücken des Großbetriebes in England bedenkliche Ausdehnung genommen. Damals geschah es der Wollproduktion wegen. Die Schafe, so sagte Morus, fraßen die Menschen auf. Im 18. Jh. waren es Getreidebau und Fettweiden, Mastviehhaltung, die den Anreiz zu weit verheerenderen Angriffen auf die alte Agrarverfassung gaben.

Das Streben der Grundherren nach Erhöhung ihrer Renten gab den Anstoß. Diese Rentensteigerung brachte vor allem die Einhegung der Gemeinweide ein, an der der Grundherr in England in der Regel Eigentum besaß. Hohe Rentenzahlung war nur dem Großpächter möglich. Von dem Fortschritt, den dieser der Landwirtschaft brachte, hatte aber der Konsument geringen Vorteil. Er war gegenüber den kleinen Landwirten, die um jeden Preis verkaufen mußten, vielmehr in günstigerer Lage gewesen als jetzt gegenüber den kapitalkräftigen Pächtern, die ihr Angebot zurückhalten konnten. So erklärt sich das Anziehen der englischen Getreidepreise in den letzten Jahrzehnten des 18. Jhs. nicht nur aus den schlechteren Ernten und dem Wachsen der Bevölkerung. Die hohen Preise förderten dann natürlich die Kapitalanlagen in der Landwirtschaft, führten zu einer weiteren Verdrängung der Bauern und Kötter, die nur zum Teil als Pächter und Landarbeiter in der Landwirtschaft Unterkommen behielten, während ein großer Teil von ihnen zum Anschwellen der Industriebevölkerung und zum Anwachsen der Auswanderung beitrug.

Die technischen Bestrebungen der englischen Landwirtschaft fanden in dem 1793 gegründeten „Board of agriculture" ihren Mittelpunkt, dessen Präsident J. Sinclair, dessen Sekretär A. Young war. Aber so sehr A. Young für den technischen Fortschritt der Einhegungen eintrat, mußte er zugeben, daß die sozialen Folgen minder erfreuliche wären. Er meinte, in 19 von 20 Fällen kämen dabei die Armen, die ja meist keine Besitztitel vorweisen konnten, zu kurz. Wenn Sinclair und Young den Arbeitern, zu denen der größte Teil der alten Bauern herabsank, eine gewisse selbständige Wirtschaft, drei acres und eine Kuh, zugestehen wollten, so blieben die Landarbeiter in den meisten Fällen auf einen so kärglichen Lohn angewiesen, daß die Armenverwaltung ihn zu einem Existenzminimum ergänzen mußte.

Die in England ausschlaggebenden Tendenzen waren wohl auch in Frankreich vor der Revolution vorhanden. Ein großer Teil der Gärung des Landvolkes erklärt sich aus der Verdrängung der untersten Schichten der Landbevölkerung von der eingehegten Gemeinweide und aus dem Zusammenschlagen der Kleinpachtungen. Allein der wesentliche Unterschied der französischen Entwicklung von der englischen ergab sich daraus, daß in Frankreich die Feudalverfassung noch viel kräftiger erhalten war: gerade in der zweiten Hälfte des 18. Jhs. suchten viele Privilegierte ihre Rente nicht dadurch zu steigern, daß sie den neuen kapitalistischen Betrieb auf ihren Gütern einführten, sondern dadurch, daß sie ihre alten Feudalrechte von ihren Bauern schärfer eintrieben. Diese Rechte, den Betrieb hindernde Formen der Besteuerung, Fronden und das Jagdrecht der Seigneurs, mußten besonders bitter empfunden werden von einem fortschreitenden, selbstbewußter werdenden Bauernstande, wie es der französische schon vor der Revolution war. Die Feudalrechte bedrohten nicht, wie die neuen Wirtschaftssysteme, die Existenz des Bauern, sie wollten ihn vielmehr als Ausbeutungsobjekt der Privilegierten erhalten. Zu den den kleinen Besitz besonders schwer treffenden Abgaben an die Feudalherren trat die als Standessteuer den Bauern scharf belastende und ungerecht verteilte direkte Steuer, die Taille. Gegen diesen Druck wandte sich die Empörung von 1789. Die Forderungen der Bauern fanden Unterstützung beim Bürgerstande, ja, auch beim niederen Adel, der seinerseits vielfach durch Vasallenpflichten gebunden war. So brachte die denkwürdige Nachtsitzung vom 4. August 1789 dem französischen Bauer die Befreiung von den Feudallasten.

Die Säkularisierung des englischen Kirchengutes im 16. Jh. war im wesentlichen dem König und dem Adel zugute gekommen; als die französische Revolution zur Einziehung der Kirchengüter schritt, beteiligten sich an ihrem Erwerb der Bauer so gut wie der Bürger. Frankreich bekam dadurch sehr viel mehr kleine selbständige Landwirte als England.

Die gleichmäßigere Verteilung des Grundbesitzes in Frankreich entsprach den dort weitverbreiteten sozialistischen Ideen. Wie die Lehre der Physiokraten entsprangen sie aus dem Naturrecht, aber während jene auf die Freiheit des einzelnen und den technischen Vorzug des Großbetriebes das größte Gewicht gelegt hatten, betonten die Sozialisten die Aufgabe der Gesellschaft, für gleiche Ausstattung ihrer Mitglieder zu sorgen. Vairasse läßt in seiner „Histoire des Sevarambes“ 1675 die Bevölkerung in „Osmasien“ wohnen, Gebäuden, die etwa 1000 Personen fassen. Die Arbeit ist genossenschaftlich organisiert. Meslier und Morelly in seinem Code de la nature 1755 glaubten in der Gleichheit der Gesellschaft den Naturstand zu sehen. In seinen „Doutes proposés aux philosophes économistes sur l'ordre naturel et essentiel des sociétés politiques“ 1768 wendet sich Mably direkt gegen die Physiokraten.

Wenn auch die französische Revolution in manchem sozialistischen Ideen Rechnung trug, bedeutete sie doch vor allem einen Sieg der Freiheit des Individuums, und diese Freiheit schlug zum Vorrecht des Stärkeren aus; bei der Ungleichheit der Chancen führte sie nicht zur Gleichheit der Menschen. Deshalb schien eine Vollendung der Revolution nötig. Sie plante Gracchus Babeuf, der in dem Manifeste des Égaux 1795 zur Gründung der Republik der Gleichen aufforderte, da die Natur allen ihren Kindern den Tisch gedeckt habe.

1760 geboren, hatte Babeuf die Ungerechtigkeit der herrschenden Zustände kennen gelernt, da er als einer der Notare, die die 1737 in der Chambre des Comptes abgebrannten Abgabenverzeichnisse, die terriers, zu erneuern hatten, von den Seigneurs um die ihm geschuldeten Summen gebracht wurde. Seine Verschwörung wurde 1796 unterdrückt, er selbst 1797 hingerichtet, aber in Buonarotti fand er einen Biographen, der 1828 die „Histoire de la conjuration pour l'égalité“ veröffentlichte und damit den Gedanken Babeufs Einfluß auf die Weiterentwicklung des französischen Sozialismus sicherte.

6. Bauernbefreiung und Gewerbefreiheit in Deutschland.

G. Hansen, Die Aufhebung der Leibeigenschaft und die Umgestaltung der gutsherrlich-bäuerlichen Verhältnisse überhaupt in den Herzogtümern Schleswig und Holstein. Petersburg 1861. G. F. Knapp, Die Bauernbefreiung und der Ursprung der Landarbeiter in den ältesten Teilen Preußens. Leipzig 1887. Die Landarbeiter in Knechtschaft und Freiheit. 1891. Grundherrschaft und Rittergut. 1897. C. J. Fuchs, Der Untergang des Bauernstandes und das Aufkommen der Gutsherrschaften, nach archivalischen Quellen aus Neu-Vorpommern und Rügen. Straßburg 1888. C. Grünberg, Die Bauernbefreiung und die Auflösung des gutsherrlich-bäuerlichen Verhältnisses in Böhmen, Mähren und Schlesien. Leipzig 1893/94. W. Wittich, Die Grundherrschaft in Nordwestdeutschland. Leipzig 1896. Th. Ludwig, Der badische Bauer im 18. Jh. Straßburg 1896. Th. von der Goltz, Geschichte der deutschen Landwirtschaft. Stuttgart 1902/03. M. Lehmann, Freiherr vom Stein. 1902/03. F. Lenz, Agrarlehre u. Agrarpolitik d. deutschen Romantik. 1912.

Wenn auch die freie Entwicklung der wirtschaftlichen Kräfte das Ziel war, dem die Aufklärung des 18. Jhs. zustrebte, so war doch die Durchführung dieser Freiheit abhängig von bestimmten politischen Strömungen, und es war keineswegs gleichgültig, wann und durch wen sie erfolgte. Namentlich bei der Regelung der Agrarverfassung erhob sich die Frage, wem der Besitz des Bodens zufallen sollte. Konnte, wie in England, der Adel den Grundbesitz festhalten oder standen, wie in Frankreich, Bürger und Bauern als Bodenbesitzer am Anfang der neuen Entwicklung?

Wohl waren schon aufgeklärte Herrscher wie Josef II., Karl Emanuel III. von Savoyen, der Markgraf von Baden mit Reformen vorgegangen. Den entscheidenden Umschwung brachte jedoch auf dem Kontinent die Bewegung des Bauernstandes selbst. Die französische Revolution brachte weiten Teilen Westdeutschlands die Aufhebung der feudalen Fesseln. Als 1815 Hannover und Kurhessen die Leibeigenschaft wieder eingeführt hatten, beseitigte sie die Erhebung von 1830. Auch für die Schweiz war mit dem Einmarsch der Franzosen 1798 die Aufhebung der feudalen Lasten und der Zehnten verfügt, aber bald ins Stocken geraten und wurde erst nach der Bewegung von 1830 durchgeführt. Erst die Revolution von 1848 brachte vielfach die Bewegung zum Abschluß. Die Entschädigung der früher Berechtigten fiel je nach den friedlichen oder stürmischen Verhältnissen, unter denen die Ablösung angeordnet wurde, verschieden aus.

Im Westen und Süden war die Aufgabe eine verhältnismäßig einfache. Hier kam es nur darauf an, den Bauer von den feudalen Lasten, die der Grundherr, der Leibherr, der Gerichtsherr ihm auferlegt hatte, zu befreien und ihm durch Teilung der Gemeinheiten und Separation der Ackergrundstücke ein von der genossenschaftlichen Bindung gelöstes Eigen zu verschaffen. Wesentlich anders lagen die Verhältnisse im deutschen Osten, weil hier der Grundherr die Bewirtschaftung seines Landes selbst in die Hand genommen hatte, zum *Gutsherrn* geworden war.

Die *Bauernbefreiung im Osten* bedeutete nicht nur die Ablösung veralteter Lasten von den Bauern, sondern ferner die Auflösung des gutsherrlich-bäuerlichen Verhältnisses. Dies Verhältnis war ein Ergebnis der Verkehrswirtschaft gewesen, aber einer sehr unvollkommenen; mit ihrer Weiterbildung konnte seine Auflösung für Gutsherrn und Bauer gleich vorteilhaft werden.

Wir sehen, wie in Holstein Adlige ihre Bauern befreien, nicht lediglich aus Humanitätsgründen, sondern auch um die Rentabilität ihrer Güter zu heben. Graf Rantzau fing 1740 an, die entfernteren Ländereien seines Hofes in bäuerliche Erbpachtstellen zu verwandeln. Die von freien, selbständigen Bauern gezahlten Zinse brachten mehr ein als die unwillig geleisteten Hand- und Spanndienste bei Selbstbewirtschaftung des ganzen Gutes durch den Gutsherrn. Auf Eckhof steigerte die 1786 begonnene Reform trotz günstiger Ansetzung der Bauern den Reinertrag des Gutes sofort um 25 Prozent.

Gingen einsichtige Gutsbesitzer voran, so konnten die Regierungen die Reform zunächst nur auf ihren Domänen durchführen, dann erst gingen sie dazu über, die gleiche Maßregel auch für die Privatbauern des Adels durchzusetzen. Es fragte sich, wie bei der Abfindung die Ansprüche beider Teile ausgeglichen werden sollten, ob etwa auf den Bauer oder den Gutsherrn besondere Rücksichten zu nehmen wären. Möglich war, daß man nicht nur die vorhandenen Bauern zu selbständigen Landwirten machte, sondern auch das Hoffeld parzellierte zu neuen Bauernstellen. Das bedeutete eine Rückbildung zu den Zuständen des Westens. So durchgeführt entsprach die Bauernbefreiung nicht nur der Meinung des Ad. Smith, sondern auch der Merkantilisten, die eine möglichst große Bevölkerung mit selbständiger Nahrung erstrebten. Diesen Gedanken trug die Reform in Schleswig-Holstein und in Österreich Rechnung. Eine andere Auffassung ging von der Überlegenheit des landwirtschaftlichen Großbetriebes nach englischem Muster aus. Ihr kam es auf Erhaltung und Ausstattung des Gutshofes und nicht sowohl auf die Ansetzung vieler Bauern als auf die Bildung großer Bauernhöfe an. Nach diesen Gesichtspunkten wurde durchaus verfahren in Mecklenburg. Sie hatten aber durch den Minister Schön und den ersten Lehrer der rationellen Landwirtschaft in Deutschland, Thaer, auch wesentlichen Einfluß auf die preußische Gesetzgebung.

In Schleswig-Holstein wurden 1765—1787 die Domänen niedergelegt. Die Bauern wurden nicht nur frei, sondern auch Eigentümer ihres Landes. Man brauchte ihre Dienste nicht mehr; denn das Hoffeld wurde parzelliert und in bäuerliche Erbpachtstellen ausgetan. 1805 wurde die Leibeigenschaft auch der adligen Bauern aufgehoben. Dabei nahm man die gleiche Rücksicht auf den kleinen Besitz. Hatte die Regierung hier bisher im Gegensatz zu Preußen den Bauer nicht gegen das Legen geschützt, so wurde 1805 verordnet, die Zahl der auf jedem Gut vorhandenen, mit Land versehenen Familienstellen dürfe nicht vermindert werden. In Preußen wurde umgekehrt mit der Aufhebung der Leibeigenschaft der Bauernschutz beseitigt.

Ähnlich wie in Schleswig-Holstein verfuhr man in Österreich. Unter Maria Theresia befreite Raab 1776 die böhmischen, 1778 die mährischen Domanialbauern. Die königlichen Meierhöfe wurden in bäuerliche Erbpachtstellen zerschlagen, die alten Bauernstellen dienstfrei. Der Kleinbetrieb wurde also durch die Reform vermehrt. Die Zinsen der neuen Erbpächter boten dem Fiskus reichen Ersatz für die früheren Einnahmen aus den Meierhöfen.

Josef II. ging weiter. Er hob 1781 die Leibeigenschaft, die Erbuntertänigkeit, überhaupt auf. Die Urbarialregulierung vom 10. Februar 1789 sollte das gutsherrlich-bäuerliche Verhältnis der Privatbauern regeln. In den Urbarien sollten die Pflichten der Bauern nicht nur festgelegt werden, sondern auch eine beträchtliche Herabsetzung erfahren. Sie durften nicht mehr als 18 Prozent des Bruttoertrages der bäuerlichen Stelle ausmachen. Und selbst die herabgesetzten Leistungen durfte der Grundherr nicht mehr in natura fordern. Die Dienste wurden für in Geld ablösbar erklärt.

Diese Maßregel griff fast schärfer ein als das französische Gesetz vom 4. August 1789. Sie konnte nicht durchgeführt werden, vollends nicht im Verlaufe eines Jahres, wie das Gesetz es vorsah. Leopold II. hob 1790 die Patente seines Bruders auf. Nur die Beseitigung der Erbuntertänigkeit blieb bestehen und der Bauernschutz, das 1785 erlassene Verbot der Abstiftung der Bauernstellen.

Nach dem Tode Josefs II. stockten die Reformen in Österreich. Erst das Jahr 1848 brachte ihm die Bauernbefreiung. Die Leistungen der Bauern wurden in Geld geschätzt und für ablösbar erklärt. Ein Drittel wurde dem Grundherrn ohne Entschädigung gestrichen, ein Drittel übernahm der Staat, und nur das letzte Drittel blieb dem Bauern zu leisten. So erfolgte also auch die Ablösung der Privatbauern, wenn auch spät, ganz zugunsten der Bauern.

In Preußen war 1703 eine ähnliche Zerschlagung der Domänen in Erbpachtstellen in Aussicht genommen gewesen, wie sie später in Schleswig-Holstein und in Böhmen und Mähren erfolgte. Diese Pläne gelangten aber nicht zur Vollziehung, und als unter Friedrich Wilhelm III. die Bauernbefreiung in Angriff genommen wurde, war die Rücksicht auf Erhaltung und Vermehrung der kleinen Stellen nicht mehr maßgebend.

Die Befreiung der Domänenbauern wurde in Preußen 1798 beschlossen und in den nächsten Jahren durchgeführt. Sie geschah also noch vor Jena, aber nachdem die Wirkungen der französischen Revolution sich auch bei den preußischen Bauern bemerkbar gemacht hatten. Die Ausführung unterschied sich dadurch von dem bisher betrachteten Verfahren, daß auf die Erhaltung der Gutswirtschaft auf den Domänen der größte Wert gelegt wurde. Der Bauer wurde dienstfrei, mußte aber eine Reihe von Lasten übernehmen als Entschädigung für den dem Amte entstehenden Ausfall. Von Ansetzung neuer Bauern, wie sie durch Parzellierung des Hoffeldes möglich geworden wäre, war nicht die Rede.

Das, was den Domänenpächtern früher die Hand- und Spanndienste der Bauern geleistet hatten, sollte ihnen jetzt ihre eigene Wirtschaft leisten. Deswegen mußte Zugvieh für den Gutshof angeschafft und Ställe dafür gebaut werden. Für die Tagelöhner, die Insten, die an Stelle der dienstpflichtigen Bauern die Arbeit für das Gut übernahmen, mußten Wohnungen errichtet werden. Die Baukosten der Instenhäuser trug die königliche Kasse, sie verzinste dem Pächter seine Aufwendungen für Vermehrung des Zugviehes mit sechs Prozent. Für diese Auslagen wurde die Domänenkasse schadlos gehalten durch die Dienstgelder der Bauern, durch die sie ihre Fronden ablösten.

Mit seiner neuen Ausrüstung wurde dem Domänenpächter die Möglichkeit gegeben, den modernen, rationellen Großbetrieb, die Schlagwirtschaft, einzuführen. Aber auch der Domänenbauer wurde nicht nur dienstfrei, sondern erhielt auch das Eigentum wenigstens an den spannfähigen Stellen. Diese Eigentumsverleihung war freilich für viele Bauern eine zweischneidige Maßnahme. Sie gingen dadurch der Unterstützungen verlustig, die ihnen bisher das Amt in Fällen der Not gewährt hatte, und verloren die Berechtigung, Bau- und Brennholz dem herrschaftlichen Walde zu entnehmen, der jetzt als freies Eigen dem Staate zufiel. Es fragte sich, ob die Kreditfähigkeit, die dem Bauer das freie Eigen brachte, ein Ersatz für das von ihm Aufgegebene war. Dazu verlangte der Staat anfangs in Pommern und Brandenburg von dem Bauer, der Eigentümer werden wollte, ein Einkaufsgeld von 100—200 Talern. Erst 1808 wurde für Preußen diese Entschädigung fortgelassen und für die nächsten zwei Jahre des Überganges die Beibehaltung der Unterstützung des Amtes vorgesehen.

Erst nach der Niederlage des alten Staates wurde in Preußen die Befreiung der Privatbauern in Angriff genommen. Nachdem am 22. Juli 1807 durch die Verfassung des Herzogtums Warschau die dortigen Bauern ihre Freiheit erhalten hatten, wurde durch das Edikt vom 9. Oktober die Erbuntertänigkeit auch für Preußen aufgehoben. Damit war aber nur das für Böhmen bereits 1781 Eingeführte erreicht. Der Stein-Hardenbergschen Reform blieb als weitere Aufgabe die Ablösung der Frondienste und die Feststellung des unsicheren Besitzrechtes der Bauern. Mecklenburg hob 1820 die Leibeigenschaft auf, indem es zugleich alle Besitzrechte der bisherigen Untertanen an ihrem Boden beseitigte. Auch in Preußen versuchte der Adel, durch die Bauernbefreiung das Bauernland in die Hand zu bekommen. Dies Streben begegnete aber starkem Widerstande besonders beim Freiherrn vom Stein und dem Kriegsrat Scharnweber, die im Interesse der Wehrhaftigkeit des Landes Rücksicht auf die Bauernstellen verlangten. Dem von Thaer nach englischem Muster empfohlenen System einer freien, rationellen Landwirtschaft[1]) setzten ADAM MÜLLER[2]) und sein Kreis das romantische Ideal einer gebundenen Wirtschaftsverfassung entgegen. Aus dem Kampfe dieser Anschauungen ergab sich die Gestaltung des Reformwerkes.

Verordnungen, die für Preußen 1808, für Schlesien 1809, für die Mark und Pommern 1810 erlassen wurden, boten den Gutsherren als Ersatz für die Aufhebung der Erbuntertänigkeit eine Beschränkung des Bauernschutzes. Es wurde ihnen gestattet, die Bauernstellen neueren Bestandes, im wesentlichen die nach dem Siebenjährigen Kriege wieder eingerichteten, einzuziehen. Auch bei den anderen Bauernstellen kam es nicht auf die Erhaltung der alten Stellenzahl an. Die kleineren Bauernhöfe durften zu größeren zusammengeschlagen werden.

Waren in diesen Verordnungen nur Normen für diejenigen Gutsbesitzer ausgesprochen, die die Lasten ihrer Bauern aufheben wollten, so sah das Regulierungsedikt von 1811 die Regulierung der Laß- und Pachtbauern auf Antrag eines der Beteiligten und nach Verstreichen einer zweijährigen Frist von Amts wegen vor. Dafür war allerdings den Gutsbesitzern auf ihren Wunsch als Ersatz gegen die Verleihung des freien Eigentums an die Bauern eine Landentschädigung zugebilligt. Erbliche Laßbauern sollten ein Drittel, nichterbliche und Pachtbauern die Hälfte ihres Landes abzutreten haben.

Die Deklaration von 1816 kam den Gutsherren noch weiter entgegen. Sie beschränkte die Regulierbarkeit auf die größeren, die spannfähigen Bauern. Und zwar sollten auch von diesen nur die als Bauerngüter katastrierten (also nicht die auf Ritteracker angelegten) Güter alten Bestandes, für die der Besetzungszwang durch die bisherigen Maßnahmen noch nicht aufgehoben war, reguliert werden. Dadurch, daß die 1811 vorgesehene Regulierung von Obrigkeits wegen fortfiel, sie nur auf Antrag eines der Beteiligten stattfand, verfiel das ganze Reformwerk in einen schleppenden Gang.

So wurde wohl in Preußen ein Teil der Privatbauern zu freien Eigentümern, den Hauptvorteil von der Reform aber hatte der Gutsherr. Für den Fortfall der Erbuntertänigkeit und der Fronden und für den Verlust seines Obereigentums an den Bauerngütern wurde er überreichlich entschädigt dadurch, daß der Bauernschutz fortfiel, daß der befreite Bauer ihm Land abtreten mußte, und dadurch, daß die Regulierung einen großen Teil der Bauern nicht erfaßte. Die Dienste der kleinen, handdienstpflichtigen Bauern blieben dem Gutsherrn erhalten.

Diese Begünstigung des Gutsherrn in Preußen erklärt sich nicht nur aus den wirtschaftlichen Vorzügen, die man dem großen Besitze und Betriebe zuschrieb, sondern auch aus den politischen Rücksichten, die man auf den königstreuen Adel nehmen mußte. Das erhellt aus der verschiedenen Behandlung der schlesischen und der posenschen Verhältnisse. Auf den abgefallenen polnischen Adel brauchte man keine Rücksicht zu nehmen. Deswegen wurde für Posen 1819 der Bauernschutz des alten Landrechts aufrechterhalten und auch bei der Regulierung des Jahres 1823 weit mehr Sorge für die Bauern getragen als in den anderen Provinzen. Erst 1836 erreichten die Posener Gutsherren eine Beschränkung der Regulierbarkeit auf spanndienstfähige Bauerngüter von mindestens 25 Morgen Umfang. — Ganz anders in Schlesien, wo man dem Adel besonders entgegenkam. Die 1827 verfügte Einschränkung der Regulierbarkeit auf spanndienstfähige Güter von mindestens 25 Morgen mittlerer Bodenklasse hatte zur Folge, daß in Oberschlesien nur ganz wenig Ablösungen vorkamen. Umgekehrt wurden auf Wunsch der Gutsherren 1845 auch kleinere Wirte für ablösbar erklärt, die sogenannten Gärtner, Eigentümer, deren Dienste, da sie in natura durch Anteil am Rohertrag[3]) gelohnt wurden, mehr eine für die Herrschaft lästige Berechtigung als eine Verpflichtung darstellten.

Die Ablösungsordnung von 1821 brachte den spanndienstfähigen Bauern mit besserem Besitzrecht, den Eigentümern, Erbzinsleuten und Erbpächtern, für die die Deklaration von 1816 nicht galt, Aufhebung der Naturallasten gegen Rente oder Landentschädigung auf Antrag eines der Beteiligten. Gleichzeitig wurde

---

1) Einleitung zur Kenntnis der englischen Landwirtschaft. 1795.

2) Elemente der Staatskunst. 1809.

3) Die Dreschgärtner hatten z. B. das Recht, die Getreideernte gegen die zehnte Garbe, den Ausdrusch gegen den 19. Scheffel zu besorgen. KNAPP, Bauernbefreiung I, S. 216.

durch die Gemeinheitsteilungsordnung die Teilung der gemeinen Weiden zwischen Gutsherr und Bauern ohne weiteres, die Beseitigung der Gemenglage und der daraus sich ergebenden Lasten auf Antragstellung vorgesehen.

Der Abschluß der preußischen Bauernbefreiung erfolgte durch das Gesetz vom 2. März 1850. Erst hier wurde der Fortfall einer Reihe gutsherrlicher Vorrechte, vor allem des Obereigentums des Erbzinsherrn und Erbverpächters, ohne Entschädigung ausgesprochen. Regulierbar wurden jetzt auch die kleineren Bauern. Allein das Gesetz kam wenigen mehr zugute. Die meisten handdienstpflichtigen Bauern waren von ihren Herren in Insten, in Landarbeiter verwandelt worden. Das Ergebnis der Reform blieb, daß im Osten gerade in den deutschen Gebieten der Bauernstand eine schwächere Vertretung fand als nicht nur im deutschen Westen, sondern auch im slawischen Osten, z. B. in Böhmen. —

Hand in Hand mit der Aufhebung der feudalen Lasten war eine Beseitigung der stadtwirtschaftlichen Beschränkungen des Gewerbes gegangen. Die Franzosen führten in den von ihnen beherrschten Gebieten die Gewerbefreiheit ein. In Preußen hatte das Oktoberedikt von 1807 die Freiheit des Grunderwerbes ausgesprochen, die Geschäftsinstruktion vom 16. Dezember 1808 das Prinzip der Gewerbefreiheit anerkannt. Das Edikt vom 2. November 1810 und das Gewerbegesetz vom 7. September 1811 brachten das französische System zur Einführung: gegen Zahlung einer Steuer, Lösung eines Gewerbescheines war der Betrieb des Gewerbes frei. Nur für einzelne Gewerbe, deren mangelhafte Ausführung gemeinschädlich wäre, wurde obrigkeitliche Aufsicht beibehalten (z. B. Apotheker, Schornsteinfeger). Während aber in Frankreich alle Vereinigungen der Gewerbtreibenden verboten wurden, konnten in Preußen die Innungen als freiwillige Vereinigungen ohne Zwangsrechte weiter bestehen.

Sachsen hielt an der Zunftverfassung fest; nach 1815 führten Hannover und Kurhessen sie wieder ein. Preußen ließ in den neu erworbenen Gebieten das geltende Gewerberecht bestehen, so daß in den früher sächsischen Kreisen und in Neuvorpommern mit Zunftordnungen, in den früher französischen Landesteilen mit unbeschränkter Gewerbefreiheit gearbeitet wurde. So zerfiel nicht nur Deutschland sondern Preußen in Gebiete verschiedenen Gewerberechtes. Erst 1845 wurde eine für den ganzen Staat geltende Gewerbeordnung erlassen, die das Prinzip der Gewerbefreiheit überall zur Geltung brachte, insofern aber den alten Ordnungen entgegenkam, als sie in einer großen Anzahl von Gewerben das Halten von Lehrlingen nur den Mitgliedern einer Innung erlaubte.

Auch in der Schweiz war durch die Helvetik 1798 zugleich mit der Bauernbefreiung die Gewerbefreiheit ausgesprochen worden, doch hatte die Reaktion schon 1803 die Wiedereinführung der Zünfte gebracht, und erst mit der Bewegung von 1830 gingen sie ihrer politischen und gewerblichen Vorrechte verlustig, konnten aber, wie in Deutschland, als Unterstützungskassen oder, wie in England, als gesellige Vereine weiterbestehen.

7. Die Zolleinigung Deutschlands und die Bildung größerer Wirtschaftsgebiete.

H. v. Treitschke, Deutsche Geschichte im 19. Jh. III, 8. W. Roscher, System der Finanzwissenschaft III, 5. A. König, Die Sächsische Baumwollindustrie am Ende des vorigen Jahrhunderts und während der Kontinentalsperre. Leipziger St. V, 3. 1899. G. Schmoller, Das preußische Handels- und Zollgesetz vom 26. Mai 1818. Berlin 1898. Eckert, Die preußisch-hessische Zollunion von 1828. Schmollers Jb. 1902. G. v. Gülich, Geschichtliche Darstellung des Handels, der Gewerbe und des Ackerbaues der bedeutendsten handeltreibenden Staaten unserer Zeit. Jena 1830—1845. C. Brinkmann, Die preußische Handelspolitik vor dem Zollverein. 1922. W. v. Bippen, Joh. Smidt, ein hanseatischer Staatsmann. 1921. Heinr. Sieveking, K. Sieveking, Lebensbild eines hamburgischen Diplomaten aus d. Zeitalter d. Romantik. 1928. R. Schwemer, Gesch. der Freien Stadt Frankfurt a. M. 1912.

Unter Napoleon gestaltete sich die Lage Deutschlands nicht unähnlich der, in die Friedrich der Große Polen gebracht hatte. Durch die Okkupation der Nordseeküste, die Besetzung der wichtigsten Ostseeplätze und eine entsprechende Beherrschung der südlichen Zugänge schloß Napoleon Deutschland von dem freien Verkehr vor allem mit England aus. Nur ein ausgedehnter Schmuggelhandel, besonders in Kolonialwaren und Garnen, vermochte die Kontinentalsperre zu durchbrechen. Diese wirkte allerdings als Schutzzoll gegen die englische Konkurrenz, aber der Verlust des englischen Handels wurde den selbständig gebliebenen deutschen Gebieten nicht durch die Öffnung des französischen Marktes ersetzt.

Die Vertreibung der Franzosen brachte Deutschland nicht die von Stein gewünschte Einheit.[1]) Die neu gebildeten Territorien hatten Mühe, nur ihre eigenen Gebiete zu einem wirtschaftlichen Ganzen zusammenzufassen.

In den deutschen Territorien war im 18. Jh. die Stadtwirtschaft die Grundlage der Handelspolitik gewesen. Man zwang die Waren, bestimmte Städte zu passieren, so konnte der städtische Torzoll als Grenzzoll wirken. Erst im 19. Jh. wurden Grenzzölle eingerichtet. Zuerst verlegte Bayern 1807—08 seine Mauten an die Grenze, 1818 umgab sich Preußen unter Aufhebung der Binnenzölle mit einer Zollgrenze.

Außer der Freiheit des inneren Marktes brachte das preußische Gesetz an Stelle der früheren Verbote die prinzipielle Anerkennung der Freiheit auch des auswärtigen Handels. Der Tarif, dem dieser Verkehr unterworfen wurde, wies niedrigere Sätze auf, als sie damals irgendein größerer Staat anwandte. Die durchschnittliche Belastung mit 10 Prozent des Wertes ergab sich aus dem Vertrage von 1815 mit Rußland, der für die polnischen Untertanen beider Staaten eine gewisse Freiheit des Durchgangsverkehrs vorsah. Jedoch entsprach diesem Grundsatze die tatsächliche Gestaltung der nach dem Gewicht bemessenen Zollsätze nicht durchaus, sie lehnte sich vielmehr vielfach an die früheren Akzisetarife an.[2])

Indessen auch die liberalen Sätze des preußischen Tarifes von 1818 wurden wegen der zu ihrer Durchführung eingerichteten Grenzbewachung von den Nachbarstaaten, namentlich den kleineren deutschen Staaten, als Schädigung empfunden. In Rußland führte 1822 der Hesse Cancrin unter Preisgabe des Vertrages von 1815 auch für Kongreßpolen einen hohen, teilweise prohibitiven Zolltarif ein. Die Machtverhältnisse im Osten hatten sich seit den Tagen Friedrichs des Großen vollständig verschoben. War damals Aussicht für eine nach dem Osten exportierende preußische Industrie gewesen, so ließ die Sperrung der russisch-polnischen Grenze jetzt einen großen Teil des posenschen Gewerbes nach Russisch-Polen übersiedeln. Lodz trat an die Stelle von Meseritz.[3]) Preußen, dessen Politik bisher vorwiegend dem Osten zugewandt gewesen war, sah sich durch die Lage seiner neuen Provinzen im deutschen Westen auf eine Einigung mit den übrigen deutschen Staaten hingewiesen.

Nach großen Schwierigkeiten gelang es Preußen, einige kleine, von seinem Gebiet umschlossene Länder und Enklaven gegen Anteil am finanziellen Ertrage zum Anschluß an sein Zollsystem zu bewegen, so Schwarzburg-Sondershausen,

---

1) M. Lehmann, Stein III. S. 347, 393: „Alle Binnenzölle abschaffen! Bundesgränzzölle!"
2) R. v. Delbrück, Lebenserinnerungen II. S. 80. Treitschke I. S. 659.
3) Treitschke III. S. 475f. L. Wegener, Der wirtschaftliche Kampf der Deutschen mit den Polen um die Provinz Posen. S. 62ff.

Anhalt-Bernburg 1823, Anhalt-Köthen und -Dessau erst 1828. Allein dies Verfahren war den größeren Mittelstaaten gegenüber nicht angebracht, die ängstlich über der Aufrechterhaltung ihrer Souveränität wachten. Sie konnten nur als selbständige Glieder eines Vereins gewonnen werden, denen Anteil an der Gesetzgebung und Verwaltung gewährt wurde. Den Zollanschlüssen folgte der Zollverein.

1828 schloß Preußen mit Hessen-Darmstadt einen solchen Zollverein. In demselben Jahre waren Bayern und Württemberg zu einem Zollverein zusammengetreten und verbanden sich Sachsen, Hannover, Kurhessen und 15 kleinere Staaten zum mitteldeutschen Handelsverein. Dieser Verein, dessen Seele Frankfurt war, schob sich zwischen die Gebiete der beiden anderen Vereine hinein und hatte nur den Zweck, seine Mitglieder vor einseitigen Maßnahmen Preußens zu schützen und ihnen bei etwaigem Anschluß bessere Bedingungen zu sichern. Allein es gelang Preußen, ihn zu sprengen. Gotha und Meiningen willigten in den Bau einer Straße, die Süd- und Nordverein verband. Kurhessen, dem dadurch der Verlust seines Durchgangsverkehres drohte, schloß sich nach Änderung seiner Verfassung 1832 dem preußischen Vereine an. 1833 verbanden sich der preußisch-hessische und der bayrisch-württembergische Verein, Sachsen und Thüringen zum Deutschen Zollverein, dem 1835 Baden und Nassau, 1836 Frankfurt a. M. beitraten.

Damit erst war für Deutschland die handelspolitische Einheit geschaffen, die Frankreich Colbert und die französische Revolution gegeben hatten. Freilich handelte es sich zunächst nur um einen Verein, dem wichtige Teile Deutschlands nicht angehörten. Hannover, Braunschweig, Oldenburg taten sich 1834 zu dem Steuerverein zusammen, aus dem jedoch Braunschweig 1841 zum Zollverein übertrat. Fern blieben dem Zollverein die Hansestädte, die wohl die Idee eines deutschen Schiffahrtsbundes eifrig erwogen, in Erinnerung an die Kontinentalsperre von der Einbeziehung in die neue Douanenlinie aber nichts wissen wollten.

Immerhin war durch den Zollverein ein Rahmen geschaffen, in dem die moderne Technik Deutschland zu einer wirtschaftlichen Neugründung verhelfen konnte. Hatte einst Holland das deutsche Hinterland beherrscht, so war dieses jetzt selbständig geworden. Durch den Abfall Belgiens wurde Hollands Stellung an der Rheinmündung erschüttert. Die Schienenstränge der Rheinischen und der Köln-Mindener Eisenbahn, die das Rheinland mit Antwerpen und Bremen verbanden, brachen sein Monopol. Neben Holland begann jetzt das geeinte Deutschland unter die Handelsmächte zu treten.

Überhaupt ging mit der Durchführung einer freien Agrar- und Gewerbeverfassung die Bildung größerer, einheitlich verwalteter Wirtschaftsgebiete zusammen. So hatten schon 1789 die Vereinigten Staaten die zwischen den einzelnen Staaten bestehenden Zollschranken aufgehoben. Ähnlichen Schwierigkeiten wie in Deutschlang begegnete eine Zolleinigung in der Schweiz. Wohl hatte das Jahr 1813 einen Bundesgrenzzoll zur Deckung der Neutralität gebracht, aber der im Bundesvertrag von 1815 gegebenen Möglichkeit eines Ausbaues dieses Zolles wurde keine Folge gegeben. Die alten lokalen und kantonalen Zölle blieben bestehen, und auch die Versuche, durch Vereinbarungen der Kantone, wie in Deutschland, einen Zusammenschluß zu erreichen, blieben erfolglos. Dem Retorsionskonkordat gegen Frankreich schlossen sich 1823 nur $13\frac{1}{2}$ Kantone an, $8\frac{1}{2}$, darunter Zürich und Genf, blieben fern. Erst die politische Einigung von 1848 machte das Zollwesen zur Bundessache, ebenso wie in Italien erst die politische Einigung zum wirtschaftlichen Zusammenschluß des Landes führte.

III. Die Entfaltung des modernen Kapitalismus.

W. SOMBART, Der moderne Kapitalismus. Leipzig 1902. 2. Aufl. 1927, III: Das Wirtschaftsleben im Zeitalter des Hochkapitalismus. Die deutsche Volkswirtschaft im 19. Jh. Berlin 1903. Krieg und Kapitalismus. 1913. W. TROELTSCH, Über die neuesten Veränderungen im deutschen Wirtschaftsleben. Stuttgart 1899. K. LAMPRECHT, Zur jüngsten deutschen Vergangenheit. Deutsche Geschichte. 2. Ergänzungsband, 1. Hälfte. L. POHLE, Die Entwicklung des deutschen Wirtschaftslebens im 19. Jh. Leipzig 1923.

In der ursprünglichen religiösen Forderung nach der Freiheit der Persönlichkeit, die im Verlaufe des politischen Machtkampfes sich durchsetzte, erkannten wir die Grundlage der modernen Wirtschaft. Was aber die neue Zeit am deutlichsten von allen früheren zu unterscheiden scheint, ist die beispiellose Entwicklung der wirtschaftlichen Kräfte, wie sie der moderne Kapitalismus und die moderne Technik brachten. Mit Recht erfüllt den modernen Techniker, den modernen Menschen überhaupt Stolz, wenn er der Errungenschaften der Technik gedenkt. Was uns heute als selbstverständlich erscheint, der pünktliche und rasche Lauf der Eisenbahn, das schwere Stampfen der Hämmer und Kolben, das Rasseln der Räder der Maschinen, ist etwas Neues. Als ADAM SMITH schrieb, hatte er noch keine Maschinen vor Augen. In der Nadelfabrik, an deren Beispiel er uns die Produktionssteigerung durch Arbeitsteilung klarmacht, gibt es keine Maschinen; spezialisierte Handfertige arbeiten einander in die Hände. Worauf beruht aber dieser Fortschritt? Kapitalistische Gliederung der Gesellschaft sah schon das Altertum. An geistigen Fähigkeiten dürfen wir uns auch nicht überlegen fühlen, legte doch das Altertum die Grundlagen der Naturwissenschaften. Vielleicht aber besteht ein Zusammenhang zwischen der modernen Wirtschaftsentwicklung und der Entwicklung der Freiheit, die wir im vorigen Abschnitt schilderten. Dem Kapitalismus des Altertums standen durch die Sklaverei beliebige Menschenmassen zur Ausbeutung zur Verfügung. Auch in neueren Zeiten versuchte das Kapital diesen Weg der Betätigung im Osten und in der Negersklaverei, der das Aufkommen der Baumwollkultur in den nordamerikanischen Südstaaten eine mächtige Stütze verlieh. Allein der relative Mangel an solchen Auszubeutenden zwang zum technischen Fortschritt. Anstatt der Beherrschung des Menschen mußte die Beherrschung der Natur in den Vordergrund treten.

Wir weisen darauf hin, wie der Zusammenbruch der alten Gebundenheit aus dem politischen Kampfe Englands und Frankreichs erfolgte. Aber auch die positiven Bedingungen der modernen Wirtschaft ergaben sich aus diesem Kampfe.

Der Krieg zerstört nicht nur wirtschaftliche Güter, wie es die Einfälle der Germanen, der Araber, der Mongolen und der Türken taten. Die Organisation des Kriegsbedarfs kann zu einer Zusammenfassung wirtschaftlicher Kräfte führen, die das Wirtschaftsleben dauernd befruchtet. Der Unterhalt und die Ausrüstung der Truppen verlangen große Unternehmungen, die von weither die Produktion sammeln oder sie konzentrieren.

Auf der anderen Seite läßt sich kaum ein wirksameres Mittel zur Verschärfung der Gegensätze zwischen arm und reich denken als der Krieg. Die Kriegslasten erdrücken den kleinen Selbständigen und bringen ihn in Abhängigkeit von den wenigen Begüterten, die in der allgemeinen Erschütterung nicht nur sich zu behaupten, sondern als Führer, Armeelieferanten u. dgl. emporzukommen wissen. So begünstigte der dekeleische Krieg, in dem die attischen Bauern zugrunde gingen, den attischen, der hannibalische Krieg, der die italischen Bauern vernichtete, den römischen Kapitalismus. Wir sehen, wie in den italienischen Städten des MA. und in Holland mit Söldnern und Schiffen geführte Kriege die kapitalistische Gliederung der Gesellschaft fördern. Die Zukunft wurde herangezogen zu den Lasten der Gegenwart. Ein großer Teil der Kriegskosten wurde durch Staatsschulden gedeckt. Für ihren Beitrag zu den Staatslasten erhielten die Reichen eine dauernde Verzinsung, er bedeutete für sie eine gute Kapitalanlage, während die Masse der Bevölkerung vorzüglich in indirekten Steuern auf den Massenkonsum die Zinsen aufzubringen hatte.

So wurde das gewaltige Ringen zwischen England und Frankreich im 18. und zu Beginn des 19. Jhs. ein Hauptthebel des modernen Kapitalismus. England führte diese Kriege mit seiner Kapitalmacht, mit Söldnern, den Mitteln der modernen Kriegstechnik, Schiffen und Kanonen, und mit Subsidien, die den kontinentalen Bundesgenossen gezahlt wurden. Allerdings wurden auch die Reichen herangezogen. Als Kriegssteuer wurde 1798 die Einkommensteuer eingeführt. Aber die Staatsschuld stieg in den Napoleonischen Kriegen auf 898,9 Millionen £. Wie war England die Tragung solcher Lasten möglich? Dadurch, daß die außerordentlichen Verwendungen der Regierung, die sich 1793—1815 auf 1277 Millionen £ beliefen, der heimischen Industrie zuflossen, sie zu technischen Fortschritten ermunterten. In England wurden die Schiffe gebaut, die den Korsen bekämpften, und wenn auch die Subsidien nach dem Kontinent flossen, so führten sie doch auch wieder zu einer Belebung des englischen Handels; englische Tuche, englische Baumwollwaren, englische Flinten wurden dafür gekauft.

1. Die Bank von England.

E. Powell, The evolution of the Money Market. 1915. E. Levy von Halle, Die Hamburger Girobank und ihr Ausgang. Berlin 1891. P. Stiassny, Zum österr. Staatsbankerott von 1811. Berner Dissert. 1910. David Ricardo, The high price of Bullion, a proof of the Depreciation of Bank notes, 1809; Proposals for an economical and secure Currency 1816. A. Wagner, Die Geld- und Kredittheorie der Peelschen Bankakte. Wien 1862.

Den Banken des 16.—18. Jhs. gereichte eine unvorsichtige Kreditgewährung zum Verderben. Die Banken von Venedig, Genua und Amsterdam hatten dem Staate oder der Ostindischen Kompanie große Summen vorgeschossen. Die „Wiener Stadtbank“ hatte seit 1762 dem österreichischen Staate ihren Kredit durch die Ausgabe von „Bankozetteln“ zur Verfügung gestellt. In den Kriegen gegen die Revolution und Napoleon war deren Betrag stark vermehrt und 1800 der Zwangskurs ohne Einlösungspflicht des Staates ausgesprochen worden. Der durch die Überfülle der Zettel hervorgerufenen Valuta- und Finanznot zu steuern, mußte 1811 der Wert der auf über 1 Milliarde fl. angeschwollenen Bankozettel auf den fünften Teil herabgesetzt werden. Die als Staatsbank 1765 begründete Preußische Bank geriet 1806 in die größten Schwierigkeiten, weil sie einen großen Teil ihrer Gelder unbankmäßig in Hypotheken festgelegt hatte, noch dazu in den polnischen Landesteilen, die Preußen 1807 verloren gingen. Nur die Bank von Hamburg wußte sich bis zu ihrer Verschmelzung mit der Reichsbank dadurch zu behaupten, daß sie als reine Girobank auf den Zahlungsverkehr sich beschränkte und zur Grundlage ihrer Währung die von den Verschiedenheiten der Ausprägung unabhängige M. Banko machte, die nur durch eine bestimmte Quantität Feinsilber dargestellt wurde.

Als 1797 die Bank von England, der der Staat gegen 12 Millionen £ schuldete, und deren Mittel vor allem durch die bei der Invasionsgefahr im Lande herrschende Panik stark in Anspruch genommen wurden, der Verpflichtung enthoben wurde, ihre Noten in bar einzulösen, glaubte ein so sorgfältiger Schriftsteller wie Büsch ihr das Schicksal der Lawschen Bank und der französischen Assignatenwirtschaft voraussagen zu müssen. Allein trotz der großen Anforderungen, die an den englischen Geldmarkt durch die Subsidiengelder und die notwendig gewordene Korneinfuhr gestellt wurden, ging der Kurs der Noten selbst 1813 nur auf 71,1 Prozent zurück. Der Grund war die Vorsicht der Bank in der Notenausgabe, die sie nur gegen sichere Deckung in kurzfristigen Wechseln vornahm, die Vorsicht vor allem in

Kreditgewährung an die Regierung und das Vertrauen, das ihren Noten dementsprechend von der Geschäftswelt bewahrt wurde. Die Peels Acte von 1819 verpflichtete die Bank zur Aufnahme der Barzahlung für 1823. Sie konnte damit aber schon 1821 beginnen.

Man erkannte, daß die Zirkulation ebenso wie eine gewisse Menge minderwertiger Scheidemünze auch eine beschränkte Menge Papierzeichen ertragen könnte, ohne daß die Festigkeit der Währung zu leiden brauchte. Ricardo verglich die Notenpresse einer neuen Mine. Er wurde das Haupt der Currency school, die die eine Seite der Papierzeichen richtig erfaßte, daß nämlich ein Teil von ihnen dauernd in der Zirkulation bleiben kann. Aber damit ihrer nicht zu viel würden, damit nicht das Greshamsche Gesetz einträte, wonach das schlechte Geld, im Übermaß vorhanden, das gute außer Landes treibt, verlangte er, daß die Zahl der auszugebenden Noten gesetzlich festgelegt würde, während doch die wirtschaftliche Aufgabe der eigentlichen Banknote, sofern sie nicht als Staatspapiergeld dient, darin besteht, daß sie einer vorübergehenden größeren Nachfrage nach Zahlungsmitteln entspricht, den Geldumlauf, der bald mehr, bald weniger Zahlungen zu leisten hat, elastisch gestaltet.

Es fehlte auch in England nicht an solchen, die in der Vermehrung der Zahlungsmittel, auch wenn durch ihr Übermaß die Sicherheit der Währung gefährdet würde, einen Vorzug für den Geschäftsmann sahen.[1]) Die Verpflichtung der Bank zur Aufnahme der Barzahlungen 1819 bedeutete aber einen Erfolg Ricardos, und auch das Bankgesetz Peels von 1844 geht auf seine Gedanken zurück.

Die Notenausgabe wurde von dem Bankgeschäft getrennt. Das Issue (Notenausgabe) Department durfte Banknoten ausgeben, soweit Edelmetall zu ihrer Deckung bereit lag, und außerdem für 14 Millionen £, die nicht in bar, sondern durch dem Banking Department übergebene Staatspapiere gedeckt waren.

Mit Recht hatte die Banking school gegen diese Festlegung des Kredits Einspruch erhoben. Zu Zeiten gesteigerten Bedarfs an Zahlungsmitteln wurden der Bank von England Barbestände entzogen, sie mußte dann dem verminderten Barbestand entsprechend gerade im Augenblick großer Nachfrage nach Zahlungsmitteln ihre Notenzirkulation einschränken. Auch gegen sichere Wechsel oder Lombardierung, Verpfändung von wertvollen Waren oder Effekten, durfte sie über die ihr durch das Gesetz festgelegte Grenze keine Noten ausgeben. Die Folge war 1847 eine Panik der Geschäftswelt, die zwar nicht zur Aufhebung, wohl aber zur Suspendierung der Peelsakte führte. Wiederum wurde sie in den Krisen von 1857 und 1866 suspendiert.

Laws Auffassung, das Papier könne das Währungsgeld darstellen, schien durch die Erfahrungen, die man in Frankreich, in den Vereinigten Staaten, in Schweden und Dänemark hatte machen müssen, durchaus widerlegt, nur im Anschluß an ein Edelmetall schien Ricardo der Wert beschränkten Papiergeldes gesichert. Aber konnten allein Gesetze diesen Wert sichern? War es nicht möglich, der Verwaltung einer zentralen Bank, die auf dem Geldmarkt durch ihre Notenausgabe eine führende Stellung einnahm, zuzutrauen, nur so viel Noten auszugeben, wie der Verkehr bedurfte, ohne daß ihr Überfluß ihren Wert drückte? Durch die

1) Eine merkantilistische Überschätzung der Zirkulation und des dem Kapital gleichgestellten Kredits findet sich bei Macleod, The theory and practice of banking. London 1855/56. Er verlangte expansiven Kredit im Gegensatz zur restriktiven Kredittheorie der Bankakte, doch hielt er im Gegensatz zu Law auf die durch den Münzvorrat gegebenen Grenzen des Kredits.

ihr angebotenen Wechsel in steter Fühlung mit dem Geldmarkte, konnte eine solche Verwaltung nicht nur die Währung sichern, sondern auch allzu starken Schwankungen der Konjunktur entgegentreten.

Die Deckung der nicht in bar gedeckten Noten der Bank von England durch das Guthaben gegen den Staat war, ebenso wie die den Nationalbanken der Vereinigten Staaten 1863 oder die den Schweizer Emissionsbanken 1881 vorgeschriebene durch Staatspapiere, eine durchaus sichere, konnte aber dem wechselnden Bedarf an Zahlungsmitteln nicht entsprechen. Nur die Vorschrift einer bankmäßigen Deckung, vor allem durch kurzfristige Wechsel, vermochte dem Notenumlauf die nötige Elastizität zu gewähren.

Eine solche Aufgabe konnte nur eine Organisation erfüllen, bei der Rücksichten auf privaten oder fiskalischen Gewinn zurücktraten vor dem Bewußtsein, auch unter Opfern der gesamten Volkswirtschaft dienen zu müssen.

Ricardo hatte die Ansicht vertreten, die Notenausgabe müßte, so gut wie die Münze, dem Staate vorbehalten bleiben, die Kreditgewährung aber sollte der privaten Konkurrenz anheimfallen. Die richtige Erkenntnis der Banknote zeigt aber, daß die zentrale Notenbank, indem sie den Bedarf des Geldumlaufs reguliert, zugleich eine wichtige Aufgabe in der Kreditorganisation des Landes erfüllt. So richtig es ist, die Notenausgabe unter Staatskontrolle zu halten, ihren Gewinn nicht ausschließlich Privaten zufließen zu lassen, so bedenklich erscheint eine Übernahme der zentralen Notenbank durch den Staat. Es bestünde die Gefahr, daß der Kredit, über den der Staat dann verfügte, einseitig zu Zwecken der Finanzen oder der Parteien verwandt würde, und daß jede Erschütterung des Staatskredits zugleich den Kredit der Bank träfe. Nicht nur für die Volkswirtschaft sondern auch für den Staat ist es darum besser, die zentrale Notenbank von der Staatsverwaltung zu trennen. Den verschiedenen Rücksichten, die hier zu nehmen sind, entspricht am besten ein gemischtes System, wie es in Frankreich, Deutschland und der Schweiz durchgeführt wurde.

Die Bank von Frankreich wurde 1800 als Aktiengesellschaft gegründet. 1806 wurde aber an ihre Spitze ein vom Staate ernannter Gouverneur gestellt. Durch Vereinigung mit den Departementsbanken erlangte sie 1848 das Monopol der Notenausgabe. 1850 wurde jede Beschränkung ihrer Notenausgabe aufgehoben. Besonders gute Dienste erwies die Bank dem Staate und der französischen Volkswirtschaft 1870/71. Als der Staatskredit wankte, blieb der Kredit der Bank unerschüttert und konnte dem Staate die Durchführung der schwierigen Aufgaben, die ihm ein unglücklicher Krieg auferlegte, erleichtern. Der Maximalumlauf der Noten wurde so hoch bestimmt (1870 1800 Millionen, 1883 3500 Millionen Fr.), daß diese Grenze nie erreicht wurde. Schon seit 1874 hatte die Bank die kleineren Noten eingelöst. Als die Schuld des Staates gegen die Bank entsprechend getilgt war, konnte sie 1878 die Barzahlung voll aufnehmen.

1846 wurde die Preußische Bank neu gegründet als private Aktiengesellschaft, deren Aktionäre im Zentralausschuß eine Vertretung fanden, während Staatsbeamte die Leitung übernahmen, wie auch dem Staate ein Teil der Gewinne zufiel. Diese Verfassung wurde von der die Preußische Bank 1875 ablösenden Reichsbank übernommen. Das Deutsche Reich beschränkte nicht wie England die Notenausgabe, sondern verlangte nur nach Überschreitung einer bestimmten Menge nicht in bar gedeckter Noten, des Kontingents, eine Notensteuer von 5 Prozent. Die Schweizer Nationalbank von 1905 ist an keine Beschränkung bei der Ausdehnung ihrer Notenausgabe gebunden.

Als Bank der Banken erreichte die Bank von England die Führung des englischen Geldwesens. Sie wurde nicht nur die Hüterin der Währung, sondern auch Regulator und letzte Stütze des Kredits. Das Notenmonopol der Bank war kein vollkommenes. In London selbst durften Privatbankiers, in der Provinz auch Aktienbanken Noten ausgeben. 1844 aber wurde ihr Recht kontingentiert. Es waren noch 207 Privatbankiers mit 5,1 Millionen £ und 72 Aktienbanken mit 3,4 Millionen £ Notenausgaberecht, die allmählich auf 7 Privatbankiers und 4 Aktiengesellschaften zusammenschmolzen. Ihr Kontingent wuchs der Bank von England zu, die nun statt 14 Millionen 18,450000 £ nicht in bar gedeckte Noten ausgeben darf. Als die Aktienbanken in London Filialen suchten, wurde dies von der Bank von England als Konkurrenz empfunden. Sie erhielten keine Rechnung bei ihr und wurden zunächst auch nicht zu dem von den Privatbankiers eingerichteten Chequeverkehr zugelassen. Diese Zulassung erfolgte erst 1854. Die Krise von 1866 brachte gegenseitige Anerkennung und Arbeitsteilung der Banken. Die großen Depositenbanken wurden die Hauptklienten der Bank von England. 1890 in der Baringkrise übernahm die Bank von England die Leitung einer Hilfsaktion.

Sichere Währung und billiger Kredit machten London zum Mittelpunkte des Wechselverkehrs, mit £-Wechseln wurden auch Zahlungen zwischen anderen Ländern beglichen, z. B. deutsche Übersee-Exporte; London wurde die Abrechnungsstelle der Welt. Seine Börse, die zuerst dem Kredit des Staates und der befreundeten Mächte gedient hatte, finanzierte dann die großen kapitalistischen Anlagen, in den vierziger Jahren die Eisenbahnen, die amerikanischen Bahnen und die Kolonien, die Goldfelder von Transvaal. Durch sie wurde England zum Geldgeber der Welt. Die Kurse, welche die Spekulation an der Londoner Börse setzte, wurden für ganze Staaten entscheidend. Wechsel- und Börsenhändler wurden in gewöhnlichen Zeiten von den großen Depositenbanken finanziert. Wenn diese in gefährlichen Zeiten ihren Kredit zurückzogen, wandten sie sich direkt an die Bank von England, die, wenn auch zu erhöhten Zinsen, stets Kredit gewährte und durch ihre Bankrate sowie durch den Verkauf oder die Beleihung von Konsols den Markt zu regulieren suchte. Erst die Augustkrise 1914 machte daneben Staatseingriffe nötig, eine Garantie für die fälligen Wechselschulden, einen Börsenschluß, wie ihn die Napoleonische Zeit nicht gesehen, dazu das Recht des Schatzamtes, bei außergewöhnlicher Lage ohne weiteres die Bankakte zu suspendieren, und neben die so über das Kontingent von 1844 gestatteten, nicht in bar gedeckten Noten der Bank von England traten die Currency Notes, die das Gold aus dem mittleren Verkehr auch in England verdrängten.

2. Die Fortschritte der Technik.

P. Mantoux, La révolution industrielle au XVIII. siècle. Paris 1905. W. Berdrow, Buch der Erfindungen. Cunningham, The growth of english industry and commerce in modern times II: Laissez faire. Cambridge 1903. Hewins, English trade and finance. Clapham, An Economic History of Modern Britain, The Early Railway Age 1820—50. Cambridge 1926. W. Lotz, Verkehrsentwicklung in Deutschland von 1800 bis zur Gegenwart. Leipzig 1920. L. Berger, Der alte Harkort. 4. Aufl. Leipzig 1902. Werner v. Siemens, Lebenserinnerungen. M. Peters, Die Entwicklung der deutschen Reederei seit Beginn dieses Jahrhunderts. Jena 1899, 1905. F. Rauers, Bremer Handelsgeschichte im 19. Jh., 1913.

Gegen Ausgang des 18. Jhs. meinte Büsch, die Ausdehnung der nordischen Städte und des Gewerbes sei durch das für die Feuerung zur Verfügung stehende Holz beschränkt. Allein gerade der fühlbarer werdende Holzmangel führte zur Aufschließung neuer wirksamer Hilfsmittel. Die alte Holz- und Steinzeit wurde durch ein neues Zeitalter der Kohle und des Eisens abgelöst, und während um die Mitte des 18. Jhs. in Deutschland Wind- und Wassermühlen zusammen mit tierischen Motoren die menschliche Arbeitskraft ungefähr verdoppelten, erhöhte gegen Ausgang des 19. Jhs. die gleichmäßiger arbeitende Dampfkraft allein sie um mindestens das Fünffache.

Schon im 17. Jh. verschiffte man Kohle von Newcastle nach London, um dort die Häuser zu heizen. Im 18. Jh. begann man, die Kohle für die gewerbliche Produktion, insonderheit für die Eisengewinnung, zu nutzen. 1735 gelang es Abraham Darby, aus Kohlen Koks zu gewinnen. 1766 führten die Cranages mit Kohlenkoks geheizte Reverberier-Hochöfen ein, die eine wesentlich bessere Ausnutzung des Eisens gestatteten. 1779 wurde aus Gußeisen die Severnbrücke errichtet. 1740 war es dem Uhrmacher Huntsman gelungen, Gußstahl herzustellen, den erst Alfred Krupp wesentlich zu verbessern wußte. Er legte damit den Grund zu der Blüte Sheffields. 1769 nahm James Watt ein Patent auf seine Dampfmaschine, die 1785 in der Baumwollindustrie, 1790 in der Eisenindustrie Anwendung fand.

Die greifbarste Umwälzung brachte die Maschine in der Textilindustrie hervor. Im Anschluß an den Zeugdruck wurde zuerst die Weberei verbessert durch Kays Schnellschütze, 1730. Die starke Nachfrage nach Garn führte zur Anwendung der Spinnmaschine (Arkwrights Waterspinner 1769, Hargreaves Jenny 1772 verbessert, Cromptons Mule, die Kombination beider, 1775, Roberts Selfaktor 1825). Ihr folgte der mechanische Webstuhl (Cartwreight 1786, Jacquard 1805). Früher hatte man in England nur Barchent, Leinwandkette mit baumwollenem Einschlag, herstellen können, und reinbaumwollene indische Zeuge waren 1720 zugunsten der nationalen Wollen- und Seidenindustrie verboten worden. Erst 1774 wurde auf Arkwrights Bitte das Tragen reiner Baumwollwaren in England gestattet. Arkwright, ein Barbier und Haarhändler, der weniger ein selbständiger Erfinder als der erste Organisator der neuen Industrie war, wußte sein Privileg nur bis 1785 festzuhalten. Seitdem verbreitete sich die Industrie und steigerte ihre Produktion so stark, daß 1801 von 18 Millionen £ der englischen Ausfuhr 7 Millionen £ auf Baumwollwaren entfielen. Nicht mit Unrecht sah Napoleon in der englischen Baumwollindustrie einen Hauptgegner. Ohne die Steigerung seiner Produktionskräfte wäre England die Durchführung des Krieges unmöglich gewesen.

Die Verschließung der levantinischen Handelswege hatte zu Ausgang des 16. Jhs. das Zeitalter der Entdeckungen heraufgebracht. Seitdem hatte die geographische Kenntnis der Erde ständig weitere Fortschritte gemacht. Durch Cooks Seefahrten hatten die Engländer sich hieran hervorragend betätigt. Die Seeherrschaft bot England einen teilweisen Ersatz für die ihm durch Napoleon verschlossenen kontinentalen Märkte. Jetzt ergriff der Fortschritt der Technik das Verkehrswesen, dessen Verbesserungen dem ganzen Wirtschaftsleben eine andere Grundlage gaben.

Im 18. Jh. widmete man dem Kanalbau besondere Aufmerksamkeit. Der 1758 bis 1765 erbaute Bridgewater Kanal verbilligte die Kohlen in Manchester um 40 Prozent. Als auf den chaussierten Straßen ein regelmäßiger Postdienst die Entfernungen abkürzte, glaubte man einen gewaltigen Fortschritt erreicht zu haben, allein den entscheidenden Umschwung brachte dem Verkehrswesen die Verbindung von Schienenstraße und Dampfkraft bei der Beförderung der Wagen. 1825 wurde zwischen Stockton und Darlington die erste Eisenbahn eröffnet. 1830 eröffnete Stephenson die erste größere Linie zwischen Liverpool und Manchester. Bald folgten Belgien und Frankreich. In Deutschland hatte Harkort 1826 vergeblich für das Wuppertal eine Kohlenbahn gefordert. Die erste größere deutsche Bahn war die 1839 eröffnete zwischen Leipzig und Dresden.

Wie die Eisenbahnen Postkutsche und Frachtwagen zurückdrängten, so das eiserne Dampfschiff das hölzerne Segelschiff. England kamen diese Vorzüge zuerst zugute. Ein Netz von Schienen überzog das Land, und während der englische Schiffsbau bisher unter dem Holzmangel gelitten hatte, erhielt er durch die Eisentechnik solchen Vorsprung, daß die Begünstigung, die ihm bis dahin die Navigationsakte gewährt hatte, 1849 unbedenklich fallen gelassen werden konnte. Auf die Dauer freilich brachten Eisenbahnen und Telegraphen den kontinentalen Staaten fast noch größere Vorteile. Erst die Verbesserung der Landtransporte und des Nachrichtenwesens ermöglichten die wirtschaftliche Zusammenfassung größerer Gebiete und machten bis zu einem gewissen Grade den bisherigen Vorzug der Wasserwege wett.

Welche Größenverschiebungen aber auch der bis dahin bevorzugte Seeverkehr aufzuweisen hat, zeigt sich darin, daß die Bremer Reederei 1778 119 Schiffe mit 14781 R. T., 1826 wieder nur 95 Schiffe mit 14678 R. T., also so viel wie ein moderner Lloyddampfer umfaßte, während ihr 1909 722 Schiffe mit 851234 R. T. angehörten.

Freilich führten die Fortschritte der Technik zu einer Konzentration des Gewerbes an den günstigsten Produktionsstätten. Ebenso verloren im Binnenverkehr die kleineren Umschlagplätze ihre Bedeutung. Im deutschen Seeverkehr traten die Ostseestädte zurück, und der Aufschwung konzentrierte sich in den durch die Mündungen von Elbe und Weser bevorzugten Nordsee-Hansestädten. Hamburg wußte vom englischen Kommissionshandel zu selbständigem Verkehr zunächst besonders mit Südamerika überzugehen und entwickelte sich als größter Warenplatz. Bremen pflegte besonders den nordamerikanischen Verkehr und gewisse Stapelartikel wie Tabak und Baumwolle. Dafür hatte es die eigene Reederei und den Auswanderungsverkehr anfangs stärker ausgebaut. In den vierziger Jahren schätzte man die Bremer Reederei auf das Doppelte der Hamburger. Neuerdings hat sich die Konzentrationstendenz zugunsten Hamburgs geltend gemacht. 1905 stand Hamburg mit einer Schiffsankunftszahl von 10382000 R. T. als erster Kontinentalhafen dicht hinter London mit 10814000 R. T., während 1842 London mit 874000 R. T. Hamburg mit 269855 R. T. erst hinter Liverpool, Amsterdam, Triest, Rotterdam und Marseille folgte.

Wie das europäische Verkehrsnetz von Westen nach Osten, nach Österreich und Rußland, sich ausbreitete, so das der Vereinigten Staaten, die 1829 mit dem Bahnbau begonnen hatten, westwärts zum Stillen Ozean. Mehr und mehr wurde die ganze Erde von diesem Netz umspannt, während in den alten Kulturstaaten seine Maschen immer enger wurden. Neben Zöllen und Verboten hatte die Mangelhaftigkeit des Transportsystems im merkantilistischen Zeitalter die Grundlage lokaler und nationaler Monopole gebildet. Wichtiger fast als der Fortfall der rechtlichen Schranken war der der technischen. Als der Abfall der Vereinigten Staaten die freie Fahrt nach Amerika ermöglichte, glaubte Büsch, aus technischen Gründen müsse es doch bei einer Einschränkung des Kolonialhandels bleiben. Die freie Konkurrenz würde bald die Märkte überfüllen. Bis die Schiffe ankämen, hätte längst die Konjunktur, nach der der Kaufmann bei ihrer Absendung kalkulierte, sich geändert. Erst der moderne Nachrichten- und Transportdienst beseitigt dieses Bedenken. Er schafft die Grundlage eines Weltmarktes. Bis in die vierziger Jahre des 19. Jhs. war für Massenartikel wie Getreide der lokale Markt entscheidend. Noch heute ist man vom Ausfall der lokalen Ernte abhängig, muß man mit Hungersnot rechnen dort, wohin die Schiene noch nicht gelangt ist. Im übrigen gleicht der Weltmarkt Mangel und Überfluß aus, und während Zollmaßregeln früher die Selbständigkeit des von ihnen umschlossenen Gebietes gewährleisten konnten, bedeuten sie heute nur eine Differenz der heimischen Preise gegen den Weltmarktpreis.

Das Anwachsen des eisernen Zeitalters illustrieren die folgenden Zahlen:

Die großbritannische Eisengewinnung betrug:

1740	17350 t	1830	700000 t
1788	68000 t	1853	2700000 t
1806	260000 t	1870	6059000 t

1909 entfielen von der auf 61 Millionen t gesteigerten Roheisenproduktion 9,8 Millionen auf Großbritannien, 26,1 Millionen auf die Vereinigten Staaten und 12,6 Millionen auf Deutschland.

Während Preußen 1875 Dampfmaschinen von 600000 PS besaß, waren es deren 1912 6182116 geworden.

3. Großbetrieb und Handwerk.

Schmoller, Zur Gesch. d. deutschen Kleingewerbe im 19. Jh., 1870. R. Bovensiepen, Die kurhessische Gewerbepolitik und die wirtschaftl. Lage des zünftigen Handwerks in Kurhessen von 1816—1867. 1909. Schriften des Vereins für Sozialpolitik. Bd. 62—71: Untersuchungen über die Lage des Handwerks. Bd. 76: Verhandlungen, Referat von K. Bücher, auch abgedruckt in seiner „Entstehung der Volkswirtschaft“. 5. Aufl. V: „Der Niedergang des Handwerks“. W. Hasbach, Zur Charakteristik der englischen Industrie. Schmollers Jb. 1902/03. Schmoller, Was verstehen wir unter dem Mittelstand? Hat er im 19. Jh. zu- oder abgenommen? Verhandlungen des 8. evang. sozialen Kongresses 1898. W. Sombart, Die Entwicklungstendenzen im modernen Kleinhandel. Schriften des V. f. Sozialp. 88. Leipzig 1900. E. Biermann, K. G. Winkelblech (Karl Marlo), bes. Bd. II: Die deutsche Handwerker- u. Arbeiterbewegung d. Jahres 1848. 1909.

Die Männer, welche die Grundlagen der freien Verkehrswirtschaft gelegt hatten, waren der Meinung gewesen, durch Forträumen veralteter Vorrechte lauter kleinen selbständigen Existenzen die Bahn frei zu machen. Während sie glaubten, Großbetriebe könnten nur durch die ihnen gewährten Privilegien die Konkurrenz der kleinen bestehen, zeigte es sich aber, daß die Vorteile der Freiheit durch die moderne Technik und Kreditorganisation gerade den großen Unternehmungen zufielen. Die Anwendung kostspieliger Maschinen lohnte sich nur, wenn ein großer Absatz eine Produktion im großen gestattete. Solcher Großbetrieb bedurfte des Kapitals zu seiner Gründung und Fortführung, und das anlagesuchende Kapital kam ihm entgegen: einem großen bekannten Betriebe wurde leichter Kredit gegeben als einem kleinen unbekannten. So verlangte gerade die technische und finanzielle Überlegenheit des Großbetriebes nach Herstellung der wirtschaftlichen Freiheit, nach der Beseitigung der Zunftschranken.

Die Gewerbefreiheit, wie sie von Turgot, Josef II. und der französischen Revolution gefordert wurde, wollte vor allem der Unterschicht, den Gesellen, denen das Meisterwerden erschwert wurde, vor dem Monopol der Zunftmeister helfen, jetzt galt es, dem neben und über den Meistern erstandenen Großbetriebe den Weg in die alten Gebiete des Handwerks zu erleichtern.

Im Gegensatz zur Agrarverfassung war diese rechtliche Änderung der Gewerbeverfassung von geringerer Bedeutung; die tatsächliche Entwicklung der Wirtschaft ging ihr voran, und die Gewerbefreiheit sanktionierte nur einen bereits verbreiteten Zustand. In England wurde, als eine Petition der Arbeiter und kleinen Meister die Durchführung der alten Gesetze verlangte, 1814 die Lehrlingsakte von 1562 aufgehoben; 1835 fanden durch das Munizipalitätsgesetz die gewerblichen Vorrechte der Korporationen ihr Ende. In Preußen hatten Klagen der Handwerker 1849 zu einer Stärkung der Innungen geführt. In vielen Handwerksgewerben wurde der selbständige Gewerbebetrieb von der Zugehörigkeit zu einer Innung und der Ablegung eines Befähigungsnachweises abhängig gemacht. Als dann aber in den sechziger Jahren schon eine Reihe deutscher Einzelstaaten die Gewerbefreiheit erklärt hatte, brachte sie das Notgewerbegesetz von 1868 und die Gewerbeordnung von 1869 für den Norddeutschen Bund.

Der Kampf zwischen Handwerk und Großindustrie führte gelegentlich, wie in der Textilindustrie, zu einer Vernichtung des selbständigen Handwerks. Die Weber hatten zunächst, technisch als Hausindustrielle selbständig bleibend, die kapitalistische Herrschaft des Verlegers zu fühlen, im weiteren Fortgang wurden erst die Spinner, dann auch die Weber zu Arbeitern in der Fabrik. Aber der Kampf zwischen Handwerk und Großindustrie vollzieht sich durchaus nicht immer in dieser Form. Die Großindustrie schafft gelegentlich einen neuen Bedarf, den der Kleinbetrieb nie hätte befriedigen können; man denke an die Maschinenindustrie, die eisernen Bahnen, Brücken und Hallen oder an die Elektrizitätsindustrie. Oder die neue Technik entzieht durch eine Bedarfsverschiebung dem Handwerk den Boden; die Wasserleitung macht die hölzernen Zuber der Böttcher unnötig, die geheizten Wagen der Bahnen das Pelzwerk. Vielfach bemächtigt sich die Großindustrie nur einzelner Teile des Produktionsbetriebes: Schlosser und Tischler bleiben als Anbringer von Fabrikware bestehen. Oder dem Schuster und Uhrmacher bleibt die Reparatur. Vielfach scheint sich in der äußeren Lage des Handwerkers nichts zu ändern, aber er wird einer großen Unternehmung angegliedert, er arbeitet für die Möbelfabrik oder für eine Straßenbahngesellschaft. — Die Eisenbahn hat den Frachtwagen von der herrschenden Rolle im Transportwesen verdrängt. Aber der Frachtwagen sind darum nicht weniger, sondern mehr geworden; sie haben die Zufuhr von und zu der Bahn zu besorgen. Freilich tun das nicht viele selbständige Fuhrleute, sondern einige große Unternehmungen. Etwas Ähnliches kann man beim Kleinhandel beobachten. Er hat nicht ab-, sondern rapid zugenommen, aber der Detaillist ist in einer viel größeren Abhängigkeit vom Produzenten als früher, und im Detailgeschäft selbst macht der Großbetrieb, das Warenhaus, das Filialgeschäft, dem kleinen Betriebe eine überlegene Konkurrenz.

Indessen, wenn wir von einem Niedergang des Handwerks reden müssen, eine gewisse Bedeutung bleibt ihm immer gewahrt. Es gibt Gebiete, die sich weniger für die Massenfabrikation des Großbetriebes als für das individuelle Schaffen des Handwerkers eignen. Wenn auch das Handwerk in den Städten zurückgegangen ist, so hat es dafür auf dem Lande einigen Ersatz gefunden, und wenn im Zentrum der Großstadt der kleine Laden dem Glas und Eisen des Magazine weichen muß, so tun sich dafür in den Vorstädten und auf den Dörfern um so mehr kleine Krämer und Höker auf. Es gibt kaum ein Gebiet, auf dem die Selbständigkeit des Kleinbetriebes nicht bestritten wäre, trotzdem kann man nicht von einem Vernichtungskampf gegen das Handwerk sprechen. Aber das Handwerk gibt die führende Stellung, die es früher im Gewerbe einnahm, ab an die Großindustrie. Die Entwicklung des Gewerbes hängt fortan nicht mehr in der Hauptsache ab von der Lage des Handwerks, sondern von der großen Unternehmung und den in ihr beschäftigten Arbeitern. An Stelle der kleinen selbständigen Unternehmer bildet sich aus den oberen Schichten der Angestellten der großen Unternehmungen ein neuer Mittelstand, dessen Einkommen vielfach größer und sicherer ist als das des früheren Mittelstandes und dessen soziale Stellung, wenn die Organisation der Angestellten dem Leiter gegenüber ihre Rechte zu behaupten weiß, ebenfalls keinen Rückschritt zu bedeuten braucht.

Wie die feudale Organisation des Grundbesitzes in Adam Müller, so fand die Zunftverfassung in dem Marburger und Kasseler Chemieprofessor Winkelblech ihren Verfechter. Seine unter dem Pseudonym Karl Marlo 1848—1859 herausgegebenen „Untersuchungen über die Organisation der Arbeit oder System der Weltökonomie“ bieten auf der einen Seite eine Kritik der liberalen Wirtschaftsverfassung und die Grundzüge einer organischen Gesellschaftslehre, auf der anderen Seite jedoch die Grundlagen einer Mittelstandspolitik, die unter Verkennung der Bedeutung des technischen Umschwunges von der Herstellung der alten Ordnungen eine gleichmäßige Verteilung und die Behauptung vieler kleiner selbständiger Existenzen gegenüber der einreißenden plutokratischen und proletarischen Verschiebung der Klassen erhofft.

4. Die veränderte Lage der Landwirtschaft.

J. H. von Thünen, Der isolierte Staat in Beziehung auf Landwirtschaft und Nationalökonomie I, 1826. III, 1863. A. Neumann, Die Bewegung der Löhne der ländlichen „freien" Arbeiter im Zusammenhang mit der gesamtwirtschaftlichen Entwicklung im Königreich Preußen vom Ausgang d. 18. Jhs. bis 1850. 1911. M. Weber, Die Verhältnisse der Landarbeiter im ostelbischen Deutschland. Schriften des Vereins f. Sozialpolitik. Bd. 55. Leipzig 1893. E. David, Sozialismus und Landwirtschaft. I, 1903. H. Levy, Die Lage der englischen Landwirtschaft in der Gegenwart, Conrads Jb. LXXXI. S. 721ff. A. Schäffle, Über die Notwendigkeit exakt entwicklungsgeschichtlicher Erklärung und exakt entwicklungsgeschichtlicher Behandlung unserer Landwirtschaftsbedrängnis. Z. f. d. g. St. 1902.

Die Fortschritte der Technik erfaßten auch die Landwirtschaft. Wie die Neuordnung der Agrarverfassung, so steigerten ihre Erträge Drainage, künstliche Düngung (Liebig) und Maschinen. Allein das Eindringen rationelleren, auf Steigerung der Reinerträge bedachten Betriebes zerstörte zugleich das patriarchalische Verhältnis zwischen Gutsbesitzer und Landarbeiter.

Die Schwankungen der landwirtschaftlichen Konjunktur machten sich auch bei den Landarbeitern geltend, wenngleich die Löhne den Änderungen der Getreide- und Güterpreise nur langsamer folgten. So zeigten die Löhne freilich in der auf die Güterspekulation 1815—19 folgenden Krise der zwanziger Jahre eine gewisse Widerstandskraft, vermochten dafür aber auch dem Aufschwung der dreißiger und vierziger Jahre nur allmählich nachzukommen.

Wir sahen, daß die preußische Agrarreform den kleinen handdienstpflichtigen Bauern nicht zugute kam. Sie wurden in Arbeiter, in Insten verwandelt. Damit änderte sich ihre Lage äußerlich zunächst nicht viel. Wie ein Bauer hatte der Inste eigene Wirtschaft, einen Morgen im Felde, eigenes Vieh. Er hatte Anteil am Ertrage der Wirtschaft des Herrn, der ihn zudem im Falle der Not unterstützte. So konnte er sich sogar besser stehen in dem neuen Dienstverhältnis denn als selbständiger Bauer. Nur war seine Stellung von der Dauer des Dienstvertrages abhängig; es stand im Belieben des Herrn, ihn unter veränderten Bedingungen nicht zu erneuern.

Bei intensiverer Wirtschaft hob der Pächter oder der Gutsherr die den Betrieb störenden Naturalbezüge, den Morgen im Felde, das mit dem Gutsvieh zusammen geweidete Instenvieh, auf. Dreschmaschine und Rübenkultur machten die Landwirtschaft zu einem Saisongewerbe. Man bedurfte nicht mehr einer großen Anzahl ständiger Arbeiter, sondern behalf sich mit Wanderarbeitern. Den Lasten, die aus unterstützungsberechtigt werdender Bevölkerung erwachsen konnten, suchte der Gutsherr durch rechtzeitige Abschiebung derartiger Elemente vorzubeugen. Der Landarbeiter seinerseits verlor durch die Entwicklung der Industrie die gewerbliche Nebenarbeit der Winterstunden; die Maschine nahm ihm auch einen Teil der landwirtschaftlichen Arbeit, die einst, wie das Dreschen, seine Wintermonate erfüllt hatte. Der in Geld gelohnte Arbeiter sah in den Gegenden des großen Besitzes keine Möglichkeit des Landerwerbes, des Aufsteigens zur Selbständigkeit; deswegen zog es gerade die Tüchtigeren fort zur Auswanderung oder zur Abwanderung in die Städte. Nur wo der Bauer selbständiger Landwirt geblieben war und dem Tagelöhner ein Aufsteigen zur Selbständigkeit möglich schien, hielt das Land die Bevölkerung fest; sonst wirkten Gutsherr und Arbeiter gemeinsam zur Entvölkerung des platten Landes.

Die Landwirtschaft sieht sich bei der Steigerung ihrer Ertragsfähigkeit in einer ungünstigeren Lage als das Gewerbe, weil sie mit den begrenzten Kräften des heimischen Bodens rechnen muß. RICARDO[1]) wies darauf hin, daß bei steigender Kultur die Erträge des Bodens nicht entsprechend der Mehraufwendung von Kapital und Arbeit stiegen. Schlechterer Boden müßte in Angriff genommen oder der Anbau des alten mit unverhältnismäßigen Kosten gesteigert werden. Gegen dieses Gesetz des abnehmenden Bodenertrages wandte sich der Amerikaner CAREY.[2]) Man muß ihm zugeben, daß die in einen Acker gesteckte Arbeit, z. B. Drainage, bis zu einem gewissen Grade den Ertrag nicht nur entsprechend den verwandten Kosten, sondern darüber hinaus steigern kann, und daß entferntere Böden, die später herangezogen werden, durchaus nicht eine geringere Rentabilität aufzuweisen brauchen. So verursachte der Prärieboden weit geringere Kosten als der früher in Angriff genommene, schwer zu rodende Waldboden, und die Verbesserung der Verkehrsmittel gestattete durch Erschließung entfernterer Gegenden eine unerwartete Verbilligung der Versorgung. Wie CAREY bekämpfte RODBERTUS das Gesetz des abnehmenden Bodenertrages, indem er in seinem dritten Briefe an v. KIRCHMANN auf die durch Entwässerung vermittels Drainage gesteigerte Ergiebigkeit seines Gutes Jagetzow hinwies. Das Gesetz vom abnehmenden Bodenertrag gilt eben nur bei gleichbleibender Kultur für ein begrenztes Territorium.

v. THÜNEN war auf dem Gute des Barons v. Voght bei Hamburg zuerst auf die verschiedene wirtschaftliche Bedeutung der Feldsysteme aufmerksam geworden. Während Voght in Klein-Flottbeck als einer der ersten in Deutschland den englischen Fruchtwechsel einführte, blieben die Bauern Groß-Flottbeks bei ihrer alten Dreifelderwirtschaft, ohne den Vorteil des nahen Marktes sich zunutze zu zu machen.[3]) Auf seinem mecklenburgischen Gute Tellow ging der Schüler THAERS weiter den Bedingungen der Wirtschaft durch den Absatz nach. In seinem „Isolierten Staat“ wies THÜNEN nach, wie das Wirtschaftssystem der einzelnen Ländereien durch ihre Entfernung vom Mittelpunkte des Konsums bestimmt sei. Den der Stadt nächsten Kreis müsse die intensivste Kultur, Garten- und Gemüsebau, Milchwirtschaft usw. einnehmen, dann folge wegen der sonst zu hohen Transportkosten die Forstwirtschaft, weiter drei Kreise mit Körnerbau von zunehmender Extensität, nämlich Fruchtwechsel-, Koppel- und Dreifelderwirtschaft, schließlich Viehzucht. Hinter dem Kreise der Viehzucht könnten nur zerstreute Jäger existieren, die mit ihren Fellen an dem Markte teilhätten. Es ist klar, daß jede Verbesserung der Verkehrsmittel die Lage der einzelnen Kreise verschiebt. Gegenden, die bisher wegen der hohen Transportkosten auf die Zufuhr verzichten mußten, werden jetzt konkurrenzfähig oder können sich einer intensiveren Kultur widmen. Die Güter, welche unter den bisherigen Verkehrsmitteln maßgebend für die Versorgung mit einem bestimmten Produkte waren, sehen sich durch die neue Konkurrenz aus ihrer Lage geworfen. Sie können dieses Mißgeschick nur dann ausgleichen, wenn es ihnen möglich ist, ihrerseits durch die verbesserten Verkehrsmittel und durch die steigende Konsumkraft der Stadt in einen näheren Thünenschen Kreis zu rücken. Dieser Übergang wird dem Landwirt dadurch erschwert, daß die intensivere Wirtschaft häufig nicht nur eine Änderung des Betriebes, sondern auch der Betriebsgrößen erfordert.

---

1) Erste Hinweisung bei TURGOT.
2) The Past, the Present, and the Future. Philadelphia 1848; Die Grundlagen der Sozialwissenschaft I, Kap. 4, III, Kap. 32.
3) EHRENBERG, Thünenarchiv I, Thünens erste wissenschaftliche Studien.

Wir verstehen hiernach, wie dieselbe Landwirtschaft, solange sie unter der Unvollkommenheit des Verkehrs und der Schwierigkeit des Absatzes leidet, eintritt für Freiheit des Handels, während sie, sobald sie die Konkurrenz entfernterer Böden zu spüren bekommt, die bei gleicher Kultur mit geringeren Produktionskosten arbeiten können, nach Schutz verlangt. Für die Landwirtschaft forderten die Physiokraten und SMITH den Freihandel, aber als die englische Landwirtschaft nach 1815 die baltische Konkurrenz zu spüren bekam, rief sie nach Zöllen. Während der Merkantilismus vorzüglich die Industrie schützte, wurde diese, im Besitz der neuen Technik dem Gegner gewachsen und nach Steigerung des Absatzes, des Exports, verlangend, jetzt Trägerin des Freihandels, den sie im Gegensatz zu den Interessen der Grundeigentümer durchsetzte.

Dabei vollzieht sich für die Landwirtschaft eine wichtige Verschiebung. Zunächst findet der größte Teil der Nation in der Landwirtschaft seinen Erwerb. Die Lage der Landwirtschaft, ihre Konsumkraft ist entscheidend für den Wohlstand des Landes. Bei Zunahme der Bevölkerung unter fortschreitender Technik und wachsender Arbeitsteilung braucht nur ein kleinerer Teil der Nation der Urproduktion sich zu widmen, zahlreiche Nahrungsmittel und Rohstoffe müssen aus dem Auslande bezogen werden. Der wirtschaftliche und damit der politische Schwerpunkt der Nation verschiebt sich von der Landwirtschaft zur Industrie. Hatte die ländliche Bevölkerung Großbritanniens 1811 noch 34 % der Gesamtbevölkerung ausgemacht, so ging dieser Satz 1841 auf 22 %, 1861 auf 10 % zurück. Von dem Gedeihen der Industrie hängt nunmehr das Wohl des Ganzen ab, auch der Landwirtschaft. Diese kann sich nicht nur, wie das Handwerk, behaupten, sondern einen großen Aufschwung nehmen in den Zweigen, die durch die Nähe des Marktes und die gesteigerte Konsumkraft begünstigt werden. Das sind vorzugsweise Kulturen, in denen der Kleinbetrieb dem Großbetrieb überlegen ist. Aber die führende Rolle gibt die Landwirtschaft ab. Während früher die Ernten für den Wohlstand des Landes ausschlaggebend waren, wird es jetzt die industrielle Konjunktur.

5. Malthus und Ricardo.

H. SIMON, W. Godwin und Mary Wollstonecraft. 1909. ROBERT MALTHUS, Essay on the principle of population 1798. 2. Aufl. 1803. Drei Schriften über Getreidezölle aus den Jahren 1814 und 1815, übersetzt von E. LESER. Leipzig 1896. BONAR, Malthus and his work 1885. H. DIETZEL, Der Streit um Malthus' Lehre, Festgaben für A. Wagner. 1905. J. MARBURG, Die sozialökonomischen Grundlagen der englischen Armenpolitik im ersten Drittel des 19. Jh., Vw. Abh. d. bad. Hochschulen 1912. E. WEST, Essay on the Application of Capital to Land. 1815. D. RICARDO, Essay on the influence of a low price of corn on the profits of stock. 1815. Principles of political economy and taxation 1817. On protection to agriculture 1822. K. DIEHL, Sozialwissenschaftliche Erläuterungen zu D. RICARDOS Grundgesetzen der Volkswirtschaft und Besteuerung. Leipzig 1905. A. v. KOSTANECKI Arbeit und Armut, Freiburg 1909. H. SIEVEKING, Der Hamburger Armenfreund C. v. Voght in seiner internationalen Wirksamkeit. Festgabe für E. Zürcher, Bern 1920. E. GOTHEIN, Verfassungs- und Wirtschaftsgeschichte der Stadt Cöln vom Untergange der Reichsfreiheit bis zur Errichtung des Deutschen Reiches. Die Stadt Cöln unter preußischer Herrschaft 1815—1915, I.

Die Aufklärung des 18. Jhs., auch die Physiokraten und SMITH, meinten, alles Unheil auf Erden sei durch verkehrte Gesetze und Einrichtungen der Menschen hervorgerufen; lasse man der natürlichen Freiheit ihren Lauf, so würde alles sich bessern. Dieser Optimismus war durch die Schrecknisse der Französischen Revolution gründlich Lügen gestraft. Man hörte nicht auf, nach Naturgesetzen der sozialen Entwicklung zu forschen, aber man sah sie nicht mehr in optimistischer Hoffnung, sondern in pessimistischer Resignation an. Auf diesem Boden steht

Malthus. Sein Werk über die Bevölkerung ist als Streitschrift gegen Godwins „Inquiry concerning political justice and its influence on general virtue and happiness" von 1793 entstanden. Hoffte Godwin von der Herstellung des Naturrechts eine Beseitigung des menschlichen Elends, so suchte Malthus nachzuweisen, daß dies Elend eben in der Natur der Dinge begründet sei.

Die Merkantilisten hatten viel Geld und viel Menschen als das höchste Glück für die Staatswirtschaft hingestellt. Schon Hume hatte die Bedeutung des Geldvorrats als unwesentlich zu zeigen unternommen. Ricardo trat der übertriebenen Vermehrung nicht in bar gedeckten Papieres entgegen, Malthus hob die Schattenseiten der Bevölkerungsvermehrung hervor.

Malthus schloß aus den Tatsachen der Bevölkerungsbewegung, daß die Menschheit einem Naturgesetz unterstünde, das auch für alle anderen Lebewesen Geltung hätte: Ihrem unbegrenzten Triebe nach Vermehrung stünde nur eine begrenzte Vermehrung der ihnen zu Gebote stehenden Nahrungsmittel gegenüber. Es ist bekannt, wie diese Lehre Darwin zu seinen Ausführungen über den Kampf ums Dasein und die Anpassung der Arten an ihre Existenzbedingungen führte. Malthus brachte seine Ansicht auf eine mathematische Formel: Der Boden Englands könne in 25 Jahren vielleicht das Doppelte des heutigen Ertrages bringen, in abermals 25 Jahren kaum das Dreifache, in 75 Jahren allerhöchstens das Vierfache; der Nahrungsspielraum vermehre sich also in arithmetischer Progression. Wo dagegen die Bevölkerung, wie in Amerika, sich selbst überlassen sei, zeige sie die Neigung, alle 25 Jahre sich zu verdoppeln, würde also in 25 Jahren auf das Doppelte, in 50 auf das Vierfache, in 75 Jahren auf das Achtfache anwachsen, vermehre sich mithin in geometrischer Progression. Das Mißverhältnis zwischen diesen beiden Reihen könne nur durch Hemmungen der Bevölkerungsvermehrung ausgeglichen werden, für die die Natur sorge, indem sie bei unentwickelter Kultur Krieg und Seuchen, bei höherer Kulturstufe minder akute, aber nicht minder wirksame „Checks" sende, langsames Dahinsterben in engen Straßen und Fabriken.

Eine Erweiterung des Nahrungsspielraumes hat nach Malthus nur stärkere Bevölkerungsvermehrung zur Folge, die durch Hunger und Elend vielleicht eine solche Korrektur erfährt, daß die Lage sich — aber auch nur für den Augenblick — für die Übrigbleibenden bessert. Das Andrängen der wachsenden Bevölkerung macht in diesem trostlosen Kreislauf jeden Versuch der Besserung illusorisch, und Malthus wendet sich gegen die englische Armengesetzgebung und den Plan Condorcets, eine Alters- und Waisenversicherung einzurichten, da dergleichen nur den Leichtsinn fördere. Das einzig wirksame Mittel gegen das Bevölkerungsgesetz schien Malthus die Enthaltsamkeit zu sein, aber auch dem Laster konnte er eine soziale Aufgabe nicht absprechen.

Nachdem man im 16. Jh. vergebens versucht hatte, den Bettel durch die schärfsten Strafen auszurotten, sah das Armengesetz der Königin Elisabeth von 1601 nicht nur eine Armenversorgung in dem Wohnsitz der Unterstützungsbedürftigen vor, sondern auch die Beschäftigung Arbeitsloser. Bis 1640 wurden diese Bestimmungen zugunsten der Unterschicht der Bevölkerung durchgeführt. Die Revolution ließ jedoch auch die Anwendung dieser Gesetze verfallen, vor allem drang die puritanische Auffassung durch, jeder müsse für sich selbst sorgen. Arbeitshäuser wurden als Korrektionshäuser gegründet zur Bekämpfung der Arbeitsscheu der Vagabunden. 1662 wurde auf den Wunsch der großen Gemeinden, die unter dem Zuzug von Leuten litten, die der Armenpflege verfielen, den Heimatgemeinden die Unterstützungspflicht auferlegt, 1722 erhielten die Gemeinden das Recht, Werkhäuser zu bauen und denen, die sich weigerten, in diese Häuser zu ziehen, die Armenunterstützung zu entziehen. Gegenüber diesen rigorosen Bestimmungen begünstigte die Gilberts Act von 1782 wiederum eine Fürsorge der Gemeinden durch Verschaffung von angemessener Arbeit. Ein Gesetz von 1795 wandte sich gegen die Praxis der Gemeinden, solchen Arbeitern, von denen man fürchtete, sie könnten der Armenunterstützung anheimfallen, die Niederlassung zu verweigern.

Durch die agrare und industrielle Umwälzung waren in England weite Kreise verarmt. Die Armenlasten stiegen ungeheuer, und da die Unterstützung vielfach in einem Zuschuß zum Lohn bestand, bedeutete sie zugleich eine Begünstigung der Unternehmer. Man rechnete, daß die Armenlasten ein Sechstel der Grundrente verzehrten und ein Viertel der englischen Bevölkerung mit Armenunterstützung lebte.

Gegen diese Mißbräuche wandte sich das durch SENIOR vorbereitete Gesetz von 1834, welches wohl eine bessere Organisation durch größere Verbände vorsah, gleichzeitig aber die Almosen stark einschränkte, indem sie solchen Arbeitsfähigen, die nicht in das gefürchtete Werkhaus wollten, verweigert wurden. Damit waren die Arbeitsfähigen lediglich auf den Arbeitsmarkt angewiesen und die Unternehmer gezwungen, einen vollen Lohn zu zahlen. Man wollte aber mit diesem Gesetz vor allem in MALTHUS' Sinne leichtsinniger Familiengründung und proletarischer Volksvermehrung vorbeugen, indem man die Aussicht auf ausreichende Armenversorgung im Falle der Not erschwerte.

Als offenste Kriegserklärung der Bourgeoisie gegen das Proletariat bezeichnet ENGELS 1845 in seiner Schrift über die Lage der arbeitenden Klassen in England die MALTHUSsche Theorie der Population und das aus ihr entstandene Armengesetz.

Während noch 1793 der Konvent in Frankreich den 1. Mai als „Fest der Armut" einrichtete, und die Hamburger Armenordnung von 1787 die Beschaffung von Arbeit für die „Armen" als Hauptaufgabe ansah, entwickelte sich auch auf dem Kontinent seit den 40er Jahren ein Stand selbstbewußter Arbeiter.

Die Lehre des MALTHUS erklärt sich aus den Schwierigkeiten der Versorgung, die die Napoleonischen Kriege und die Kontinentalsperre über England brachten. Er unterschätzt die Ausdehnungsfähigkeit des Nahrungsspielraums, wie sie die Fortschritte der Technik und des Verkehrs im 19. Jh. erweisen sollten, und verkennt, daß höhere Kultur eine Abnahme der proletarischen Bevölkerungsvermehrung mit sich bringt. Die Bedeutung einer starken und wachsenden Bevölkerung, die doch im Grunde Englands Sieg über Frankreich entschied, übersah MALTHUS, ebenso wie HUME, SMITH und RICARDO die immerhin vorhandene Bedeutung des Geldvorrates ihres Landes unterschätzten.

Das MALTHUSsche Bevölkerungsgesetz nahm RICARDO nicht nur an, er baute auf ihm auch seine Lehre vom Lohne auf. Der natürliche Arbeitslohn, so führte er aus, gravitiere nach dem Existenzminimum. Verdienten die Arbeiter mehr oder weniger, so würde bald eine Vermehrung oder Verminderung der Bevölkerung einen Ausgleich bewirken. Diese Auffassung, die übrigens schon bei den Physiokraten anklingt, findet insofern in den Tatsachen ihre Erklärung, als bis ins 19. Jh. hinein Lohntaxen je nach dem Wechsel des Getreidepreises den Arbeitern ein Existenzminimum zusicherten.

So sehr MALTHUS und RICARDO in der pessemistischen Beurteilung der Lage der Masse der Bevölkerung übereinstimmten, so war ihre Furcht doch eine verschiedene. MALTHUS fürchtete, die Bevölkerung habe die Tendenz, sich schneller zu vermehren als der Bodenertrag, RICARDO als das Kapital. Beide bauten auf SMITH auf, aber in verschiedener Weise, so wurden sie in ihren Ansichten über die Grundrente und die Getreidezölle zu Gegnern.

MALTHUS schloß sich an die Physiokraten an[1]) und an AD. SMITH, soweit er ihnen folgt. Er sah in der Grundrente den wichtigsten Einkommenszweig, von dessen Höhe alle anderen abhingen. Die englischen Getreidepreise, die durch die gestiegene Produktivität der Landwirtschaft zu Anfang des 18. Jhs. herabgegangen waren (1692—1715 45 sh 8 d pro Quarter, in den nächsten 50 Jahren durchschnittlich 34 sh 11 d), stiegen seit 1765 fast ständig. Nicht nur schlechtere

1) Principle of Population, B. III Chapter VIII: „the position of the Economists will always remain true, that the surplus produce of the cultivators is the great fund, which ultimately pays all those who are not employed upon the land."

Ernten, sondern vor allem das Anwachsen der Bevölkerung, die wachsende Nachfrage, führten zu diesem Ergebnis. Die Gunst der Lage steigerte sich für die Grundbesitzer, als die Kämpfe gegen Frankreich, insonderheit die Kontinentalsperre, die auswärtige Zufuhr abschnitten und ihnen fast ein Monopol auf dem heimischen Markte verschafften. Gerade die Kriegsjahre waren für die Grundbesitzer eine Zeit glänzender Renten. Das änderte sich, sobald mit dem Frieden die auswärtige Konkurrenz wieder fühlbar wurde. Die Grundbesitzer verlangten, daß durch Einschränkung der fremden Einfuhr die Getreidepreise und damit die Pachtrenten und damit die Preise ihrer Grundstücke vor dem Sinken bewahrt würden, und MALTHUS befürwortete ihren Wunsch. Sie erreichten ihr Ziel: 1815 wurde die Weizeneinfuhr, nur wenn der Preis 80 sh pro Quarter erreicht hätte, gestattet.

RICARDO hingegen nahm der Grundrente gegenüber eine wesentlich kühlere, ja feindliche Stellung ein, wie wir sie ja auch schon bei SMITH vorgezeichnet finden. Er bekämpfte die physiokratischen Anschauungen, auch die bei SMITH wieder eingedrungenen, und hielt sich in der Frage der Grundrente und der Handelspolitik an die von SMITH im Anschluß an seine Lehre von der Arbeitsteilung gegebenen Ausführungen.

Wir lernten RICARDOS Lehre vom Gelde kennen. Während MALTHUS ein Geistlicher, war RICARDO, der Sohn eines aus Holland stammenden Juden, durch glückliche Börsengeschäfte in den Stand gesetzt worden, sich der Wissenschaft zu widmen. In seinen Principles stellte er sich die Aufgabe, zu untersuchen, wie der Ertrag der Volkswirtschaft sich unter die drei Klassen der Grundeigentümer, der Kapitalisten und der Arbeiter verteile. Mit SMITH unter dem Kapitalprofit Unternehmergewinn und Zins zusammenfassend, nahm auch er einen Durchschnittsprofit an, der sich aus der Differenz des Ertrages der letzten Bodenklasse und des Lohnes ergäbe. Den Hauptwert legte er auf die Erkenntnis der Grundrente. Ihr Wesen gelang ihm, in neuer und bahnbrechender Weise darzustellen.

In Verfolgung des SMITHschen Gedankens, daß ursprünglich dem Arbeiter das ganze Produkt der Wirtschaft gehörte, kommt RICARDO zu der Auffassung, daß die Grundrente nicht, wie die Physiokraten und MALTHUS, gelegentlich auch SMITH, wollten, ein Produkt der Natur, des Bodens sei, sondern der Kultur. Nicht jeder Boden trägt nach RICARDO Rente. Im Anfang, als genügend gleichmäßig anbaufähiger Boden vorhanden war, gab es keine Grundrente. Sie bildete sich erst, als auch entferntere und minder gute Böden mit dem Wachsen der Bevölkerung in Angriff genommen werden mußten. Denn der Preis des Getreides stieg so, daß sich die Kosten des letzten in Angriff genommenen Grundstückes gerade noch lohnten. Diese Kosten wurden maßgebend für den Preis des Produktes. Das letzte Grundstück erzielt darüber hinaus keine Rente. Aber die Besitzer fruchtbarerer oder günstiger gelegener Böden, die also mit geringeren Kosten arbeiten, erzielen den gleichen Preis und können sich in der Differenz zwischen ihren Kosten und dem allen gleichen Preise neben Kapitalkraft und Arbeitslohn einen Extragewinn anrechnen, eben die Grundrente, die nach RICARDO also eine Differentialrente der Besitzer fruchtbarerer und günstiger gelegener Böden ist, die die Tendenz hat, bei steigender Bevölkerung ohne Zutaten ihrer Empfänger zu steigen.

Damit war der Grundrente die hohe selbständige Bedeutung, die ihr noch MALTHUS zugewiesen hatte, genommen, sie war zu einer Abgabe der Arbeitenden an die Grundbesitzer geworden. Im Interesse der Gesamtheit lag demnach nicht eine möglichst hohe, sondern eine möglichst niedrige Grundrente. RICARDO nahm den Ertrag der Wirtschaft als einen festen an und meinte deswegen, hohe Grundrente müsse die beiden anderen Einkommenszweige und, da der Arbeitslohn wieder ein fester, vor allem den Kapitalprofit mindern. Höhe des Kapitalprofits sah er aber mit SMITH als günstig für die Volkswirtschaft an, da von der Größe des Kapitals die Menge der Lohn Findenden abhänge. Es ist klar, daß er in der Frage der Kornzölle dem MALTHUS entgegentreten mußte. Nicht eine künstliche Förderung der Grundrente durch Einschränkung der fremden Zufuhr, sondern freier Handel schien ihm geboten.

RICARDO trat ein für Freiheit des auswärtigen Handels, damit die Vorzüge der internationalen Arbeitsteilung sich entfalten könnten. Aber er war kein absoluter Gegner der Getreidezölle, er wollte, ganz im Sinne SMITHS, der Landwirtschaft zum Ausgleich für die besonderen Steuerlasten, die sie in England zu tragen hätte, einen Schutzzoll von 10 sh und eine Exportprämie von 7 sh pro Quarter Weizen gewähren. Zudem sollte der Übergang von der derzeitigen Beschränkung zu diesem Zustande nur allmählich erfolgen.

6. Die Durchführung des Freihandels.

S. BUXTON, Finance and Politics 1783—1885. J. MORLEY, Life of R. Cobden. London 1881. The Life of W. E. Gladstone. London 1903. JOHN STUART MILL, Principles of political economy. London 1848. Deutsch von SOETBEER. Hamburg 1852. F. BASTIAT, Les Harmonies économiques. 1850. R. v. DELBRÜCK, Lebenserinnerungen. Leipzig 1905.

Die englischen Grundbesitzer vermochten den nach dem Kriege errungenen Vorzug nicht auf die Dauer zu behaupten. Trotz der Beschränkung der Getreideeinfuhr ergab sich eine Krise für die Landwirtschaft [1]), der auch die 1828 eingeführte gleitende Zollskala nicht abhelfen konnte. Dem Landwirt, der dem Grundbesitzer eine feste Pacht zu zahlen hatte, kam es nicht nur auf hohe, sondern vor allem auf stabile Preise des Getreides an. Diese glaubte man zu erreichen und zugleich dem Konsumenten entgegenzukommen, wenn man bei hohem Inlandspreise nur einen geringen, bei niedrigem dagegen einen höheren Zoll erhob. So sollte bei einem Preise von 73 sh nur ein Zoll von 1 sh erhoben werden, der sich bei Sinken des Preises auf 64—65 sh auf 22 sh 8 d usw. steigerte. Indessen führte diese gleitende Skala, die in Frankreich und in den Niederlanden nachgeahmt wurde, nur ein weiteres schwankendes Element in die Berechnungen des Landwirts ein, sie diente nicht ihm, sondern der Spekulation, ja, sie verschärfte den Preissturz und erhöhte die Teuerung; denn, rief ein hoher Preis eine Steigerung des inländischen Angebots hervor, so verschärfte sich auch zugleich durch Minderung des Zolles der Wettbewerb der ausländischen Einfuhr und umgekehrt. Die Landwirte selbst wünschten daher einen festen Zoll, wie ihn auch RICARDO empfahl, und die Konsumenten wurden, da ihnen die gleitende Skala keine Erleichterung brachte, in ihrer Forderung nach Aufhebung der Getreidezölle bestärkt.

Der Übergang Englands zum Freihandel erfolgte schrittweise. Den ersten Anstoß gab eine Petition der Londoner Kaufmannschaft von 1820, die zur Förderung des Außenhandels einen Bruch mit dem bestehenden System der Einfuhrverbote und prohibitiven Zölle verlangte. Der Zolltarif von 1825, den Huskisson durch J. D. HUME bearbeiten ließ, kam diesen Wünschen entgegen. Durch eine Unzahl von Einzelgesetzen — man zählte ihrer 1815 1500 — war der englische Zolltarif derart unübersichtlich geworden, daß zunächst, wie 1787, eine Vereinheitlichung

1) Der Getreidepreis sank von 126 sh 1812 auf 65 sh 1815, auf 44 sh 7 d 1822.

not tat. Daneben brachte der Tarif von 1825 eine Aufhebung von Verboten, z. B. für fremde Seidenwaren, und eine Ermäßigung der Einfuhrzölle, z. B. bei Baum wolle-, Wolle- und Leinenmanufakturen von 50 £ auf 10—25 £ pro Zentner.

Die entscheidende Wendung konnte erste erfolgen, nachdem im Anschluß an die französische Julirevolution durch die Reformbill von 1832 den Mittelklassen, der neu emporgekommenen Schicht der industriellen Unternehmer, ein entsprechender Anteil an den Parlamentswahlen gewährt war. Von Manchester, dem Mittelpunkte der Baumwollindustrie, aus verbreitete die Anti-Kornzoll-Liga unter der Führung von Cobden und Bright immer erfolgreicher ihre Propaganda. Unter Sir Robert Peel, dem Haupte der Tories, brachten die vierziger Jahre ihr den Sieg. Wiederholte Mißernten der Kartoffeln in Irland erwiesen die Notwendigkeit der auswärtigen Zufuhr. 1842 wurden die Kornzölle bedeutend herabgesetzt, 1846 ihre Aufhebung im Jahre 1849 vorgesehen.

Die englische Landwirtschaft hat durch die Aufhebung der Getreidezölle nicht gelitten. Die Hebung des allgemeinen Welthandels, die genauere Berechenbarkeit der Verhältnisse kam auch ihr zugute. Bei den damaligen Transportverhältnissen blieb ihr die Hauptversorgung des heimischen Marktes. Noch 1852—1859 entfielen im Jahresdurchschnitt 13160000 Quarters auf die englische Weizenproduktion, 4653000 auf die Einfuhr, und erst in den siebziger Jahren mit dem Einsetzen der transozeanischen Konkurrenz überflügelte die Weizeneinfuhr die heimische Produktion. Erst in den siebziger Jahren wurde der Weizenbau in England durch die Konkurrenz der kolonialen Böden unrentabel, und es erfolgte ein Rückgang des Getreidelandes. „Während sich die gesamte kultivierte Area von 44,1 Millionen Acres im Jahre 1866 auf 47,9 Millionen Acres im Jahre 1889 erhöhte, sank in derselben Zeit die dem Getreide- und Hülsenfrüchtenanbau gewidmete Fläche von 11,5 (resp. 12 Millionen Acres im Jahre 1869) auf 9,6 Millionen Acres (Weizen ging von 3,8 Millionen auf 2,5 Millionen zurück) und stieg das Wiesen- und Weideland von 26,5 auf 33 Millionen Acres.“[1]) Wir sehen also, die Beibehaltung des Freihandels in den siebziger Jahren brachte nicht einen Ruin der englischen Landwirtschaft, sondern einen Übergang vom Getreidebau zu der auch kapitalintensiven Viehzucht.

Die Aufhebung der Getreidezölle kennzeichnete den Übergang der politischen Herrschaft in England von den Grundbesitzern zu der Klasse der industriellen Unternehmer. Sie bildete aber nur einen Teil der Peelschen Reform. Diese brachte auch eine Aufhebung anderer Schutzzölle und damit eine weitere wesentliche Vereinfachung des Tarifs. Der Industrie wurde durch Beseitigung der Zölle auf Rohstoffe und Nahrungsmittel ein solcher Vorteil gewährt, daß sie, die zudem im Besitze der modernen Technik sich überlegen fühlte, auch auf den Schutz ihrer Fabrikate verzichten konnte. Doch wurden z. B. bei Seidenwaren die Zölle nur erniedrigt.

Diese Änderung der Handelspolitik war nur möglich bei einer gleichzeitigen Änderung des Finanzsystems. Die merkantilistische Beschränkung des Verkehrs war ja nicht nur im Interesse der heimischen Produktion, sondern auch der Staatsfinanzen erlassen. Jene Beschränkung war zugleich eine Besteuerung des Verkehrs. Wenn man den Verkehr freiließ, mußte ein Ersatz für den Ausfall der Staatsfinanzen geschaffen werden. Peel fand ihn 1842 in der Einkommensteuer, die in England während der Kriegsjahre gegen Frankreich bereits bestanden hatte, im Frieden 1816 aber wieder abgeschafft war. Sie stellte eine rationellere Form der Steuer dar, weil sie nicht, wie die Zölle, nach den Kosten, sondern nach dem Ertrage der Wirtschaft bemessen war. Ursprünglich nur als vorübergehende Maßregel eingeführt, wurde sie beibehalten und ausgebaut und fand in der Erbschaftssteuer ihre Ergänzung. Als gerechte Auflage erwies sie sich als steigerungsfähig und wurde zu einer Hauptstütze der britischen Finanzen. Ihre Erträge stiegen nicht nur entsprechend dem Anwachsen des englischen Volkswohlstandes, sondern durch eine Erhöhung des Steuersatzes konnte sie im Krim- und im Burenkriege auch einen großen Teil des außerordentlichen Bedarfes decken.

Schon unter Peel hatte Gladstone einen Hauptanteil an der Reform der Handelspolitik genommen. 1853 und 1860 führte er sie zum Abschluß. Nach Aufhebung der

---

1) von Neumann-Spallart, Übersichten der Weltwirtschaft. 1885—1889. Ausgabe von Juraschek. 1896. S. 115.

Schutzzölle blieben nur wenige Finanzzölle auf entbehrliche Gegenstände des Massenkonsums, wie Tabak, alkoholische Getränke, Tee, bestehen, die, während die Einkommensteuer, erst bei einem Einkommen von 150 £, seit 1894 von 160 £ einsetzend, nur die begüterten Klassen der Bevölkerung trifft, auch die Masse der geringeren Einkommen entsprechend zu den Staatslasten heranziehen.

Die Manchesterschule trat ein für freien Handel auf allen Gebieten. Wenn sie auch auf dem Gebiete des auswärtigen Handels einen durchschlagenden Erfolg erzielte, so blieb ein großer Teil des englischen Bodens in der Hand verhältnismäßig weniger Besitzer fideikommissarisch, durch entail, gebunden. Diese Gebundenheit des Besitzes hat einerseits die gegen Ende des Jhs. vielfach im Interesse intensiver Kultur nötig werdende Verkleinerung der landwirtschaftlichen Besitz- und Betriebsgrößen, wie sie in Dänemark durchgeführt wurde, verhindert, anderseits zum Anwachsen einer die Aufhebung des Privateigentums an Grund und Boden fordernden Bewegung mächtig beigetragen.

Durch die radikale Forderung wirtschaftlicher Freiheit, die z. B. John Bright veranlaßte, 1847 gegen das Arbeiterschutzgesetz, das die Arbeit der Jugendlichen und Frauen in der Textilindustrie auf zehn Stunden beschränkte, zu stimmen, und die sie in den Kolonien eine möglichst bald abzustoßende Last sehen ließ, haben sich die Manchesterleute viele Sympathien verscherzt und sich den Vorwurf des Egoismus und Kosmopolitismus zugezogen. John Stuart Mill, der im übrigen auch auf dem Standpunkt der Handelsfreiheit stand, glaubte doch in den Fragen des Arbeiterschutzes und der Kolonisation einer Einmischung des Staates das Wort reden zu sollen.

Die Anti-Kornzoll-Liga hatte erwartet, das Beispiel Englands würde sogleich die anderen Länder zur Annahme des Freihandels bewegen. Diese Hoffnung erfüllte sich nicht. Immerhin fanden die Ideen des Freihandels insonderheit durch Bastiat auch auf dem Kontinente Verbeitung, und Napoleon III. unternahm es, sie durchzuführen. Freilich wollte er die französischen Zölle nicht, wie es England getan hatte, autonom herabsetzen, sondern nur, wenn die anderen Länder den französischen Waren ähnliche Vergünstigungen einräumten. So wählte Napoleon den Weg der Handelsverträge, bei dem er zudem nicht an die Billigung der protektionistisch gesinnten Volksvertretung gebunden war.

1860 schloß Cobden mit Frankreich einen Handelsvertrag, der die Grundlage der Ausdehnung freihändlerischer Tarife auf dem Kontinent wurde. England benutzte die Aufhebung seiner letzten Schutzzölle, um von Frankreich Ermäßigungen für seinen Export zu erlangen. Frankreich ging nicht so weit wie England. Es hob nur seine Verbote auf und setzte ein Maximum des Zolles von 30 Prozent des Wertes fest, unter dem die meisten Sätze blieben. Es machte die England gewährten Zugeständnisse nicht allgemein, sondern war nur bereit, sie anderen Ländern durch entsprechenden Vertrag einzuräumen. Solche Verträge wurden abgeschlossen mit Belgien und mit Preußen.

Nach der Niederlage Preußens 1850 machte Österreich den Versuch, auch wirtschaftlich die Führung Deutschlands zu übernehmen, den freilich die Rückständigkeit der österreichischen Wirtschaft und die Währungsschwierigkeiten erschwerten, aus denen sich Österreich wegen des Krimkrieges und des italienischen Krieges 1859 nicht herausarbeiten konnte. Preußen konnte gegenüber den durch Österreichs Wunsch eines Anschlusses hervorgerufenen Zollvereinskrisen eine freiheitliche Wirtschaftspolitik ausspielen. So verband es sich 1852 mit Hannover; 1862 benutzte Delbrück die Gelegenheit des Anschlusses an das westeuropäische Vertragsnetz, um gleichzeitig den Tarif des Zollvereins weitgehenden Ermäßigungen zu unterziehen. Nach lebhaften Kämpfen namentlich mit den süddeutschen Mittelstaaten, die den dadurch notwendig werdenden Ausschluß Österreichs zu verhindern suchten, gelang es, 1865 eine Erneuerung des Zollvereins auf dieser freihändlerischen Basis zustande zu bringen. In diesen Kämpfen hatte Sachsen, politisch sonst Preußens ärgster Feind, im Interesse seiner Exportindustrie sich eng an Preußen angeschlossen.

Durch seine Handelsverträge erlangte Frankreichs Export einen Vorsprung vor dem Englands. Dieses sah sich daher genötigt, auch nicht zu warten, bis das Ausland durch bessere Einsicht dahin käme, seinem Export die Tore zu öffnen, sondern durch Verträge diese Öffnung sich zu sichern. Obgleich England keine weitere Herabsetzung seiner Zölle bieten konnte, waren die anderen Länder doch gern zu Verträgen bereit, die ihnen die niedrigen englischen Zollsätze vertragsmäßig sicherten und zudem manche Erleichterungen auf dem englischen Kapitalmarkte verschafften. Belgien und dem Zollverein wurde 1862 und 1865 die Gleichberechtigung ihrer Untertanen mit den Engländern in den englischen Kolonien gewährt.

Den Verträgen der sechziger Jahre war die Meistbegünstigungsklausel beigefügt, wo es sich um Tarifverträge handelte, oder sie bestanden lediglich in der gegenseitigen Gewährung dieser Meistbegünstigung. Der Frankfurter Friede legte 1871 die Meistbegünstigung zwischen Deutschland und Frankreich fest. Dadurch kamen alle neuen Vorteile, die ein Land einem anderen einräumte, ohne weiteres allen seinen anderen Kontrahenten zugute. Durch diese Verträge spannte sich also ein Netz über Westeuropa aus, das zwar nicht alle Schutzzölle beseitigte, aber sie in mäßigen Grenzen hielt.

Dazu trat die Aufhebung lästiger Durchgangsabgaben. 1857 wurde der Sundzoll abgelöst, 1861 der Stader Zoll, 1863 der Scheldezoll. 1867 wurden die Rheinschiffahrtsabgaben, 1870 die letzten Elbzölle aufgehoben. Die Beseitigung dieser Schranken zusammen mit der neuen Technik des Verkehrs, Eisenbahnen und Dampfschiff, bewirkte eine ungemeine Hebung des Verkehrs und damit der Produktiv- und Steuerkräfte der Länder, die den Ausfall der Finanzen überholte.

Die gleiche Erfahrung ergaben Verbilligungen in der Organisation des Verkehrs. Während das Briefporto früher nach dem Gewicht und der Entfernung abgestufte Sätze aufwies, brachte der Vorschlag Rowland Hills von 1837 1840 für England den Einheitstarif von 1 Penny für Briefe. Diese radikale Form ließ freilich, so freudig sie vom Publikum und der Geschäftswelt begrüßt wurde, zunächst den Reinertrag der Posten von 1649088 £ auf 495914 £ sinken, und erst 1872 hatte die Vermehrung des Verkehrs den Ausfall eingeholt. In Preußen ging man 1849 erst zu einem dreifach abgestuften Porto über, und erst der 1. Januar 1868 brachte dem Norddeutschen Bunde mit der Vereinheitlichung des Postgebietes den Einheitstarif von 1 Silbergroschen. Damit waren die Einnahmen vor allzu großen Schwankungen bewahrt und der Einnahmeausfall von 138000 Tlr., den die Reform 1868 dem Postetat verursachte, konnte rascher ausgeglichen werden.[1])

7. Englische Kolonialpolitik.
Die Aufhebung der Sklaverei und der Leibeigenschaft.

C. J. Fuchs, Die Handelspolitik Englands und seiner Kolonien. Schriften d. Vereins f. Sozialpolitik 57. Leipzig 1893. Sir Charles Dilke, Problems of Greater Britain. 1890. Roscher, Kolonien, Kolonialpolitik u. Auswanderung. 3. Aufl. 1885. E. v. Halle, Baumwollproduktion u. Pflanzungswirtschaft in den nordamerikanischen Südstaaten, II, Schmollers, F., XXVI, 1. Leipzig 1906. G. v. Schulze-Gaevernitz, Volkswirtschaftliche St. aus Rußland. Leipzig 1899.

In England ging Hand in Hand mit dem Einreißen der Schranken des auswärtigen Handels eine Aufhebung der Beschränkungen des Kolonialhandels. Huskisson hatte an Stelle der Verbote der Navigationsakte eine differentielle Zollbegünstigung der Kolonialprodukte gegenüber den ausländischen Waren gesetzt. 1846 wurde mit der Aufhebung der Getreidezölle die 1825 eingeführte Bevorzugung des kanadischen Weizens beseitigt und eine allmähliche Abschaffung der Begünstigung des westindischen Zuckers (bis 1854) vorgesehen. 1860 fiel mit der Begünstigung des kanadischen Holzes der letzte Posten dieses Systems.

---

1) G. Cohn, Nationalökonomie des Handels und Verkehrswesens. Stuttgart 1898.

England hat im 19. Jh. sein Kolonialreich beständig erweitert, dabei aber der Forderung des Liberalismus insoweit Rechnung getragen, als es den Kolonien mit weißer Bevölkerung große Selbständigkeit gewährte. Kanada war durch die Nähe der Vereinigten Staaten besonders gefährdet. 1791 hatte das Land eine Verfassung erhalten. Als 1837 ein Aufstand sich erhoben hatte, wurde auf den Bericht Lord Durhams hin 1839 dem kanadischen Parlamente die bisher der Krone zustehende Besetzung der Ministerien überlassen. 1849 ging nicht nur die Finanz- sondern auch die Handelsverwaltung auf die Kolonie über. 1867 wurden die britischen nordamerikanischen Kolonien zu einem Bundesstaate vereinigt. Australien und Neuseeland erhielten 1855, das Kap 1872 eine selbständige Regierung. Dagegen wurde das Privileg der Ostindischen Kompagnie nach dem Aufstande der Sepoys 1857 aufgehoben, die Verwaltung vom Staate übernommen, nachdem schon 1793 der Handel mit Indien, 1833 der mit China freigegeben war. Die Besitznahme Ägyptens 1882 sicherte England den Weg nach Indien.

Die in England durch die agrare Revolution vom Lande vertriebene Bevölkerung wurde teils von der Industrie in den Städten aufgenommen, teils wanderte sie aus. WAKEFIELD führte aus, wie die Kolonien berufen seien, Englands Volkswirtschaft zu ergänzen. Während im Mutterlande der Boden selten würde, dagegen Überfluß wäre an Kapital und Arbeitskräften, hätten die Kolonien anderseits Überfluß an Boden und Mangel an Arbeitskräften und Kapital. Diese gälte es ihnen zuzuführen. Um den Gegensatz der Produktionsfaktoren in den Kolonien abzuschwächen, empfahl WAKEFIELD, das koloniale Land nicht unentgeltlich wegzugeben, sondern zu verkaufen. Der Erlös sollte Arbeitern und Ansiedlern die Überfahrtskosten erleichtern. Die WAKEFIELDschen Grundsätze fanden vor allem bei der Kolonisation von Südaustralien und Neuseeland (1839) Anwendung.

Die Forderung nach Befreiung der Persönlichkeit machte nicht halt vor den Angehörigen der schwarzen Rasse. Trotz völkerrechtlicher Verträge, die den Sklavenhandel verboten, und trotz der Jagd englischer Kreuzer auf Sklavenschiffe sollen 1819—1847 über $2\frac{3}{4}$ Millionen Sklaven aus Afrika nach Amerika verschleppt worden sein. Es kam darauf an, die Sklaverei selbst aufzuheben. Hier ging England voran. 1832 wurden die Kronsklaven für frei erklärt, 1833 die Sklaverei in den britischen Kolonien unter Entschädigung der Pflanzer aufgehoben. Die Durchführung dieser Maßregeln gelang nicht ohne wirtschaftliche Schwierigkeiten. Die westindischen Pflanzer sahen sich durch die Aufhebung der Sklaverei einer gefährlichen Konkurrenz der weiter Sklaven haltenden Länder, Kuba und Brasilien, ausgesetzt. Das Aufkommen des Rübenzuckers schädigte vollends den Wohlstand dieser einst wichtigsten englischen Kolonien. Durch die rücksichtslose Aufhebung der Sklaverei ihrer Arbeitskräfte beraubt, begannen 1836 die Buren nordwärts zu wandern, um sich dort selbständige Staaten zu gründen. 1848 befreite Frankreich die Sklaven seiner Kolonien unter Entschädigung der Besitzer. Die wichtigste Entscheidung in der Sklavenfrage brachte der Bürgerkrieg in den Vereinigten Staaten.

Seit der Begründung der Vereinigten Staaten spielten in ihnen die Plantagenbesitzer die größte Rolle. Auf ihr Betreiben wurde 1790 die Bundeshauptstadt in ein aus den Sklavenstaaten Maryland und Virginia herausgeschnittenes Territorium verlegt. Wie die Baumwolle zum wichtigsten Exportartikel der Vereinigten Staaten wurde, so waren die Südstaatler führend bei den Expansionsbestrebungen gegen Mexiko, das 1848 Texas, Neu-Mexiko und Kalifornien abtrat. Indessen waren durch Einwanderung und das Aufblühen der Industrie auch die Nordstaaten erstarkt. Beide Parteien kämpften um die Stellung der neugebildeten Staaten, ob sie als Sklavenstaaten das Übergewicht der Südstaaten erhalten sollten oder nicht. Als 1860 Lincoln zum Präsidenten gewählt war, fielen die Südstaaten von der Union ab. Die nordstaatlichen Republikaner kämpften für die Erhaltung der Union und gegen die weitere Ausdehnung der Sklaverei, keineswegs aber für Aufhebung der Sklaverei, die vielmehr als Angelegenheit der Einzelstaaten betrachtet wurde. So blieben von den Grenzstaaten Delaware, Maryland, Kentucky, Missouri und West-Virginien der Union treu. Erst die kriegerischen Erfolge der Südstaaten zwangen den Norden dazu, in den Schwarzen seine Verbündeten zu sehen. Am 23. September 1862 wurde den Sklaven der abgefallenen Staaten die Freiheit verkündet. Erst 1865 wurde verfassungsmäßig die Sklaverei in den Vereinigten Staaten aufgehoben. Für den Süden bedeutete diese Beseitigung der alten Arbeitsverfassung eine schwere wirtschaftliche Schädigung. Die Pflanzer gingen ihres in Sklaven und in wertlos gewordenen Staatsschulden der Konföderation angelegten Kapitals verlustig, während die befreiten Schwarzen sich wenig willig zur Arbeit zeigten. Erst mit der Industrialisierung des Südens begann für ihn in den achtziger Jahren ein neuer Aufschwung.

Wie hier im Westen, so brachten die sechziger Jahre im Osten eine Beseitigung alter Unfreiheit. Die Niederlage Rußlands im Krimkriege ergab die Notwendigkeit innerer Reformen. 1861 hob Alexander II. die Leibeigenschaft auf. Diese Bauernbefreiung bedeutete aber noch nicht, wie im Westen, die Herstellung selbständiger bäuerlicher und gutsherrlicher Unternehmer. Die russischen Bauern blieben vielmehr zumeist, mit verkleinertem und durch Ablösungsgelder belastetem Lande ausgestattet, in der alten Form des Gemeinbesitzes verbunden, und dem Gutsherrn fehlte die Arbeiterklasse, die dem preußischen Gutsherrn die Nichtregulierung der handdienstpflichtigen Bauern verschafft hatte, so daß ihm eine Verwertung seines Besitzes vielfach nur dadurch möglich war, daß er ihn durch Bauern mit deren eigener Bespannung bebauen ließ, ein rückständiges Verfahren, das ganz dem bei der alten Erbuntertänigkeit angewandten entsprach, nur unter veränderten Rechtsformen. Erst in neuerer Zeit bildete sich ein landwirtschaftlicher Unternehmerstand, der Gutsland pachtete oder kaufte, aus Bauern, wie den durch Wanderarbeit im Süden zu Kapital gelangten, und aus städtischen Elementen. Erst die Niederlage Rußlands im japanischen Kriege rollte neben der Frage der Reichsverfassung vor allem die in den sechziger Jahren ungenügend gelöste Agrarfrage wieder auf. Die Gesetze von 1906 und 1910 lösten die alten Bindungen des Grundbesitzes auf und schufen für Rußland die Grundlage individualistisch-kapitalistischer Landwirtschaft.

Die sechziger Jahre des 19. Jhs. bedeuten den Höhepunkt der von den Physiokraten und SMITH begründeten Bewegung nach wirtschaftlicher Freiheit. Während die westeuropäischen Staaten durch ein Netz freihändlerischer Verträge sich verbanden, wurde in Amerika die Sklaverei, in Rußland die Leibeigenschaft aufgehoben. Ständig hatte diese Bewegung mit rückläufigen Strömungen zu rechnen. Zu Ende der siebziger Jahre traten sie in den Vordergrund.

8. Die Opposition gegen den Freihandel.

SIMONDE DE SISMONDI, Nouveaux principes d'économie politique ou de la richesse dans ses rapports avec la population. Paris 1819. FRIEDRICH LIST, Das nationale System der politischen Ökonomie 1841. 7. Aufl. Mit einer historischen und kritischen Einleitung von K. TH. EHEBERG, 1883. Mitteilungen der Friedr.-List-Gesellschaft, 2: W. NOTZ, F. List in Amerika. 1926. F. LIST. Das natürliche System der politischen Ökonomie, hsg. von E. SALIN und A. SOMMER. 1927, List-Studien 1: A. SOMMER, F. Lists System der politischen Ökonomie, 1927. HARROWER,

A. Hamilton als Nationalökonom. 1887. H. C. Carey, Principles of political economy. 1837—1840. Letters to the President. Philadelphia 1858. Principles of social science. 1858/59.

Aus einem Verehrer und Verbreiter des Smith hatte die Beobachtung der Schattenseiten der neuen Wirtschaft bei Sismondi einen Kritiker und Weiterbildner seiner Lehre gemacht. Er wirft Smith vor, er habe nur das Wachsen des Reichstums im Auge gehabt, nicht die Beziehungen dieses Anwachsens zu dem Glücke der Bevölkerung. Ein geringeres Nationaleinkommen sei günstiger zu beurteilen, wenn es sich auf eine verhältnismäßig noch kleinere Bevölkerung verteile. Nicht auf das Wachsen des Reichtums, sondern auf seine gleichmäßige Verteilung komme es an. Deshalb dürfe die Wirtschaft nicht der freien Konkurrenz überlassen bleiben, sondern die Regierung müsse beständig den Fortschritt des Reichtums überwachen. Ad. Smith habe nur eine Chrematistik gegeben, die Nationalökonomie solle aber eine ethische Wissenschaft sein.[1])

Sismondi leugnet nicht die Vorzüge, die England seine Manufakturen gebracht haben, aber die durch die Krise von 1815 an den Tag gebrachte Überfüllung des Marktes und das durch den Absatzmangel hervorgerufene Elend lassen ihn die Fortschritte einer Zivilisation bedauern, die durch die Anhäufung so großer Menschenmassen nur ihr Elend vermehrt hat. Er ist Gegner des technischen Fortschritts, der den Neuerer nur auf Kosten der bisherigen Gewerbtreibenden bereichert. Von der Trennung der Klassen, die der Kapitalismus herbeiführt, möchte er zurück zu der alten Weise, nach der der Besitzer des Bodens zugleich sein Bebauer ist. Das Fehlen anderer Ernährungsquellen würde ein natürliches Hemmnis für die Vermehrung der Bevölkerung bieten, in der Sismondi mit Malthus ein Unglück sieht. Es gälte nicht, Englands Beispiel nachzuahmen, seine Entwicklung müsse vielmehr den anderen Nationen zur Warnung dienen.

Eine Opposition gegen den Freihandel ergab sich nicht nur vom Standpunkte derer, die — wie Frankreich nach 1815 — im Besitze einer wirtschaftlichen Kultur sich dem Ansturm der freien Konkurrenz nicht gewachsen fühlten, sondern auch von seiten derer, die mit noch unentwickelten wirtschaftlichen Kräften von dem Schutzsystem ein Aufsteigen zur Konkurrenzfähigkeit erhofften, wie Deutschland und die Vereinigten Staaten. Wenn die historische Schule vielfach auch den Blick rückwärts wandte, so sehen wir, wie bei ihrem glänzendsten Vertreter, List, das historische Verständnis der Gegenwart zum Weckruf für die Zukunft der Nation wird.

List, 1789 zu Reutlingen geboren, wurde durch den Minister v. Wangenheim gefördert und 1817 zum Professor der Staatswissenschaften in Tübingen ernannt. Durch sein Auftreten in Frankfurt zugunsten der Aufhebung der Deutschland zerschneidenden Binnenzollinien zog er sich einen Verweis der Regierung wegen agitatorischen Wirkens „außerhalb des Landes" zu, infolgedessen er seine Professur niederlegte. Als Reutlinger Abgeordneter 1820 legte er die Mißstände des Beamtentums derart rücksichtslos dar, daß er zu Festungsstrafe verurteilt wurde. Flucht und unzeitige Rückkehr führten ihn auf den Hohenasperg, von dem er 1825 nur gegen das Versprechen auszuwandern entlassen wurde.

List ging nach Amerika. In Pennsylvanien gelangte er durch Entdeckung von Kohlenfeldern, denen er durch eine Eisenbahn Absatz verschaffte, zu Vermögen. Sein ganzes Streben ging aber dahin, für den wirtschaftlichen Aufschwung seines Vaterlandes zu wirken. 1833 gelang es ihm, in Leipzig eine Aktiengesellschaft zum Bau der ersten größeren deutschen Eisenbahn, der Leipzig—Dresdner, zusammenzubringen. Diese sollte die Grundlage eines allgemeinen deutschen Eisenbahnsystems sein. Daneben widmete er sich dem Ausbau des deutschen Zollvereins. Ihm diente sein Hauptwerk und das 1843 gegründete Zollvereinsblatt. Physische Ermattung, materielle Sorgen, das mangelnde Verständnis, dem seine Ausführungen anfangs begegneten, ließen ihn 1846 seinem Leben gewaltsam ein Ende machen.

1) „En général Adam Smith avait trop considéré la science comme exclusivement soumise au calcul, tandis qu'elle est, sous plusieurs rapports, du domaine de la sensibilité et de l'imagination qui ne se calculent point." I, chap. 7.

LISTS Ideen sind vor allem durch französische Schriftsteller (Dupin, der 1827 die „Forces productives et commerciales de la France“ verfaßte und die Preisschrift von 1837: „Le système naturel d'économie politique“ veranlaßte, Chaptal, Louis Say und Ferrier) beeinflußt. Neben dem alten Gegner Englands haben auch die aufsteigende Wirtschaft der Vereinigten Staaten und die dort vertretenen Pläne eines nationalen Zusammenschlusses (Hamiltons Bericht 1791, Raymond) auf ihn gewirkt. Während AD. MÜLLER und WINKELBLECH lediglich absterbenden Interessen, der feudalen Agrarverfassung und der Zunft entgegenkamen, beruht der größere Einfluß LISTS neben seiner hinreißenden Diktion darauf, daß er sein Volk zu neuen Zielen führen wollte.

In seinem „nationalen System“ setzt er den allgemeine Geltung beanspruchenden Lehren der herrschenden Nationalökonomie die Rücksichtnahme auf die historischen Besonderheiten der einzelnen Länder entgegen. Die Geschichte der Wirtschaft, von SMITH kurz und konstruierend im dritten Buche behandelt, beginnt bei LIST die Darstellung im ersten Buche. Der Gegensatz seiner Auffassung gegen SMITH ist aber nicht so groß, wie er LIST erschien. Er richtet sich vor allem gegen seine Handelspolitik. Im übrigen baut auch LIST auf der SMITHschen Lehre von den Produktivkräften und der Teilung der Arbeit auf, und seine Geschichtskonstruktion, die nach dem Hirtenstand den Agrikulturstand, nach diesem den Agrikulturmanufakturstand, schließlich den Agrikulturmanufakturhandelsstand folgen läßt, ist einfach von SMITH übernommen. Wie er hier die Wirtschaft lediglich als Verkehrswirtschaft auffaßt, so ist er auch im Grunde Freihändler. Gegen SMITH betont er nur die Bedeutung des erzieherischen Schutzzolls für eine neu aufkommende Industrie.

Vermag LIST somit die positive Bedeutung des Merkantilismus anzuerkennen, so ist er weit entfernt, seine Maßregeln für alle Zeiten zu empfehlen. Er wirft dem Merkantilismus vor allem vor, daß er den Schutz zum eigenen Nachteil der Agrikultur auch auf diese und auf die Rohstoffe überhaupt ausdehnen wolle, während doch die Agrikultur durch die Natur der Dinge gegen auswärtige Konkurrenz zureichend beschützt sei, und daß er die einmal zur Manufaktur- und Handelssuprematie gelangte Nation nicht lehre, durch Zulassung der freien Konkurrenz auf ihren eigenen Märkten ihre Manufakturisten und Kaufleute gegen Indolenz zu schützen. Indessen hält er Schutzzölle, wenn sie nur ein genügend weites Gebiet, eine Nation, keine Scherbennation, umfassen und zur Schaffung einer Manufakturkraft neben dem Ackerbau beitragen, für auch heute noch nützlich, ja notwendig.

Gegen die klassische Nationalökonomie, die ausführte, auch für ein agrares Land sei der Freihandel vorteilhaft, weil er ihm seine Manufakturen im Ausland billig zu kaufen gestatte, wendet LIST ein, jede Nation müsse, auch wenn dies mit vorübergehenden Opfern für die Konsumenten verbunden sei, alle ihre Produktivkräfte, neben dem Arm der Agrikultur auch den der Manufaktur, ausbilden. Dem Tauschwertsystem des SMITH und seiner Nachfolger, z. B. des JEAN BAPTISTE SAY, setzte er die Betonung der Produktivkräfte des Landes entgegen. Wo LIST von den persönlichen sozialen und politischen Nationalproduktivkräften spricht, gibt er eine Würdigung des Unternehmers, die bei SMITH fehlt.[1])

1) Vgl. auch 19. Kapitel: „Er (SMITH) hat vergessen, daß er selbst in seiner Definition des Kapitals die geistigen und körperlichen Fähigkeiten der Produzenten unter diesem Terminus begreift.“ Vgl. auch E. DÜHRING, Die Verkleinerer CAREYS und die Krisis der Nationalökonomie. Breslau 1867. S. 142: „Ohne paradox zu werden, kann man zuversichtlich behaupten, daß es fast ausschließlich das Thema vom Kapital ist, was praktisch und theoretisch in allen Hauptrichtungen der Volkswirtschaft und Volkswirtschaftslehre Krisis und Kritik mit sich bringt.“ Übrigens hat SAY in seinem Traité d'économie politique, 1803, Kap. VI, gegen SMITH auf die Bedeutung des „entrepreneur“ hingewiesen.

Die größere Regsamkeit des industriellen Unternehmers ließ List im Gegensatz zu Smith die Manufakturen als wichtiger denn den Ackerbau ansehen. Er hielt es für ein törichtes Beginnen, die innere Agrikultur durch Schutzzölle zu heben, die die Manufakturen des Landes durch Verteuerung der Rohstoffe und Nahrungsmittel daniederhielten; denn die innere Agrikultur könne nur durch die inländischen Manufakturen auf ökonomische Weise gehoben werden. Hier war also der Satz der Physiokraten: „Hat der Bauer Geld, so hat es die ganze Welt", umgedreht, und List suchte zu zeigen: Gedeihen die Manufakturen, so hat die ganze Welt Geld, auch der Bauer und der Adel.

List billigte den Übergang Englands zum Freihandel. Ja, er war der Meinung, gleich nach dem Kriege wäre es ebenso klug gewesen, das englische Schutzsystem abzuschaffen, als es früher klug gewesen war, dasselbe einzuführen. Den anderen Nationen aber, die der Handels- und Gewerbesuprematie Englands noch nicht gewachsen waren, empfahl er den Schutzzoll. Das vorübergehende Opfer der Konsumenten würde dadurch bald mehr als ausgeglichen, daß die neu aufkommenden Industrien durch die innere Konkurrenz die Preiserhöhung, die ihnen der Zoll vor der auswärtigen Konkurrenz gewährte, aufzehrten und dann sogar mindestens um die Transportkosten billiger als das Ausland lieferten.

Vor allem lag List die Einheit und Selbständigkeit des deutschen Wirtschaftslebens am Herzen. Der Zollverein hatte ein einigendes Band geschaffen, aber damals gehörten die Hansestädte, Hannover, Schleswig-Holstein, Mecklenburg noch nicht zu ihm. List erschien nicht nur seine Ausdehnung an die Nordseeküste nötig, sondern auch der Beitritt Hollands und Belgiens. Ein deutscher Zollverein ohne die Rheinmündung schien ihm einem Hause zu gleichen, dessen Tür einem Fremden gehörte.

Der Zollverein sollte sich durch mäßige Douanen seine Manufakturkraft weiter erziehen. Er sollte sich aber auch nach auswärts weiter entfalten. List verlangte eine deutsche Flotte und deutsche Vertretung im Auslande. Und wohin sollte sich der deutsche Handel vor allem wenden? Seit der Befreiung der südamerikanischen Kolonien bedurfte es keiner Kolonien mehr. Aber Deutschland hätte das größte Interesse an der Freihaltung des südamerikanischen Marktes, an geordneten Zuständen daselbst, die es vielleicht durch Gewährung von Hilfskorps unterstützen könnte.

Wie schon Möser wies List auf die Ausdehnung nach dem Osten hin, über Österreich, Ungarn und die Türkei. Die Kontinentalmächte hätten ein gemeinschaftliches Interesse, daß die beiden Wege aus dem Mittelmeer nach dem Roten Meere und nach dem Persischen Meerbusen weder in den ausschließlichen Besitz von England kämen, noch durch asiatische Barbarei unzugänglich blieben. List schlägt vor, die Obhut über diese wichtigen Punkte Österreich zu übertragen.

Sein Programm richtet sich vor allem gegen die Handelssuprematie Englands. Ihr gegenüber müßten die Nationen des Kontinents sich zusammenschließen. Das System der Kontinentalsperre müsse auf friedlichem Wege erneuert werden. England müsse einsehen, daß es nur der Erste unter Gleichen sein könne. Wenn es sich mit dieser Tatsache abgefunden hätte, dann könnte England an die Spitze der Vereinigten Staaten Europas treten gegen die überhandnehmende Macht Amerikas. So stellt List der Smithschen Idee eines angelsächsischen Weltreiches den Traum eines europäischen Bundes gegenüber.

1876 schlug LIST PEEL ein deutsch-englisches Bündnis vor. Neben der ganz Amerika umspannenden Macht der Vereinigten Staaten bliebe England die Ausdehnungsmöglichkeit im Osten. Auf dem Wege zu seinem indischen und australischen Reiche sollten Kleinasien und Ägypten ihm als Brücke dienen. Aber zwischen Frankreich und Rußland hätte England auch an einem befreundeten Deutschland Interesse, das, nach Osten ausgedehnt, ihm den halben Weg nach Indien sicherte. Dafür hätte England Deutschlands gemäßigte Schutzzölle anzuerkennen, die England nicht schädigten, da sie die Kaufkraft des Landes, gerade auch für englische Waren, stärkten. Auch in seinen späteren Ausführungen findet LIST, daß Frankreich das Schutzsystem übertreibe; die Deutschen verwürfen die Theorie der Handelsfreiheit keineswegs. Im Zeitalter SMITHS sei sie allgemein richtig gewesen. Mit dem Aufkommen der Maschinen könnte aber der Vorsprung Englands nur unter Gewährung eines Schutzes eingeholt werden. Die Verwirklichung der Handelsfreiheit sei jetzt nur erst für England möglich, doch sollte die innere Konkurrenz schließlich auch den Unternehmungsgeist der nachstrebenden Länder auf diese Stufe heben.

LIST kann sich als Theoretiker mit der Vielseitigkeit und Tiefe SMITHS nicht messen. Hat er doch das Problem der Verteilung, die soziale Frage, kaum gestreift: es gäbe weit größere Übel als einen Stand von Proletariern: leere Schatzkammern — Nationalunmacht — Nationalknechtschaft — Nationaltod. In der Lehre von der Handelspolitik aber ist er SMITH ebenbürtig und bedeutet einen Fortschritt über ihn hinaus.

LISTS Agitation, der sich insonderheit die süddeutschen Baumwollspinner und die Eisenindustriellen anschlossen, hatte im Zollverein in den vierziger Jahren Erfolg. 1844 wurden die Eisenzölle, 1846 die Garnzölle erhöht. Von 1848 aber bis 1876 verfolgte Preußen unter dem Einfluß Delbrücks eine freiheitliche Zollpolitik, die nicht nur den Interessen der östlichen Landwirtschaft, sondern auch den herrschenden freihändlerischen Ideen entsprach.[1])

Schärfer noch als LIST nahm CAREY die merkantilistischen Ideen auf, um die Vereinigten Staaten gegen die Übermacht Englands zu schützen. Er wollte nicht nur Schutzzölle gegen die englischen Fabrikate; sogar die Verschlechterung der amerikanischen Währung durch das während des Bürgerkrieges übermäßig ausgegebene Papiergeld, die Greenbacks, und durch Überfüllung der Zirkulation mit minderwertigem Silber (Inflationismus) erschien ihm als ein Mittel zur Schädigung der englischen Gläubiger.[2])

9. Das Vordringen des Protektionismus.

H. DIETZEL, Bismarck, HWbStW. II, S. 899ff. W. LOTZ, Die Ideen der deutschen Handelspolitik von 1860—1891, Schriften des Vereins f. Sozialpolitik, Bd. 50. 1882; Die Handelspolitik des Deutschen Reiches unter Graf Caprivi und Fürst Hohenlohe 1890—1900. Bd. 92. 1901. Neue Grundlagen der Handelspolitik, hrsg. von F. EULENBURG, 1925, 26, Bd. 171. H. SIEVEKING, Grundlagen der Handelspolitik, 1927.

Schien in den sechziger Jahren eine freihändlerische Ära angebrochen zu sein, so brachte der Ausgang der siebziger Jahre ein entschiedenes Aufleben der protektionistischen Ideen.

---

1) Vertreten insonderheit durch PRINCE-SMITH und FAUCHER, der 1861 die Vierteljahrsschrift für Volkswirtschaft und Kulturgeschichte gründete.

2) „The way to outdo England without figthing her." Philadelphia 1865. M. PRAGER, Die Währungsfrage in den Vereinigten Staaten von Nordamerika. Stuttgart 1897. Münchner Volkswirtsch. St. 23. S. 135ff.

In den Vereinigten Staaten traten die Baumwolle exportierenden Südstaaten für freien Handel ein, während die Nordstaaten, um ihre aufkommende Industrie gegen die englische Konkurrenz zu begünstigen, Schutzzölle erstrebten. Der Bürgerkrieg brachte den Sieg des Nordens. Gerade als in Europa die Zollmauern erniedrigt wurden, umgaben sich die Vereinigten Staaten, um ihre Kriegskosten zu decken, mit höheren Zöllen, die aber zugunsten der Interessenten bestehen blieben, auch nachdem ihre finanzielle Veranlassung fortgefallen war. In den neunziger Jahren wurden die Zölle weiter erhöht.

Ähnlich wie die Vereinigten Staaten hat Rußland die Zölle, die als Finanzzölle zur Deckung der Kosten des Türkischen Krieges 1878—1880 eingeführt waren, in den achtziger Jahren zu einem Hochschutzzollsystem ausgebaut.

In Deutschland löste 1867 der Norddeutsche Bund, dem in Zollbundesrat und Zollparlament die süddeutschen Staaten angeschlossen wurden, den Zollverein ab. Mecklenburg, Lübeck, Schleswig-Holstein wurden in die Zollgrenze einbezogen. 1871 wurde das Deutsche Reich der Erbe des Zollvereins; Elsaß-Lothringen trat ihm bei, die achtziger Jahre brachten auch den Zollanschluß Hamburgs und Bremens. Die deutsche Zollgrenze schließt die Freihäfen aus, umfaßte aber das 1842 dem Zollverein beigetretene Luxemburg. Das Deutsche Reich brachte der deutschen Wirtschaft nicht nur die Vollendung der Zolleinheit, sondern schuf durch die Reichsgesetzgebung auch im Innern ein einheitliches Wirtschaftsgebiet.

Das Deutsche Reich setzte zunächst die freiheitliche Handelspolitik des Zollvereins fort, ja 1873 wurde auf das Drängen der Landwirtschaft die vollständige Beseitigung des Eisenzolls beschlossen. Allein die Krise von 1873 entmutigte die Industrie, und die Landwirtschaft wurde durch das Eindringen der transozeanischen Konkurrenz dem Freihandel feindlich, so daß noch zu Ausgang der siebziger Jahre der Umschwung der deutschen Handelspolitik erfolgte.

Nur als Erziehungsmittel hatte List den Schutzzoll gelten lassen: einer entwickelten Industrie sollte die auswärtige Konkurrenz als Stachel dienen. Man meinte aber, so gut wie ein erzieherischer lasse sich ein erhaltender Schutzzoll rechtfertigen, der die Produktivkräfte der Nation vor dem Anprall einer auswärtigen Konkurrenz schütze, die unter günstigeren natürlichen Bedingungen arbeite.

1878 hatte Österreich sich abgeschlossen, 1879 verließ auch Deutschland die Bahn des Freihandels. Die stets schutzzöllnerischen Spinner und die Eisenindustriellen, die durch die Aufhebung der Eisenzölle nach der Krise besonders schwer gelitten hatten, verbanden sich mit den zum Schutzzoll übergetretenen ostelbischen Landwirten. Die Reichsregierung, der andere Einnahmen abgeschlagen waren, erstrebte, durch die Schutzzölle zugleich die finanzielle Grundlage für ihren Bedarf zu erhalten.

Von 1816 bis zu den Tagen Napoleons III. hatte Frankreich der englischen Überlegenheit das System der Solidarität der protektionistischen Interessen, einer Verbindung von Agrar- und Industrieschutz, entgegengesetzt. Kein Wunder, wenn nach der Niederlage von 1870 die protektionistischen Interessen stärker das Haupt erhoben. Es kam hinzu, daß die bis dahin freihändlerischen Winzer durch die Verheerungen der Reblaus exportunfähig wurden und gegen den Andrang der italienischen und spanischen Konkurrenz Schutz verlangten. So ging Frankreich 1892 zu stark schutzzöllnerischen Sätzen über.

Da Deutschland sich die Meistbegünstigung erhalten hatte, brauchte es in den achtziger Jahren trotz der Erhöhung seiner Zölle für seinen Export nicht zu fürchten. Dies änderte sich, als zu Beginn der neunziger Jahre Frankreich Anstalt machte, auch auf Kosten der bisherigen Tarifbindungen seine Zölle zu erhöhen. Jetzt trat unter Caprivi Deutschland in die Rolle ein, die Frankreich unter Napoleon III. gespielt hatte. 1891 wurden mit Österreich-Ungarn, Italien, Belgien, der Schweiz, 1892 mit Serbien, 1893 mit Rumänien, 1894 mit Rußland Verträge abgeschlossen, in denen Deutschland gegen Erniedrigung seiner Getreidezölle seinem Export feste Sätze sicherte.

Diese Politik wurde aber 1902 durch Annahme eines Zolltarifs mit erhöhten Sätzen, vor allem für Getreide, verlassen, und wenn es 1905 auch gelang, auf Grund dieses Tarifs mit Rußland, Österreich-Ungarn, Belgien, Schweiz, Italien, Rumänien und Serbien wiederum Verträge abzuschließen, so weisen diese doch auf beiden Seiten vielfach erhöhte Sätze auf. Nach dem Vorgange Deutschlands schlossen die westeuropäischen Kontinentalmächte, weit davon entfernt, ihre Zollmauern zu erniedrigen, sich fester gegeneinander ab, und Deutschland, dem die Schwächung Rußlands durch den Japanischen Krieg eine Aufnahme der Gedanken friderizianischer Wirtschaftspolitik gestattet hätte, eine wesentliche Förderung seines Industrieexportes nach dem Osten, mußte statt dessen zufrieden sein, mit Rußland überhaupt zu einem Tarifvertrag zu gelangen.

In England selbst blieb der Freihandel nicht unbestritten. Zunächst zeigten sich in dem wachsenden Wohlstand des Landes seine überwiegenden Vorteile. Dann aber verschob sich mit dem Aufkommen industrieller Konkurrenten, der Vereinigten Staaten und Deutschlands, das Bild. Englands Export begegnete nicht nur wachsenden Schwierigkeiten, er sah sich auch einer gesteigerten Einfuhr gegenüber. Besonders schmerzlich war es den Engländern, daß nicht nur das Ausland sich abschloß, sondern auch die Kolonien die Selbständigkeit, die ihnen verliehen wurde, benutzten, ein Gleiches zu tun. Starker Staat und starke Wirtschaft sind die Voraussetzungen des Freihandels. Die englische Industrie fühlte sich aber nicht mehr unbedingt überlegen, und ehrgeizige Politiker schienen den Staat Aufgaben gegenüber zu stellen, zu deren Durchführung man auch zu sonst bedenklichen Mitteln hätte greifen müssen.

Chamberlain schlug fiskalische Maßregeln vor, die zugleich protektionistischen Charakter trugen. Aber nicht wie einst um den Schutz der Landwirtschaft sondern der Industrie handelte es sich, und wie einst Manchester mit seiner Baumwollindustrie für den Freihandel, so trat jetzt Birmingham mit seiner Eisenindustrie für den Schutzzoll ein. Daneben sollte freilich auch ein Getreidezoll wieder eingeführt werden, aber nicht zugunsten der heimischen Landwirtschaft sondern der kolonialen. Durch Wiedereinführung der differentiellen Begünstigung der Kolonialprodukte glaubte Chamberlain günstigere Bedingungen für den britischen Export nach den Kolonien erzielen zu können und dadurch die Kolonien fester mit dem Mutterlande zu verbinden. In der Tat haben die wichtigsten Kolonien (Kanada 1897, Neuseeland und Südafrika 1903, Australien 1907) England Vorzugstarife gewährt; allein diese relative Begünstigung bedeutet nicht etwa eine Öffnung des kolonialen Marktes für die britischen Produkte. Die Zölle der Kolonien richten sich vielmehr nach wie vor hauptsächlich gegen die britische Einfuhr. England aber hat durch die Wahlen von 1906 und 1910 sich gegen Chamberlain für Festhalten am Freihandel erklärt.

Verallgemeinernd hat man von einem Zeitalter des Neumerkantilismus gesprochen. Große selbständige Wirtschaftsgebiete hatten sich gebildet, wie Rußland, Frankreich, die Vereinigten Staaten und England mit seinen Kolonien. Ihr Wettstreit aber ließ den anderen Raum. Deutschland konnte trotz seines beschränkten Territoriums einen großen wirtschaftlichen Aufschwung in den neunziger Jahren erleben, und als neue Großmacht trat im neuen Jh. Japan auf den Plan. Dem Vorschreiten des Protektionismus stand das Festhalten Englands am Freihandel und der Übergang der Vereinigten Staaten zu einer Ermäßigung ihrer Zölle 1913 gegenüber. Abschließungstendenzen der Staaten waren vorhanden, aber gegenüber den vielfachen Zollerhöhungen war zu bedenken, daß sie unter Umständen durch eine Verbilligung des Verkehrs mehr als ausgeglichen wurden. Durch Handelsverkehr, internationale Verschuldung und Wanderung von Arbeitern und Reisenden verbanden sich die einzelnen Teile des Erdballs immer enger miteinander.

Aus dieser Entwicklung hat der Krieg die Welt in einen Zustand gegenseitiger Absperrung zurückgeworfen, wie er so scharf kaum in den Zeiten des früheren Merkantilismus vorhanden war. Grausam wurde man daran erinnert, daß als selbstverständlich angesehene Grundlagen des Verkehrs, die persönliche Freiheit der Nichtkrieger und die Freiheit des Privateigentums, von der Macht des zum Schutze dieser Güter berufenen Staates und seiner Willkür abhingen.

Für die äußere Wirtschaftspolitik bedeutete der Krieg einen Rückschritt hinter die Zeiten des ausgehenden Merkantilismus. Denn, während damals immer eine Gruppe von Mächten der andern die Waage hielt, standen wir diesmal vor dem restlosen Siege einer Gruppe, der die andere zur Ausbeutung ausgeliefert war, ohne daß sich zunächst bei der über den Erdkreis durchgeführten wirtschaftspolitischen Organisation neue Möglichkeiten selbständiger Entwicklung zeigten, wie sie früher die Kolonien boten. Das Ziel der Weltherrschaft, das den Spaniern, Ludwig XIV., Napoleon vorschwebte, war von den Angelsachsen fast restlos erreicht. Der Freihandel, der dem viktorianischen England als selbstverständliches Ziel der verständigen Entwicklung erschien, wurde in seiner Bedingtheit durch die politische Konstellation erkannt. Man könnte ihn zurzeit fast als eine nicht unglückliche Episode der Wirtschaftsgeschichte auffassen. Ricardo, der Friedensökonom, mußte Malthus, dem Kriegsökonomen, weichen. Wieder, wie in den Zeiten der Gilden und Zünfte, schließen sich die Unternehmungen eines Berufes zusammen, ihre Interessen bei der Rohstoffversorgung, den Arbeitern und den Abnehmern gegenüber zu vertreten. Der Staat hat in der Kriegswirtschaft solche Organisationen begünstigt, und sie sehen sich zum Zusammenhalten genötigt, gerade um sich in dem Netzwerke obrigkeitlicher Vorschriften, die alle Länder erfüllen, ausreichende Bewegungsfreiheit zu sichern. Dagegen weist der innere Aufbau der Wirtschaft ganz andere Probleme auf als im Zeitalter des Merkantilismus.

Wenn auch die Welt schon zur Zeit der Entdeckungen räumlich erfaßt wurde, wenn auch für die Verflechtung verschiedener Wirtschaftsgebiete miteinander schon in der Blütezeit der italienischen Kommunen Grundsätzliches geleistet wurde, setzt sich die heutige Weltwirtschaft aus durchorganisierten Wirtschaftsgebieten zusammen. Um die Mitte des 19. Jhs. stand einem industriellen Mittelpunkt (England) die übrige Welt als Rohstoff- und Nahrungsmittellieferant gegenüber; die Dezentralisation der Industrien, die der Krieg stark gefördert, bildet dagegen ein wesentliches Merkmal der modernen Weltwirtschaft.

IV. Sozialismus und Kapitalismus.

W. Sombart, Sozialismus und Soziale Bewegung. 10. Aufl. 1924. H. Herkner, Die Arbeiterfrage. 7. Aufl. 1921. Anton Menger, Das Recht auf den vollen Arbeitsertrag. 3. Aufl. 1904.

Die politische und wirtschaftliche Revolution hatte seit dem Ausgang des 18. Jh. die alten Organisationen der Grundherrschaft, der Stadtwirtschaft und der staatlichen Reglementierung zerstört. Es schien eine Zeitlang nur darauf anzukommen, die wirtschaftliche Freiheit herzustellen. Allein schon im Verlaufe der französischen Revolution zeigte sich das Unzureichende dieser Auffassung: neue Organisationen mußten geschaffen werden, und während die einen einfach das Alte wiederherzustellen strebten, suchten andere nach neuen Formen der Gesellschaft. Dabei ergab sich doch wieder die Notwendigkeit einer neuen Bindung, sei es durch Genossenschaften oder durch autoritative Gewalten, und die Entwicklung des modernen Kapitalismus führte zu Abhängigkeitsverhältnissen, die man nicht mit Unrecht als eine neue Art der Hörigkeit bezeichnet hat.

1. Saint-Simon und der Saint-Simonismus.

Lorenz v. Stein, Sozialismus und Kommunismus des heutigen Frankreich. 1842. O. Warschauer, Saint-Simon und der Saint-Simonismus. Leipzig 1892. F. Muckle, H. de Saint-Simon. 1908; die Geschichte der sozialistischen Ideen im 19. Jh. G. Eckstein, Der alte und der neue Saint-Simon, A. f. d. Gesch. d. Sozialismus u. der Arbeiterbewegung 2. 1912. S. CHARLÉTY, Essai sur l'histoire du Saint Simonisme. Paris 1896. H. WÄNTIG, Comte. Leipzig 1894.

Der Graf HENRI v. SAINT-SIMON, 1760 geboren, entstammte einem französischen Adelsgeschlecht, das seinen Ursprung auf Karl den Großen zurückführte. Wie der Ahnherr als Regent, so träumte SAINT-SIMON als Philosoph die Welt zu erneuern. Vor der Revolution in glänzenden Verhältnissen, die ihm ein bewegtes Abenteurerleben in der Alten und Neuen Welt gestatteten, verlor er durch sie alles, kam aber durch Güterspekulation wieder zu Vermögen, das er zum Studium des Lebens und der Wissenschaft verwandte.

In den lettres d'un habitant de Genève 1802 fühlt er sich als Stifter einer neuen Religion. Die mittelalterliche Religion konnte nicht genügen, weil sie sich nicht auf die Wissenschaft stützte, die neue soll auf den Grundsätzen NEWTONS fußen. SAINT-SIMON wollte eine neue Science générale begründen. Diese physikopolitische Richtung läuft hinaus auf die Anwendung der naturwissenschaftlichen Methode auf die menschliche Gesellschaft. SAINT-SIMON schlägt eine neue Ordnung der Gesellschaft vor: „Die geistige Gewalt in den Händen der Weisen; die zeitliche Gewalt in den Händen der Besitzer; die Gewalt, diejenigen zu ernennen, die die Obliegenheiten der großen Leiter der Menschheit zu erfüllen berufen sind, in den Händen aller." Die Frauen sollten gleichberechtigt sein in der neuen Organisation.

1819 veröffentlichte SAINT-SIMON in dem „Organisateur" die Parabole politique, in der er die Ansicht aussprach, wenn Frankreich seine 3000 ersten Künstler, Gelehrten und Industriellen verlöre, wäre dies ein Verlust, der sich kaum in einer Generation wettmachen ließe, während dem Staate gar kein Übel erwachsen würde aus dem Untergang von 30000 Menschen, die, wie Hofleute, weltliche und geistliche Würdenträger, Staatsbeamte und die 10000 adligen Grundbesitzer, leicht zu ersetzen wären.

Seine Hauptwerke sind der „Catéchisme des Industriels" 1823 und das „Nouveau Christianisme", das in seinem Todesjahr 1825 erschien. Diese Werke zeichnen sich aus durch ihre Geschichtsphilosophie, die den wirtschaftlichen Grundlagen der in der Herrschaft sich ablösenden Klassen gerecht wird: Im MA. herrschten Krieger und Priester; sie wurden abgelöst durch Bankherren und Legisten, die aber keine neue Organisation brachten, sondern nur in ihrem Egoismus den alten Herren zuriefen: „Ôte-toi de là que je m'y mette." Die Herrschaft gebühre den Industriellen, unter denen SAINT-SIMON Gelehrte, Unternehmer und Arbeiter verstand. Die neue Zeit, die sie brächten, würde aber auch eine Zeit neuen Glaubens sein, der über mittelalterliches Dogma und Protestantismus hinwegschreitend im Diesseits die Brüderlichkeit verwirkliche.

Wie QUESNAY fand SAINT-SIMON in den letzten Jahren seines Lebens begeisterte Schüler. Freilich sein wissenschaftlich bedeutendster, AUGUSTE COMTE, geboren 1798 in Montpellier, verließ ihn 1823, weil sein Name als Mitarbeiter nicht im „Catéchisme des Industriels" mit veröffentlicht war. COMTE stellte sich die Vollendung der Wissenschaft zur Aufgabe und wandte sich gegen die Offenbarung und die hierarchische Organisation der SAINT-SIMONistischen Schüler. Er verfaßte 1830 bis 1842 den Cours de philosophie positive, deren sechster und letzter Band die Soziologie enthielt. Wie SAINT-SIMON wollte COMTE eine neue geistige und rechtliche Organisation der Gesellschaft. Er fühlte sich als Führer einer neuen Epoche des Positivismus, deren Träger die Industriellen sein sollten, wie die Träger der theologischen Epoche die Priester, die der metaphysischen die Legisten gewesen waren. Das Dogma des Positivismus müsse auf Naturgesetzen beruhen. Der Positivist müsse die Analyse der Synthese, den Fortschritt der Ordnung, die Selbstsucht der Liebe unterordnen. Seit 1845 verfiel COMTE in wunderliche Versuche, einen neuen Kult einzurichten, in dem seiner Geliebten Clotilde die Rolle der Patronin der Menschheit, ihm selbst die ihres Oberpriesters zugedacht wurde. Er starb 1857.

Die Saint-Simonisten schlossen sich nach dem Tode des Meisters 1828 unter den Oberpriestern Bazard und Enfantin zusammen. Bazard suchte vor allem die Geschichtskonstruktion Saint-Simons auszubauen. In der Julirevolution traten die Saint-Simonisten mit ihrer Forderung der Aufhebung des Erbrechts hervor. Als Enfantin die Emanzipation des Fleisches verlangte, schied Bazard aus. Die Sekte der Saint-Simonisten, in der Enfantin als père suprême sich eine mère suprême an die Seite setzen wollte, wurde 1832 polizeilich aufgelöst, ohne daß die Führer an ihren Projekten irre wurden. Neben religiösen Spekulationen bewegten sie praktische Projekte. So wollte Enfantin 1833 durch eine coopération fraternelle den Suezkanal graben. Er meinte, es bedürfe dazu nicht englischer Millionen, sondern nur des Enthusiasmus, wie ihn früher der Krieg hervorrief.

Gleich den Physiokraten wies Saint-Simon auf England hin. Die englische Verfassung, die dem Lande Macht und Freiheit gewährte, schien ihm die ideale. Aber wie die Physiokraten die Probleme der Landwirtschaft, so beschäftigten die Saint-Simonisten vorzugsweise die Fragen der Industrie und ihrer Organisation. Der Saint-Simonismus war nicht kapitalfeindlich. Nur sollte das Kapital nicht einzelnen, sondern der Gesamtheit zugute kommen. Selbst Buchez, der den Klassengegensatz und die Ausbeutung der Arbeiter durch die Besitzer der Produktionsmittel hervorhob, wandte sich zur Fundierung seiner Produktivassoziationen der Arbeiter an die Philanthropie der bürgerlichen Herzen und Geldsäcke. Hervorragende Saint-Simonisten wurden zu Organisatoren der kapitalistischen Wirtschaft unter dem zweiten Kaiserreich, wie die Gebrüder Pereire, die Begründer des Crédit mobilier. Enfantin selbst wurde Eisenbahndirektor in Lyon.

2. Die gesellschaftliche Organisation des Kapitals.

A. Buchenberger, Agrarwesen und Agrarpolitik II. 1893. Kurt Moriz-Eichborn, Das Soll und Haben von Eichborn u. Co. in 175 Jahren. Breslau 1903. F. Lenz u. O. Unholtz, Die Gesch. des Bankhauses Gebr. Schickler, 1912. R. Ehrenberg, Große Vermögen, ihre Entstehung und Bedeutung. Jena 1902 (Rothschild); Die Fondsspekulation und die Gesetzgebung. Berlin 1883. Chr. W. Berghöfer, Mayer Amschel Rothschild, der Gründer des Rothschildschen Bankhauses. 3. Aufl. 1924. Eg. Caes. Conte Corti, Der Aufstieg des Hauses Rothschild 1927. J. Plenge, Gründung und Geschichte des Crédit mobilier. Tübingen 1903. J. Hansen, Gustav von Mevissen. Berlin 1906. E. Gagliardi, Alfred Escher, Vier Jahrzehnte neuerer Schweizergeschichte, 1920. Die Discontogesellschaft 1851—1901. Denkschrift. Berlin 1901. Geschichte der Frankfurter Zeitung 1856—1906. Riesser, Die deutschen Großbanken und ihre Konzentration. K. Helfferich, Die Reform des deutschen Geldwesens nach der Gründung des Reiches. 1898.

Im Mittelpunkte der modernen Verkehrswirtschaft steht der Bankier. Er vermittelt den Zahlungsverkehr, kassiert für seine Kunden ein und besorgt ihre Zahlungen, er vermittelt vor allem den Kapitalverkehr. Bei ihm sammeln sich die überschüssigen Kapitalien, die er den Kapitalsuchenden verteilt. Anfangs wurde diese Vertrauensstellung einzelnen übertragen, deren Häuser dann eine überragende Bedeutung erlangen konnten. Mit dem Wachsen der Aufgaben und dem Fortschreiten der Kapitalansammlung und der wirtschaftlichen Erziehung treten gesellschaftliche Organisationen an die Stelle der Privatbankiers. Wir haben auf die Rolle der zentralen Notenbank aufmerksam gemacht. Ihr stehen andere Institute zur Seite, die dem besonderen Bedarf der einzelnen Erwerbszweige sich anpassen.

Für die Rittergüter hatten schon die im 18. Jh. gegründeten Landschaften eine ausgezeichnete Kreditorganisation geschaffen, die sich während der napoleonischen Kriege und der Agrarkrise der 20er Jahre bewährte. Im Anschluß an die Ablösungsgesetzgebung wurden in Nordwest- und Mitteldeutschland Landeskreditkassen geschaffen, staatliche Institute, die auch dem mittleren und kleineren Grundbesitz zugute kommen.

1847 begann Raiffeisen die Gründung von Hilfsvereinen zur Unterstützung unbemittelter Landwirte. 1849 gründete Schulze-Delitzsch die erste seiner Genossenschaften, die dem Kreditbedarf des Handwerkers, aber auch des Bauern dienen sollte. Seitdem ist das Genossenschaftswesen vor allem in der Landwirtschaft ausgebildet worden, und diese Organisation des Betriebkredits hat den Wucher zurückgedrängt.

Wir sahen, wie in England schon im 17. Jh. die großen privilegierten Kompagnien dem Staatskredit entgegenkamen; auf dem Kontinent blieb dies die Aufgabe einzelner Häuser. Die Eichborns in Schlesien halfen dem preußischen Staate in der Bedrängnis der Fremdherrschaft und beteiligten sich später bei dem Bau von Eisenbahnen, der Einrichtung von Berg- und Hüttenwerken und Fabriken. Zu internationaler Bedeutung erhob sich das Haus Rothschild bei der Aufbringung des durch die Napoleonischen Kriege hervorgerufenen Finanzbedarfs. Emporgekommen durch die Verbindung mit dem Hessischen Landgrafen (seit 1803 Kurfürsten), wußten die Rothschilds die Geldsendungen Englands nach dem Kontinent zu leiten und übernahmen seit 1818 die Vermittelung der Anleihen Preußens, Österreichs, Frankreichs und anderer Länder. Die bessere Ordnung der Finanzen und die Entwicklung der Kapitalbörse ließen die Rothschilds nicht die Gewalt erringen, die einst die Fugger besessen hatten. Immerhin stellten sie seit den zwanziger Jahren des 19. Jhs. die erste Kapitalmacht Europas dar, die die Baring, Hope und Parish, die noch 1815 im Vordergrund gestanden hatten, überflügelt hatte.

Wenn auch heute noch das Haus Rothschild in England eine hervorragende Stellung einnimmt, Länder wie Chile und Brasilien von ihm finanziell abhingen, so ist doch seit den fünfziger Jahren die Bedeutung dieser privaten Geldmacht auf dem Kontinent durch die Kapitalorganisationen der Aktienbanken zurückgedrängt worden.

Mit Rothschild zusammen hatten die Gebrüder Pereire, die Schüler Saint-Simons, sich an den ersten erfolgreichen französischen Eisenbahnen, der 1837 eröffneten Bahn nach Saint-Germain und der 1845 konzessionierten Nordbahn, beteiligt. Unter dem Kaiserreich traten sie in den Vordergrund. 1852 gründeten sie den Crédit mobilier, eine Bank, die die Kapitalien zusammenbrachte vor allem für den Ausbau des französischen Eisenbahnnetzes, die aber auch dem Staatskredit diente, Omnibus- und Gasgesellschaft, die Compagnie maritime und die neuen Straßenzüge von Paris fundierte, ja auch das Ausland in das Interesse des französischen Kapitals zog, in Spanien, der Schweiz, Österreich-Ungarn und Rußland Bahnen gründete. 1853 wurde nach dem Muster des Crédit mobilier die Darmstädter Bank, 1855 die Österreichische Kreditanstalt begründet.

Schon in den vierziger Jahren hatte Mevissen im Rheinland auf die Bedeutung der Aktiengesellschaften hingewiesen. Aber erst in den fünfziger Jahren erlangten sie in Deutschland größere Bedeutung. Mevissen selbst, auch von Saint-Simonistischen Ideen beeinflußt, entfaltete als Organisator solcher Unternehmungen die reichste Tätigkeit. Seit 1844 Präsident der Rheinischen Eisenbahn (Köln-Antwerpen), übernahm er 1849 nach dem Scheitern der politischen Hoffnungen auf eine deutsche Verfassung die Reorganisation des Schaaffhausenschen Bankvereins in Köln. Er begründete die Darmstädter Bank, die wegen der Opposition der Rothschilds ihren Sitz nicht, wie anfangs geplant, in Frankfurt nahm. Das Netz der Rheinischen Eisenbahn wußte Mevissen zu vergrößern durch Ausbau der Rheinstraße von Bingen bis zur holländischen Grenze und durch Eindringen in das Ruhrgebiet. Er gründete Versicherungsgesellschaften, Textilfabriken, Maschinenfabriken, Bergwerksunternehmungen. Die Großbetriebe im Zeitalter des Eisens, der

Kohle, der Maschinen und Eisenbahnen erfordern Kapitalsummen, die nur der gesellschaftlichen Organisation des Kapitals, Aktiengesellschaften und Banken, aufzubringen möglich wurde. Mevissen lieferte den Beweis, wie solche Unternehmungen im Interesse der Gesamtheit verwaltet werden können. Es darf aber nicht verkannt werden, daß diese im allgemeinen Interesse geschaffenen Einrichtungen den Kapitalbesitzern überwiegende Vorteile verschaffen und so nicht, wie ursprünglich geplant, eine Neuorganisation der ganzen Gesellschaft bringen, sondern den Gegensatz zwischen Kapital und Arbeit verschärfen.

Frankreich ergriff in den fünfziger Jahren die Führung im wirtschaftlichen Fortschritt. Aber durch allzu gewagte Unternehmungen (spanische Nordbahn und Grundstücksspekulation am Marseiller Hafen), durch die ihm aufgezwungenen politischen Verpflichtungen und durch Börsenspekulationen überspannte der Crédit mobilier seine Kräfte, so daß nach dem Rücktritt der Gebrüder Pereire 1867 die Bank von Frankreich seine Liquidation übernehmen mußte, und der Krieg 1870/71 verlegte den wirtschaftlichen Schwerpunkt nach Deutschland.

Die günstigere finanzielle Lage Deutschlands zeigte sich darin, daß das Reich der deutschen Wirtschaft nicht nur die langerstrebte Einheit des Geldumlaufs, sondern zugleich den Übergang zur Goldwährung verschaffte.

Die Versuche zur Vereinheitlichung des deutschen Geldwesens hatten 1857 nur zur Schaffung einer Vereinsmünze, des Talers, geführt, neben der die Landesmünzen bestehen blieben, im Norden Taler und Groschen, im Süden Gulden (= $\frac{4}{7}$ Taler) und Kreuzer, dazu die österreichischen Gulden ($\frac{2}{3}$ Taler). Der mecklenburgische Taler zerfiel in 48 Schillinge, die in Hamburg und Lübeck geltende lübische Währung rechnete nach M. Kurant ($2\frac{1}{2}$ = 1 Taler) zu 16 Schillingen. Daneben stand die Hamburger M. Banko, und die Bremer rechneten nach Talern in Gold.

Das Gesetz betreffend die Ausprägung von Reichsgoldmünzen vom 4. Dezember 1871 und das Münzgesetz vom 9. Juli 1873 brachten zugleich mit der einheitlichen Reichsmarkwährung den Übergang von der Silber- zur Goldwährung, in der neben dem Golde nur die beschränkte Menge der Taler unbegrenzte Zahlungskraft behielt. England, dessen Zirkulation im 18. Jh. sich mit portugiesischem (brasilianischem) Golde erfüllt hatte, war 1816 zur gesetzlichen Goldwährung übergegangen. Frankreich, dessen Zirkulation in den fünfziger Jahren sich mit kalifornischem Golde erfüllt hatte, bereitete einen ähnlichen Schritt vor, als der Krieg und die Deutschland zu zahlenden Milliarden die Gunst der Lage von Frankreich nach Deutschland verschoben. Erst seit 1874 gingen die 1865 unter der Führung Frankreichs zur lateinischen Münzunion vereinigten Staaten (Frankreich, Belgien, Schweiz, Italien) angesichts der Entwertung des Silbers zu einer Sperrung ihrer Münzstätten für Silber über, um den ihnen drohenden Goldabfluß zu verhindern.

Wie im 18. Jh. deutsche Kleinstaaten ein Übermaß minderwertiger Münzen ausgegeben hatten, damit sie in den Nachbarstaaten zirkulierten, so überschwemmten in den fünfziger Jahren des 19. Jhs. Notenbanken der Kleinstaaten ganz Deutschland mit minderwertigem Papiergeld. Zu der Münzreform trat in Deutschland die Regelung des Papiergeldes (Gesetz betreffend Ausgabe von Reichskassenscheinen vom 30. April 1874) und das Bankgesetz vom 14. März 1875.

Die Reichsbank wurde als Hauptausgabestelle von Noten zur Hüterin des Geldumlaufes und des Kredits. Von den 32 Notenbanken, die anfangs neben ihr bestanden, sind die meisten seither eingegangen, bestehen blieben nur die Bayerische, Württembergische, Badische und Sächsische Notenbank.

Die Vereinigten Staaten waren erst 1913 durch die Schaffung des Federal-Reserve-Systems zu einer einheitlichen Organisation des Notenwesens gelangt. Dafür setzte ihre im Weltkrieg erworbene Kapitalkraft sie in den Stand, die zerrütteten europäischen Währungen auf der Basis des Goldes zu sanieren. Deutschland wurde 1924 ein Anlehen gewährt und die Reichsbank gänzlich vom Staate getrennt. Aber auch England konnte 1925 nur mit amerikanischer Hilfe zur Goldwährung zurückkehren.

Während zu den Zeiten des Bundestages Frankfurt im Mittelpunkt des deutschen Kapitalverkehrs gestanden hatte, trat jetzt die neue Reichshauptstadt Berlin an seine Stelle. Die Berliner Banken, an ihrer Spitze die 1870 gegründete Deutsche Bank unter der Leitung von Georg v. Siemens (†), die von Hansemann 1851 gegründete Diskontogesellschaft, dann die Dresdener Bank, stellen heute nach einer weitgehenden Angliederung und Aufsaugung von anderen Instituten und Einzelunternehmungen die wichtigsten deutschen Kapitalassoziationen dar.

3. Anarchismus und Sozialismus.

O. Warschauer, Fourier, seine Theorie und Schule 1893; Louis Blanc 1896. H. Bourgin, Fourier. 1905. J. Proudhommeaux, Icarie et son fondateur Etienne Cabet. 1907. Lux, Etienne Cabet und der ikarische Kommunismus. Godin, Le familistère de Guise. Lloyd Jones, The life, times and labour of Rob. Owen. London 1890. W. Thompson, Grundsätze der Verteilung des Reichtums 1824; deutsch von O. Collmann; Einleitung von H. S. Foxwell: Geschichte der sozialistischen Ideen in England. Berlin 1903. L. Pumpiansky, Die Kooperation und der Sozialismus in England in den 20er und 30er Jahren des 19. Jhs. A. f. d. Gesch. des Sozialismus und d. Arbeiterbewegg. 2. 1912. W. Maxwell, The history of cooperation in Scotland. 1910. M. Beer, Gesch. d. Sozialimus in England. 1913. K. Diehl, Proudhon. Jena 1888, 1890, 1896. P. Krapotkin, Memoiren eines Revolutionärs, übers. von M. Pannwitz. 3. Aufl. Stuttgart 1903.

Während Saint-Simon einer weitausschauenden Organisation, die auf brüderlichem Zusammenschluß und hierarchischer Gliederung der Menschen beruhen sollte, das Wort redete, vertrat Fourier die Rechte des Individuums und kleiner freiwilliger Organisationen. Er bildete die von Saint-Simon bekämpften liberalen Ideen fort und wurde zum Vorläufer des Anarchismus.

In Besançon 1772 geboren, hatte Fourier als kaufmännischer Angestellter die Schattenseiten der gegenwärtigen Wirtschaft kennengelernt. Wie Newton das Gesetz der Natur entdeckt hatte, so glaubte er das Gesetz der menschlichen Gesellschaft gefunden zu haben. 1808 in seiner „Théorie des 4 mouvements“, 1822 in dem „Traité de l'association domestique-agricole“, 1829 in dem „Nouveau monde industriel et sociétaire ou invention du procédé d'industrie attrayante et naturelle distribuée en séries passionées“ legte er seine Gedanken nieder.

Wie das Gesetz der Schwere den Schlüssel zum Naturerkennen abgibt, so legt Fourier der Lehre der menschlichen Gesellschaft die Triebe der Menschen zugrunde. Jeder hat nach seiner Meinung den Trieb zu irgendeiner Tätigkeit. Es genüge, diese Triebe richtig zu mischen, um eine Organisation zustande zu bringen, in der für alles gesorgt sei. Die Harmonie der Passionen soll die Grundlage der Arbeit sein. Gibt es aber nicht Arbeiten, um die sich jeder zu drücken sucht? Fourier meint, auch zum Dreck ziehe einige Menschen ein innerer Trieb, und die Jungen, bei denen er sich besonders finde, sollen als Korps der Mistfinken organisiert werden.[1])

Die Gesamtheit soll in Gruppen von 1620 Personen geteilt werden, die nach der alten spartanischen Heeres- und Volkseinteilung den Namen „Phalangen“ erhalten. In solcher Phalanx sind alle verschiedenen Passionen zur Arbeit vertreten. Man wohnt zusammen in Phalansteren und arbeitet nach einem Plane, der auf der Harmonie der Triebe beruht. Weil jeder nur seinem Triebe folgt, wird die Arbeit so produktiv, daß die Arbeiter nicht an eine Enterbung der Besitzenden zu denken brauchen; im Gegenteil bieten diesen die Phalansteren eine sehr gute Kapitalanlage: $\frac{5}{12}$ des Arbeitsertrages sollen dem Kapital zufallen, $\frac{4}{12}$ den Arbeitern, $\frac{3}{12}$ dem Talente!

Nach Auflösung der Saint-Simonistischen Schule gelangte Fouriers System in den dreißiger Jahren insonderheit durch Victor Considérant zu Ansehen. Dessen Versuche aber, in den fünfziger und sechziger Jahren besonders in Texas Phalangen einzurichten, sollten zeigen, daß die menschlichen Triebe doch nicht so leicht ohne Zwang zur Harmonie sich vereinigen.

1) Le nouveau monde, Section III Education harmonienne. S. 242: „Parmi les enfants, on trouve environ $\frac{2}{3}$ de garçons qui inclinent à la saleté ..... Ces enfants s'enrôlent aux petites hordes dont l'emploi est d'exercer, par point d'honneur et avec intrépidité, tout travail répugnant qui avilirait une classe d'ouvriers. Cette corporation est une espèce de légion à demi sauvage, qui contraste avec la politesse raffinée de l'harmonie, seulement pour le ton et non pas pour les sentiments, car elle est la plus ardente en patriotisme.“

Mit ähnlichen Schwierigkeiten hatte Cabet zu kämpfen, der 1840 seine Voyage en Icarie schrieb und 1848 sein kommunistisches Ideal in Texas zu verwirklichen suchte.

Einen praktischen Verfechter fanden die Ideen Fouriers in Godin, der sich aus einem Arbeiter zum großen Ofenfabrikanten und Hüttenbesitzer emporgearbeitet hatte und 1859 sein Unternehmen in Guise als Familistère organisierte. Hier war nicht nur für die Arbeiter durch Wohnungen, einen Park, ein soziales Palais und die mannigfachsten Wohlfahrtseinrichtungen gesorgt, sondern, indem der Unternehmer einen großen Teil seines Gewinnes seinen Arbeitern opferte, konnten sie sich als Teilhaber des Unternehmens und Mitbesitzer einer genossenschaftlich verwalteten Arbeiterstadt fühlen. Eine solche Gründung, wie sie seit 1888 Ernst Abbe in der Carl-Zeiß-Stiftung in Jena durchführte, setzte freilich auch eine über dem Durchschnitt stehende Produktivität des Werkes voraus.

Waren die französischen Sozialisten von geistreichen Spekulationen ausgegangen, so wurde der englische Sozialismus in Robert Owen durch einen Mann vertreten, der sich zunächst in der Praxis betätigte. Als Baumwollspinner, der in Manchester zuerst die gute Verwendbarkeit der amerikanischen Baumwolle erkannte, emporgekommen, hatte er 1800 in New Lanark in Schottland unter schwierigen Verhältnissen einen auch in sozialer Hinsicht mustergültigen Betrieb geschaffen. Galt es in den neu aufkommenden Fabriken eine zusammengewürfelte, oft von der Straße aufgelesene Schar von Arbeitern zu disziplinieren, so mußte in den ersten Jahrzehnten des 19. Jhs. vor allem die Lage der durch den Großbetrieb an die Wand gedrückten kleinen Produzenten mit Sorge erfüllen.

Auf sie wurde Owens Augenmerk durch die Krise von 1815 gerichtet. In dem großen Markte, der den Großbetrieb begünstigte, in den Erschwerungen des Absatzes für die Kleinen erkannte er den Grund des Übels. Ihm abzuhelfen, wollte er im Anschluß an Billers wie Fourier kleine etwa 1000 Personen umfassende, sich selbst genügende Gemeinwesen schaffen.

Die Versuche, in New Harmony in Amerika 1824 eine solche Kolonie zu gründen, scheiterten.

Owens Ideen auf die Grundlagen der Ricardoschen Lehre stützend, gab Thompson 1824 dem englischen Sozialismus die schärfste Formulierung. Da die Arbeit allein die Quelle des Wertes sei, müsse die Arbeit und der Austausch der Arbeitsprodukte frei sein, der ganze Ertrag der Arbeit den Arbeitenden zufallen.

Schienen Thompson mit Owen kleine, sich selbst genügende Gemeinwesen als ein Ideal, so wollte er anderseits den Arbeitenden auch in einem größeren Zusammenhang ihre Rechte gewahrt wissen. Er hielt dies für möglich, wenn ihnen das natürliche Eigentum an den Produktionsmitteln gesichert wäre. Die amerikanischen Bauern und Handwerker erschienen ihm hier als Vorbild. Die Arbeiter müßten selbst Kapitalisten werden, die Gewerkvereine für die Arbeitslosen Fabriken gründen, durch Spar- und Kreditvereine Produktivgenossenschaften vorbereitet werden. Gegenüber der autokratischen Philanthropie Owens legte Thompson auf demokratische Wirtschaftsverfassung das größte Gewicht.

Spontan hatten sich schon im 18. Jh. schottische Weber zusammengeschlossen, um durch gemeinsamen Einkauf günstigere Bedingungen zu erhalten. Diese Bewegung wurde durch W. King, der in Brighton und anderen Plätzen Genossenschaften gründete und seit 1828 den Cooperator herausgab, auf einen breiteren Boden gestellt.[1]) Nicht zum Heil der Konsumvereine bemächtigte sich Owen anfangs der 30er Jahre ihrer für seine weitergehenden Pläne.

Der Absatz war für die Produktivgenossenschaften der streikenden Arbeiter und der kleinen Gewerbtreibenden am schwierigsten zu lösen. Gray hatte eine Leitung der Produktion durch eine nationale Handelskammer und die Sammlung der Waren in nationalen Warenhäusern vorgeschlagen. 1832 versuchte Owen es mit einer Arbeiterbörse, in der die eingelieferten Waren nach der auf sie verwandten Arbeitszeit berechnet wurden und die Einliefernden Noten erhielten, die sie zur Entnahme entsprechender Waren berechtigten. Die Börse scheiterte daran, daß ihr eben nur die Waren zuflossen, deren Absatz Schwierigkeiten machte, Strümpfe, Westen, Tische, aber keine Nahrungsmittel, die doch die kleinen Produzenten vor allem eintauschen wollten.

---

1) Hans Müller, Kings Stellg. in d. Gesch. d. Genossenschaftswesens. Jb. d. internat. Genossenschaftsbewegg. II. London 1913. R. Munding, W. King und R. Owens Beziehungen z. Schweiz, Schweizer Konsumverein 1913. N. 48—51.

Die OWENschen Projekte mußten in den dreißiger Jahren in England einer radikaleren Strömung weichen. Die Wahlreform von 1832, für die auch die Arbeiter aufgestanden waren, war nur den Mittelklassen zugute gekommen. 1834 wurde im Sinne des MALTHUS ein Armengesetz erlassen, das die Benutzung der Armenunterstützung möglichst einschränken sollte. Die Erbitterung ließ die Arbeiter zu der Chartistenbewegung zusammentreten. Eine neue Carta sollte den Arbeitern Anteil an der Staatsverwaltung gewähren, der von ihnen beeinflußte Staat sollte ihnen dann helfen. Diese Bewegung, die in Birmingham, dann auch 1848 in London revolutionären Charakter annahm, wurde durch das Aufgebot des Herzogs von Wellington niedergehalten.

Als dann mit dem Ende der vierziger Jahre eine Periode des Aufschwungs einsetzte, suchten die englischen Arbeiter unter Zurückstellung der politischen Ziele durch wirtschaftliche Organisationen ihre Lage zu verbessern. Die Gewerkvereinsbewegung griff um sich; 1850 wurde die Vereinigte Gesellschaft der Maschinenbauer gegründet. 1844 taten sich die Redlichen Pioniere von Rochdale zusammen zu einem Konsumverein, dessen Ersparnisse nicht auf das eingezahlte Kapital, sondern nach Maßgabe des Konsums verteilt wurden; 1863 wurde zu Manchester die Großeinkaufsgesellschaft der Konsumvereine gegründet.

OWENS Verdienst bleibt es, den Organisationsgedanken in den Massen verbreitet zu haben, wenn auch seine praktischen Versuche scheiterten. In seiner „New view of society" 1812 und seinem „Book of the new moral world" 1820 hatte er sich als Freidenker bekannt. Durch die Erziehung sollte das Gute im Menschen zur Blüte gebracht und in einer entsprechenden wirtschaftlichen Umgebung gepflegt werden. An der praktischen Ausgestaltung des englischen Genossenschaftswesens haben sich gerade die OWEN entgegenstehenden christlichen Sozialisten, MAURICE, LUDLOW, KINGSLEY, hervorragend beteiligt.

Hatte in England der Kapitalismus sich zuerst entfaltet, hatte er hier die schärfsten Gegensätze zwischen Kapital und Arbeit, das größte Elend der Arbeiter hervorgerufen, so sah England auch zuerst ein Aufsteigen der Arbeiterklasse durch genossenschaftliche und gewerkschaftliche Organisation. Diesem ruhigen Fortschritt der englischen Arbeiterbewegung gegenüber konnte der französische Sozialismus nur in der Revolution von 1848 einen Versuch machen, seine Ideen durchzuführen.

LOUIS BLANC setzte im Gegensatz zu den Männern, die auch in Frankreich, wie BUCHEZ, auf die Selbsthilfe der Arbeiterorganisationen bauten, seine Hoffnung ganz auf die Hilfe des Staates. Auch er ging von den Schäden der gegenwärtigen Wirtschaft aus. Sie zu heben, forderte er in seiner „Organisation du travail" 1839 Produktivassoziationen der Arbeiter. Gleich OWEN glaubte er, diese Genossenschaften würden als rationellere Organisationen eine Steigerung der Produktivkräfte zur Folge haben. Aber für ihre Einrichtung hielt er die Arbeiter selbst zu schwach. Der Staat sollte das Kapital für die Gründung vorschießen und auch später die Leitung in der Hand behalten. So sollten allmählich Bergwerke, Eisenbahnen, Banken usw. in den Staatsbetrieb übergeführt werden.

An SAINT-SIMON erinnert BLANC in seiner Hervorhebung größerer und strafferer Organisation und in seinen geschichtsphilosophischen Betrachtungen, aber schärfer als bei SAINT-SIMON oder FOURIER tritt hier der Gegensatz zwischen Kapital und Arbeit hervor. In seiner Histoire des dix ans (1830—1840) suchte BLANC die französische Geschichte als die Geschichte der wirtschaftlichen Klassen, des Adels, der Bourgeoisie und der Arbeiter, zu erfassen. Die Revolution von 1848 erhob ihn zum Mitglied der provisorischen Regierung; indessen er mußte erfahren, daß das Proletariat wohl in Paris, nicht aber in Frankreich die Mehrheit bildete. Zuerst gelangen ihm einige Erfolge für die Arbeiter; die Wahlen zur Nationalversammlung ergaben jedoch eine bürgerliche Majorität. Es wurden Ateliers nationaux eingerichtet für Schneider, Sattler und Spinner, die für die Uniformen der Nationalgarde arbeiteten; aber diese Produktivassoziationen wurden nicht im Sinne BLANCS geleitet und mußten sich nach der Junischlacht auflösen. —

Die neue Zeit hatte nicht nur alte Organisationen aufgelöst, sie hatte auch mit der Maschine und der Kreditorganisation eine neue Gebundenheit, neue Tributpflichten geschaffen. Der Sozialismus sieht in seiner ersten Periode nicht nur sehnsüchtig zurück zur alten Organisation, sondern auch zur alten Freiheit. Diesem Streben hat PROUDHON den kräftigsten Ausdruck gegeben, während Ansätze dazu sich schon bei BABEUF und FOURIER finden.

PROUDHON, gleich FOURIER in Besançon geboren, machte sich zuerst einen Namen durch seine Bearbeitung einer von der Akademie seiner Vaterstadt gestellten Preisaufgabe. Auf die Frage „Qu'est ce que la propriété?" antwortete PROUDHON 1840: „la propriété c'est le vol." 1846 veröffentlichte er das „Système des contradictions économiques ou Philosophie de la misère." Er bekämpfte die klassische Nationalökonomie, AD. SMITH, so gut wie den Sozialismus BLANCS, sah sich dafür aber auch der zersetzenden Kritik des KARL MARX ausgesetzt.

Mit LAW erscheint PROUDHON die Zirkulation als der entscheidende Teil des Wirtschaftsprozesses. Er will nicht, wie BLANC, eine neue Organisation der Arbeit, sondern nur eine Neuregelung der Zirkulation, in deren heutiger Gestalt er den Grund alles Übels sieht. Geld und Zins sollen abgeschafft und dafür eine Tausch- und Volksbank eingerichtet werden, die die natürliche Zirkulation herstellt. Die Arbeiter liefern der Bank ihre Arbeitsprodukte ab und erhalten nach ihren Auslagen und der angewandten Arbeitszeit bemessene, von den Taxatoren der Bank kontrollierte Tauschbons, für die sie sich von der Bank das, was sie brauchen, eintauschen können.

Eine solche auf Arbeitsgeld beruhende Tauschbank hatte OWEN bereits 1832 versucht. PROUDHON schien sich 1848 nach Aufhebung der Ateliers nationaux eine Gelegenheit zu bieten, seinen Mutualismus in die Praxis umzusetzen. Ehe aber die Einrichtung ins Leben trat, wurde PROUDHON gefangen gesetzt.

Mit seiner Bank und ihrem unentgeltlichen Kredit hoffte PROUDHON nicht nur das Wirtschaftsleben, sondern alle gesellschaftlichen Verhältnisse regeln zu können. Wären die Menschen durch sie verbunden, so könnte die ganze Regierungsmaschine wegfallen. Durch diese Lehre von der Überflüssigkeit der Regierung und seine Forderung einer Dezentralisation der Bevölkerung wurde PROUDHON zum Führer des extremsten Individualismus, des Anarchismus.

Die PROUDHONsche Lehre hat besonders in den romanischen Ländern und in Rußland Anklang gefunden. BAKUNIN und KRAPOTKIN bildeten sie fort.

Sproß einer alten Adelsfamilie, hatte KRAPOTKIN nach dem Krimkriege auf eine Reform Rußlands gehofft. Als die Art der Durchführung der Bauernbefreiung und die dann hereinbrechende Reaktion diese Hoffnungen täuschten, suchte er in Sibirien, in der neu erworbenen Amurprovinz, zu wirken und begab sich schließlich nach Westeuropa, wo er unter den Uhrmachern des Jura in die anarchistische Bewegung eintrat.

Wie KRAPOTKIN selbst in einem bewegten Leben überall sich selbst zu helfen wußte, verurteilt er aufs schärfste die Arbeitsteilung: es soll wieder eine Arbeitsvereinigung, eine Synthese der menschlichen Tätigkeit, eintreten. Die Trennung zwischen Landwirtschaft und Fabrikation, auf die SMITH so großen Wert gelegt, soll aufgehoben werden. Eine integrale Erziehung soll die Menschen in den Stand setzen, Feldarbeit und dezentralisierte Industrie, genußreiche Handarbeit und geistige Tätigkeit zugleich auszuüben. KRAPOTKIN erhofft daraus einen derartigen Fortschritt namentlich der landwirtschaftlichen Produktion, daß auch dichtbevölkerte Länder ohne die internationale Teilung der Arbeit sich selbst genügen können, so daß die Umwege über Export und Profit in Zukunft vermieden werden.[1])

Vor allem eifert KRAPOTKIN gegen die Arbeitsteilung zwischen Staat und Regierten. Selbstvertrauen und Föderalismus sind nach seiner Meinung die aufbauenden Prinzipien der menschlichen Gesellschaft. Wo sie herrschten, wie bei der gegenseitigen Hilfe in den Gilden des MA., da

---

1) „Landwirtschaft, Industrie und Handwerk oder die Vereinigung von Industrie und Landwirtschaft, geistiger und körperlicher Arbeit", übers. von G. LANDAUER. Berlin 1904.

gab es eine Blüte in der Kultur; die Usurpation der sozialen Funktionen durch den Staat stellte seiner Autorität einen ungezügelten, geistig beschränkten Individualismus entgegen. Nicht in dem Kampf der Individuen sieht KRAPOTKIN das Naturgemäße, wie es die Forscher von HOBBES bis auf HUXLEY getan, sondern er sucht aus Natur und Geschichte die „gegenseitige Hilfe“ als das für die fortschrittliche Entwicklung der Art Wichtigere zu erweisen.[1])

Der Anarchismus steht in schärfstem Gegensatz zum autoritativen Sozialismus, dem es in erster Linie auf straffe Organisation ankommt, einer Richtung, wie sie von SAINT-SIMON, LOUIS BLANC, dann besonders von KARL MARX und den deutschen Sozialisten vertreten wurde. Zwischen den marxistischen Sozialdemokraten und den Anarchisten kam es in den siebziger Jahren zu den heftigsten Auseinandersetzungen. Aber wenn auch die Anarchisten von der Freiheit der Individuen ausgehen, so wollen sie doch eine Organisation, nur eben eine freiwillige, nicht auf Zwang, auch nicht der Arbeiterführer, beruhende, und wie sie in FOURIER ihren Vorläufer sehen, so fühlen sie sich OWEN und den Organisationen der Arbeiter in Gewerkvereinen (Trade-Unions) und Konsumgenossenschaften verwandt.

Wie der Kapitalismus keine der Neuzeit allein eigentümliche Bewegung ist, so findet sich eine dem modernen Sozialismus entsprechende antikapitalistische Reaktion bereits im Altertum (Plato)[2]), im MA., besonders zu Beginn der Neuzeit (MORUS, CAMPANELLA).[3]) Man kann diese Bewegungen nicht ohne weiteres als Utopien ansehen. Standen doch Organisationen Gleichberechtigter, wie sie den Sozialisten vorschwebten, in der Markgenossenschaft, in der Stadtgemeinde, am Anfang der Entwicklung. Kolonialer Boden bot auch später diesen Ideen Gelegenheit zur Anwendung. So findet sich aus des MORUS Utopia manches in den Gesetzen der nordamerikanischen Kolonien, und auch für KRAPOTKIN wurde sein Aufenthalt in Sibirien entscheidend.[4]) Indessen, wie derartige Gemeinwesen, wenn sie von der vorrückenden Verkehrswirtschaft erfaßt werden, entweder — bei unbeschränkter Aufnahme weiterer Mitglieder — zugrunde gehen oder — bei Abschluß gegen neuen Zudrang — ihren Prinzipien untreu werden, können in Ländern entwickelter Wirtschaft ähnliche Bestrebungen nur unter außergewöhnlichen Umständen und auf kurze Zeit Fuß fassen, wie die Kommune in Paris 1871, die nur durch die inselartige Abschließung der belagerten Stadt und die Heranziehung der gesamten Bevölkerung zu ihrer Verteidigung möglich wurde.

Zwischen den bisher betrachteten Formen des Sozialismus und dem romantischen Historismus lassen sich zahlreiche Berührungspunkte nicht verkennen. Man sah in den Organisationen der Vergangenheit ein Ideal, dem gegenüber die technischen und wirtschaftlichen Fortschritte der Gegenwart geringer geschätzt wurden. In der Tat kam dieser Fortschritt zunächst vor allem einer Klasse zugute, den modernen Unternehmern. Feindlich standen die früher allein Besitzenden und die Ausgebeuteten, Feudale und Proletarier, der neuen Entwicklung gegenüber. Allein auch ihnen brachte die Neuzeit manchen unleugbaren Vorzug, so daß sie gewissen Seiten des neuen Lebens gegenüber, dem Verkehr, soweit er nicht schadete, der Maschine, soweit sie nicht ausbeutete, den Widerstand aufgaben. Wie in LIST und CAREY Männer erstanden, denen das Verständnis für die historischen Besonderheiten das Auge öffnete für die Aufgaben des Fortschrittes ihrer Zeit, so kam in KARL MARX eine Richtung des Sozialismus zur Geltung, die die Errungenschaften der neuen Wirtschaftsorganisation als einen, wenn auch nicht endgültigen, Fortschritt anerkannte.

1) „Gegenseitige Hilfe in der Entwicklung“, deutsch von G. LANDAUER. Leipzig 1904 gegen HUXLEYS „Struggle for existence and its bearing upon man“. 1888.

2) R. PÖHLMANN, Geschichte des antiken Kommunismus und Sozialismus. München 1893.

3) Die Geschichte des Sozialismus in Einzeldarstellungen von E. BERNSTEIN, C. HUGO, K. KAUTSKY, P. LAFARGUE, F. MEHRING, G. PLECHANOW, I. Die Vorläufer des neueren Sozialismus. Stuttgart 1895. G. ADLER, Geschichte des Sozialismus und Kommunismus von Plato bis zur Gegenwart I. Leipzig 1899.

4) Memoiren I, Kap. 16: „Wenn ich sah, welchen ungeheuren Vorteil ihnen ihre halb kommunistische, brüderliche Organisation gewährte, wenn ich erkannte, wie wunderbar ihre Ansiedelungen, im Gegensatz zu all den Mißerfolgen der staatlichen Kolonien ringsumher, in Blüte standen, so lernte ich damit etwas, das sich aus Büchern nimmer lernen läßt.“

4. Der „wissenschaftliche“ Sozialismus.

Karl Marx und Friedrich Engels, Das kommunistische Manifest 1848. Karl Marx, Zur Kritik der politischen Ökonomie 1859. Das Kapital I. Hamburg 1867. II, nach Marx' 1883 erfolgtem Tode 1885 von Engels herausgegeben. III, 1894. Theorien über den Mehrwert, aus dem nachgelassenen Manuskript von K. Marx, herausgeg. von K. Kautsky. Stuttgart 1905. Aus dem literarischen Nachlaß von K. Marx, F. Engels und F. Lassalle, herausgeg. von Mehring I. 1902. Riazanov, K. Marx, F. Engels, kritische Gesamtausgabe I. Frankfurt a. M. 1927. Max Adler, Marx als Denker. 1908. Plenge, Marx und Hegel. 1911. G. Mayer, F. Engels. 1920. Hermann Oncken, Lassalle. Stuttgart 1904. Ed. Bernstein, Zur Geschichte und Theorie des Sozialismus. Berlin 1900. Die Geschichte der Berliner Arbeiterbewegung I. 1907. H. Laufenberg, Gesch. d. Arbeiterbewegung in Hamburg, Altona und Umgegend I. 1911. A. Bebel, Aus meinem Leben. G. Mayer, J. B. v. Schweitzer und die Sozialdemokratie. 1909. F. Mehring, Gesch. d. deutschen Sozialdemokratie. H. Dietzel, K. Rodbertus. Jena 1886, 1888.

Karl Marx war 1818 in Trier als der Sohn eines jüdischen Rechtsanwalts geboren. Er studierte in Bonn und Berlin und promovierte 1841 in Jena mit einer Dissertation über die Philosophie Epikurs. Seinen Versuch, sich in Bonn zu habilitieren, gab er angesichts der seinem Freunde, dem theologischen Dozenten Bruno Bauer, widerfahrenen Behandlung auf. Marx wurde erst Mitarbeiter, dann Leiter der radikalen Rheinischen Zeitung. Nach deren Unterdrückung ging er 1843 nach Paris, wo er mit dem Junghegelianer Ruge zusammen die Deutschfranzösischen Jahrbücher herauszugeben suchte und die Freundschaft mit Friedrich Engels anknüpfte.

Hatte Marx bei seinen Studien sich vor allem mit der Hegelschen Philosophie beschäftigt, so lernte er in Paris den Sozialismus näher kennen. Auf Veranlassung der preußischen Regierung aus Frankreich ausgewiesen, ging er 1845 nach Belgien, wo er 1847 die „Misère de la philosophie“ gegen Proudhon veröffentlichte und 1848 mit Engels das Manifest der kommunistischen Partei verfaßte.

Die Revolution von 1848 brachte Marx wieder nach Paris und Köln, wo er die Neue Rheinische Zeitung herausgab. Hier trat Lassalle in seinen Kreis. Aus Deutschland und Frankreich ausgewiesen, ging Marx 1849 nach London. Mit Engels wandte er sich hier dem Studium des sozial am weitesten fortgeschrittenen Landes, England, zu[1]), und seinen Arbeiten im Britischen Museum entsprangen seine Hauptwerke. Das Vertrautwerden mit den englischen Arbeiterverhältnissen bildet das dritte Hauptmoment im Marxschen Bildungsgang.

1864 übernahm Marx in der neugegründeten internationalen Arbeiterassoziation eine leitende Stelle, von der er sich aber zurückzog, als der Fall der Pariser Kommune und die innere Opposition der anarchistischen Gruppen unter Bakunin den weiteren Kampf aussichtslos erscheinen ließen.

In Marx laufen die verschiedenen Fäden der sozialistischen Bewegung zusammen. Durch ihre selbständige Verarbeitung wird er zu deren hervorragendstem Vertreter, und wie die Physiokraten den Grundbesitzern, Smith und Ricardo den Unternehmern, so liefert er den Arbeitern ihr wissenschaftliches Rüstzeug.

Die Hegelsche Philosophie bildet den Ausgangspunkt des Marxistischen Denkens. Scharf betont Marx seinen Gegensatz zu Hegel: er sei Materialist, Hegel Idealist. Allein, wenn auch Marx die Hegelschen Gedanken umstülpt, der Grundgedanke bleibt beiden gemein: die Welt sei ein logisch zu verstehender Prozeß. Es war eine neue Art des Rationalismus, die Hegel brachte, und wir können begreifen, wie Marx den aus dem alten Naturrecht hervorgegangenen Lehren verständnisvoll entgegenkam. Als den Fortbildner der klassischen Nationalökonomie eines Smith und Ricardo konnte er sich fühlen. Aber was jenen als für alle Zeit gültig erschienen war, wies er als nur für eine Epoche charakteristisch nach. Sie waren ihm die Vertreter der kapitalistischen Wirtschaft, und wie dieser die Feudalzeit vorangegangen war, so fühlte sich der revolutionäre Marx als Vorkämpfer einer neuen sozialistischen Periode, für die die Gesetze des Kapitalismus nicht mehr zu gelten brauchten. Scharf kennzeichnet Lassalle den Freund als Ökonom gewordenen Hegel und Sozialist gewordenen Ricardo.

1) Friedr. Engels, Die Lage der arbeitenden Klasse in England. 1845.

Wir haben auf den Zusammenhang zwischen historischer Schule und Sozialismus hingewiesen. Beide suchten über das individualistische Naturrecht hinauszukommen. Und wie die Historiker die Bedeutung der sozialen Gruppen, vor allem des Staates, hervorhoben, so suchten die Sozialisten aus der Geschichte die Berechtigung ihrer Ansprüche herzuleiten. Aber während der Historiker die einzelnen Ereignisse als solche zu verstehen suchen muß, kam es MARX so wenig wie HEGEL auf derartige Einzelforschung an: nur den Zusammenhang der Begebenheiten wollten sie ergründen; das einzelne interessierte sie nur, sofern sie es als Baustein ihrer Geschichtskonstruktion verwenden konnten.

Für HEGEL war die Welt die Verwirklichung einer Idee. Wie im menschlichen Denken jeder Behauptung, jeder These, ihre Negation, die Antithese, entgegengesetzt werden kann, damit durch die Ausgleichung beider, die Synthese, die volle Klarheit der zusammenfassenden Behauptung erzielt werde, so war für HEGEL das Böse in der Welt nur die Negation des Guten, die überwunden werden mußte, um das bewußte, vollkommen Gute hervorzubringen. Für MARX ist nicht das Ideelle, sondern das Materielle das Primäre. Das Ideelle ist ihm nichts anderes als das „im Menschenkopf umgesetzte und übersetzte Materielle". Seiner Geschichtsbetrachtung kam es darauf an, die materiellen, wirtschaftlichen Grundlagen der einzelnen Epochen zu erkennen, die in dem Ideellen, in Recht und Kultur, nur ihren Ausdruck fanden. So wurde die materialistische Geschichtskonstruktion zum Kern der MARXistischen Lehre.

Drei Epochen gilt es bei solchen Konstruktionen aufzustellen: Die erste weist einen unentwickelten Urzustand auf, der aber gegenüber den Schrecken der späteren Zeit als paradiesisches, goldenes Zeitalter erscheint. Die zweite Epoche läßt alle Keime des Verderbens aufgehen; es ist die Zeit der Sünde und des Fluches. Die dritte Stufe bringt die Erlösung, indem man die guten Seiten der ersten Epoche erkennt und sie unter Benutzung der Errungenschaften und Erkenntnisse der zweiten zu neuem Leben aufruft. Die Periode der freien Konkurrenz, die den bürgerlichen Ökonomen als das Ideal erschienen war, war für MARX die zweite unerfreuliche Stufe der Negation. Ihrer Analyse widmet er die meiste und wichtigste Arbeit seines Buches. Abgelehnt hatten die Schäden ihrer Zeit auch die früheren Sozialisten. MARX weist sie als notwendig hin für den weiteren Fortschritt. Mit einem gewissen Behagen registriert MARX alle Scheußlichkeiten der zweiten Epoche, des Kapitalismus; sie zeigen an, daß er sich ausgelebt, sich überlebt hat, daß Raum ist für die Negation der Negation, die neue soziale Epoche.

Mochten andere aus ethischen Gründen eine Änderung der bestehenden Verhältnisse fordern, für MARX handelt es sich nur um einen logischen Prozeß, der ganz ablaufen muß. Der große Eindruck seiner Schriften erklärt sich vielleicht gerade dadurch, daß er keine Forderungen stellt. Der Fortschritt muß von selbst kommen. Aber wer wollte verkennen, daß dieser Dialektik ein Glaube an den Sieg des Richtigen zugrunde liegen muß? MARX spricht diesen Glauben nicht wie andere als Prophet aus; die Wissenschaft, die Dialektik, ersetzt ihn ihm; aber gerade in diesem gefrorenen Pathos liegt der Zauber seiner Schriften.

„Was wirklich ist, das ist vernünftig" hatte HEGEL gelehrt. Philister hatten daraus seine Lehre zu einer Rechtfertigung des bestehenden Zustandes gemacht. Die Jungen kehrten die andere Seite des Satzes hervor: „und was vernünftig ist, das ist wirklich".[1]) Gelang es, die gegenwärtigen Zustände als unvernünftig hinzustellen, ihren logischen Widerspruch aufzudecken, so war ihnen das Urteil gesprochen. Und dies unternahm MARX.

Was ist das Wesen des Kapitalismus? „Ausbeutung und Anarchie" antwortete MARX, und darum muß er zugrunde gehen.

1) Vorrede zur Rechtsphilosophie, KUNO FISCHER, Hegel. S. 1154.

Seit Smith steht der Begriff des Kapitals im Vordergrund des ökonomischen Denkens. Marx zeichnet sich dadurch vor den früheren Sozialisten aus, daß er schärfer als alle diese Gedankengänge aufnimmt.

Er knüpft an die Smith-Ricardosche Lehre an, daß die Arbeit den Wert der Waren bestimme. Nicht der Gebrauchswert sei das den Waren Gemeinsame, sondern der Tauschwert; dieser lasse sich bestimmen nicht durch die besondere Art der Arbeit, wie Tischlerarbeit oder Bauarbeit oder Spinnarbeit, sondern durch Zurückführung auf eine gesellschaftliche Durchschnitts-Arbeitskraft. Als bloße gleichartige Arbeitsgallerten sind Marx die Waren quantitativ vergleichbar, haben sie einen Tauschwert.

Hier zeigt sich die Eigentümlichkeit der Marxschen Deduktion. Von einer Reihe gegebener Möglichkeiten erkennt er einfach nur diejenigen, die in sein späteres System passen, als maßgebend an. Wenn zwei Parteien miteinander kämpfen, ergeben sich doch wohl vier Möglichkeiten: entweder das Alte siegt oder das Neue, oder beide gehen unter, oder sie vertragen sich. Marx läßt im kommunistischen Manifest nur die beiden gelten: „Der Kampf endet jedesmal mit einer revolutionären Umgestaltung der ganzen Gesellschaft oder mit dem gemeinsamen Untergang der kämpfenden Klassen.“ So weiß Marx, daß nur der Gebrauch über den Wert entscheidet, und daß es individuelle Unterschiede gibt. Er läßt diese aber nicht gelten und betont nur, ohne diesen Gedanken weiter zu verfolgen, die Arbeit müsse „gesellschaftlich notwendig“ sein. So erwähnt Marx das Handelskapital als die älteste Form des Kapitals, seine Analyse setzt aber nicht bei diesem ein, sondern er erklärt nur das „Arbeit kaufende“, das Produktionskapital.

Wenn die Arbeit den Wert bestimmt, so muß im Grunde der Lohn der Arbeit den Erlös des Produktes aufzehren. Wie erklärt es sich denn, daß ein Teil des Erlöses als Profit dem Kapitalisten zufällt? Für Marx wie für Smith ist der Unternehmer nur Kapitalbesitzer. Nicht den Gewinn des einzelnen Unternehmers, sondern die Durchschnittsrate des Profits wollen sie erklären. Zins und Rente sind für Marx nur Nebenerscheinungen. Der Zins ist ein Teil des Profits, die Rente ein Überschuß über den Durchschnittsprofit. Worauf aber beruht der Profit? Wird dem Arbeiter nicht der Wert seiner Arbeit? Proudhon und Rodbertus antworteten: nein! Deswegen muß dem Arbeiter der volle Arbeitsertrag werden! Marx lehnt diese Anwendung der Moral auf die Ökonomie ab. Der Arbeiter bekommt so viel, wie ihm gebührt — innerhalb des Rahmens der kapitalistischen Wirtschaft. Was also ist der Profit, wenn er kein Raub ist? Es gelingt der kapitalistischen Wirtschaft, einen Mehrwert zu erzeugen. Dieser Mehrwert wird vom Kapital als Profit bezogen. Das Kapital gestaltet die Wirtschaft produktiver durch die Kooperation, durch die Organisation der Arbeit und die Ausbeutung dieser organisierten Arbeit.

Es besteht nach Marx (Kapital I, 4. Aufl., S. 156) ein Unterschied zwischen Tauschwert und Gebrauchswert der Arbeit. Der Arbeiter gibt das Ergebnis vergangener Arbeit, ihren „Tauschwert“, hin, der Unternehmer gewinnt an der Differenz, an dem, was der „Gebrauchswert“ ihm mehr bietet. Mag die Erhaltung der Arbeitskraft nur einen halben Tag Arbeit kosten, ist doch einen ganzen zu arbeiten. „Das ist ein besonderes Glück für den Käufer der Arbeit, aber durchaus kein Unrecht gegen den Verkäufer.“[1])

Marx scheidet zwischen konstantem und variablem Kapital. Das konstante Kapital sind die Kosten des Sachbedarfs, die der produzierende Kapitalist auszulegen hat für Maschinen, Rohstoffe u. dgl., das variable Kapital ist der Arbeitslohn, den er zahlt. Nur das variable Kapital kann nach seiner Meinung Mehrwert hecken.

Die Durchführung dieses Gedankens fällt Marx einigermaßen schwer; denn hat es eine Kooperation nicht auch in anderen Wirtschaftsepochen als der kapitalistischen gegeben? und ist nicht ein Kennzeichen des modernen Kapitalismus die große Industrie, die mit Maschinen, also einer Vermehrung des konstanten, Mehrwert nicht heckenden Kapitals arbeitet?

Marx hilft sich, indem er die kapitalistische Kooperation nicht als besondere historische Form der Kooperation gelten läßt, sondern erklärt, die Kooperation selbst erscheine (gegenüber Handwerk und Bauernwirtschaft) „als eine dem kapitalistischen Produktionsprozeß eigentümliche und ihn spezifisch unterscheidende historische Form.“[2])

Die Maschinerie schafft als Teil des konstanten Kapitals keinen Wert, aber sie funktioniert in der Hand unmittelbar vergesellschafteter oder gemeinsamer Arbeit. „Der kooperative Charakter des Arbeitsprozesses wird jetzt also durch die Natur des Arbeitsmittels selbst diktierte technische Notwendigkeit.“[3]) Durch Weiber- und Kinderarbeit, längere und intensivere Arbeit ermöglicht die Maschine dem Kapital stärkere Ausbeutung der Arbeitskräfte. Nicht gegen die Maschinerie an sich wendet sich Marx. Sie ist ihm ein Sieg des Menschen

1) K. Liebknecht, Grundzüge einer Marxkritik, nennt diese Gegenüberstellung von Arbeitskraft und Arbeit ein dialektisches Wortkunststück statt einer Lösung. Archiv f. Sozialw. u. Sozialp. 46, 3. 1919. Hierzu H. Sieveking, Der Gebrauchswert bei Marx. Schmollers Jb. 1922.

2) Kapital I. 4. Aufl. S. 299. 11. Kap.: Kooperation. 3) S. 350.

über die Naturkraft, sie verkürzt die Arbeitszeit und erleichtert die Arbeit. Allein kapitalistisch angewandt, tut sie das Gegenteil. Sie erschwert den Arbeitenden die Arbeit und setzt eine Menge Arbeiter frei, die den Lohn drückende industrielle Reservearmee. „Das Arbeitsmittel erschlägt den Arbeiter."

MARX verfolgt die Entstehungsgeschichte des Kapitalismus und schildert die Schattenseiten seiner ersten Entfaltung. Diese auf englischen Quellen, den Parlamentsenquêten, den Blaubüchern, vor allem, beruhende Darstellung im ersten Bande des „Kapitals" zeigt MARX als einen der ersten Wirtschaftshistoriker. Manche von ihm geschaffenen Begriffe, so der Ausdruck Manufaktursystem, Arbeit in gemeinsamem Raum aber ohne Anwendung von Maschinen (organische Manufaktur), sind Allgemeingut geworden. Es zeigt sich aber auch für ihn die Schwierigkeit, die Fülle des historischen Geschehens in drei Gruppen zu pressen. So gut MARX die Charakteristik des Kapitalismus gelingt, Kooperation und Trennung der Arbeiter von dem Besitz der Produktionsmittel, so schwierig wird es ihm, die früheren Epochen durch ein Schlagwort zu bestimmen. ENGELS hilft sich, indem er nicht drei, sondern dreimal drei Stufen annimmt.[1])

Bei solchen Konstruktionen muß der Urzustand Merkmale des erhofften neuen tragen. Was aber war das Wesentliche des alten, das Privateigentum des Handwerkers und Bauern oder das indische Gemeineigentum? Etwas gewunden drückt sich MARX am Schluß des vorletzten Kapitels im ersten Bande des „Kapitals" aus: Die Negation der Negation „stellt nicht das Privateigentum wieder her, wohl aber das individuelle Eigentum auf Grundlage der Errungenschaft der kapitalistischen Ära: der Kooperation und des Gemeinbesitzes der Erde und der durch die Arbeit selbst produzierten Produktionsmittel". Im Kommunistischen Manifest wird die Aufhebung der Klassenkämpfe der alten Gesellschaft als das von der Herrschaft des die ganze Gesellschaft umfassenden Proletariats zu erhoffende Ziel hingestellt.

Inwiefern stellt die kapitalistische Produktion einen Widerspruch dar? Zunächst durch die Lage der Arbeiter in ihr. Immer mehr selbständige Existenzen werden durch das Vordringen des Kapitalismus beseitigt, so daß schließlich die Masse der Produzenten als Proletarier, die nichts als ihre Arbeitskraft haben, gegenübersteht einem nach MARX stets geringer werdenden Häuflein von Kapitalisten, in deren Händen die Produktionsmittel konzentriert sind. Die Lebensbedingungen der Lohnarbeiter werden immer ungünstiger (Verelendungstheorie); dadurch zeigt die Bourgeoisie ihre Unfähigkeit, noch länger die herrschende Klasse der Gesellschaft zu bleiben. Der Widerspruch zwischen gesellschaftlicher Produktion und kapitalistischer Aneignung, wie er in dem Gegensatz von Proletariat und Bourgeoisie an den Tag tritt, kann nur dadurch behoben werden, daß die Proletarier sich vereinigen und die Herrschaft über die Produktionsmittel selbst in die Hand nehmen.

Dazu kommt ein Zweites. Zu dem Despotismus, den das Kapital in der einzelnen Fabrik seinen Arbeitern gegenüber herauskehrt, tritt die Anarchie der Produktion in der ganzen Gesellschaft. Die modernen Produktivkräfte empören sich gegen die modernen Produktionsverhältnisse. Periodisch wiederkehrende und stets sich verschärfende Handelskrisen gehören nach MARX' Meinung zum Wesen des Kapitalismus. Jede Krise bewirkt eine weitere Konzentrierung der Kapitale. Je ein Kapitalist schlägt viele tot. Mit der abnehmenden Zahl der Kapitalmagnaten wächst die Masse des Elends. Je unerträglicher dieser Zustand wird, um so eher schlägt die Stunde der Befreiung: die Expropriateure werden expropriiert.

Wie die Lehre von SMITH ist die von MARX nur aus den wirtschaftlichen Verhältnissen der Zeit, in der er schrieb, zu verstehen. Scharf hat er die Lage Englands in den vierziger Jahren beobachtet. Aber mußten sich die Tendenzen in der von MARX geschilderten Art weiterentwickeln? Sie haben es nicht getan.

Mußte die Lage der Arbeiter unter dem Kapitalismus eine immer verzweifeltere werden? War es nicht möglich, daß sie Anteil an der gesteigerten Produktivität gewannen? MARX selbst weist im „Kapital I" auf die Erfolge der englischen

---

1) „Der Ursprung der Familie, des Privateigentums und des Staates." 1884.

Arbeiterschutzgesetze hin, die in den fünfziger Jahren eine physische und moralische Wiedergeburt der Fabrikarbeiter herbeiführten. Im Gegensatz zu MARX hat dann BRENTANO in seinen „Arbeitergilden der Gegenwart" 1871/72 vom historischen Standpunkt aus nachgewiesen, wie den Arbeitern durch ihre Organisationen ein Aufsteigen auch in der kapitalistischen Wirtschaft möglich sei. Auch in Deutschland war dies Aufsteigen der Arbeiter zu spüren, auf das in den neunziger Jahren v. VOLLMAR und BERNSTEIN in der sozialdemokratischen Partei selbst hinwiesen.[1])

Und wie steht es mit dem Vordringen der kapitalistischen Akkumulation? Sind die Kleinbetriebe ganz verdrängt? Haben sie sich nicht in der Landwirtschaft kräftiger erwiesen als der Großbetrieb? Sind die Krisen immer schneller und umfassender sich gefolgt? Ist es nicht vielmehr dem Kapital in der großen Industrie durch Zusammenschluß in Kartellen und Trusts gelungen, die Produktion zu kontrollieren, die Konkurrenz und mit ihr die Anarchie, die sie brachte, zu beseitigen?

MARX zeichnet sich dadurch vor seinen Vorgängern aus, daß er die Bedeutung des Kapitals erkannte, er wollte es nicht wie sie bekämpfen, sondern fördern, auf daß es sich auslebe. Darin freilich blieb er Utopist, daß er an den baldigen Ablauf der kapitalistischen Epoche glaubte. Die Macht des Kapitals hat seitdem nicht ab-, sondern zugenommen. Und der Sozialismus fragt heute richtig nicht: wie beseitige ich das Kapital? sondern: wie schaffe ich den arbeitenden Menschen im Kapitalismus die beste Lage? Je konsequenter der Sozialismus sich diese Frage stellt, um so mehr wird er aus einer rückwärts blickenden Richtung zu einer dem Fortschritt dienenden.

MARX glaubte, durch die Anwendung der dialektischen Methode den Sozialismus zur Wissenschaft erhoben zu haben. Aber so gut er zu beobachten und zu schließen verstand: in der Überschätzung dieser Methode liegt seine Hauptschwäche. Die Fülle des geschichtlichen Lebens läßt sich auch durch die geistreichsten Konstruktionen nicht meistern. Und so große Bedeutung die wirtschaftlichen Grundlagen der Gesellschaft haben, so wichtig es ist, dem Einfluß der wirtschaftlichen Umwälzungen nachzugehen: es ist einseitig, in ihnen das allein Treibende zu sehen. Ebenso einseitig war es freilich, wenn DÜHRING im Gegensatz zu MARX in der unmittelbaren politischen Gewalt und nicht erst in einer indirekten ökonomischen Macht das Primitive suchte, die politischen Zustände als die allein entscheidende Ursache der Wirtschaftslage hinstellte.[2]) —

Wie bei MARX spielt auch bei RODBERTUS die Geschichtskonstruktion eine wichtige Rolle. Eindringende Studien machte er über die wirtschaftlichen Verhältnisse des Kaiserlichen Rom.[3]) Wie SAINT-SIMON legte er nur den Organisationen der Gesellschaft Wert bei. Der Freihandel, der diese Organisationen auflöste, war ihm der Straßenkehrer, der Bahnbrecher einer neuen vollkommeneren Organisation, die weitere Kreise umfaßte und ihre Mitglieder intensiver band.

RODBERTUS entnahm der klassischen Nationalökonomie, wie MARX, die Lehre, daß die Arbeit allein Lohn schaffe. Ihr werde aber in der jetzigen Gesellschaft nicht ihr ausreichender Lohn, ja, RODBERTUS spricht von einer fallenden Lohnquote.

1) KAUTSKY erklärt in seinem Vorwort zum Kommunistischen Manifest 1906 mit Recht die Verelendungstheorie für veraltet: „ganz anders steht das Proletariat heute da." 1892 hatte J. WOLF in seinem Werke über „Sozialismus und kapitalistische Gesellschaftsordnung" die Verelendungstheorie zurückgewiesen.

2) FR. ENGELS, Herrn Eugen Dührings Umwälzung der Wissenschaft. 1878. 2. Abschnitt, II.

3) HILDEBRANDS Jahrbücher für Nationalökonomie und Statistik 1864, 1865 und später.

Den Grund dieser Erscheinung sieht er in dem bestehenden Privateigentum, das durch Kollektivwirtschaft ersetzt werden müsse.

Allein RODBERTUS nahm nicht an, daß diese neue Ordnung sich von selbst einstellen würde. Er appelliert an die Pflicht der Gesellschaft. Nur in der Natur tragen die Dinge und Verhältnisse ihr vernünftiges Gesetz in sich; in der Gesellschaft verlangen sie, es vom Menschen zu erhalten. Er will auch die Neuorganisation nicht um der Arbeiter, sondern um der Gesamtheit willen. Durch die Entrechtung der Arbeiter ist ihm die Kultur bedroht. Wie einst die römische Kultur zusammenbrach, weil sie von einer zu kleinen Schicht getragen war, so gilt es, den Arbeitern Anteil an der modernen Kultur zu gewähren, sie nicht als Barbaren von ihr auszuschließen, damit sie ihr nicht ein ähnliches Schicksal bereiten.

RODBERTUS und MARX wollen eine neue Organisation. RODBERTUS erhoffte sie vom Staate, MARX von der Arbeiterklasse. LASSALLE suchte die Arbeiter zu organisieren und zugleich die Staatsgewalt für ihre Interessen zu interessieren. 1825 in Breslau geboren, trat er schriftstellerisch zuerst als Philosoph (Die Philosophie Heracleitos des Dunklen 1857) und als Jurist hervor. In dem „System der erworbenen Rechte" 1861 griff er das Erbrecht an, weil es nicht mehr dem Naturrecht entspräche. Es sei eine römische Einrichtung, die der deutsche Rechtsgeist durch seinen anders gearteten Eigentumsbegriff überwinden müsse. Wie MARX stand LASSALLE unter dem Einfluß HEGELS und der klassischen Nationalökonomie. Das eherne Lohngesetz, wie es RICARDO formuliert hatte, stand im Mittelpunkt seiner Agitation. Aber er nahm an, es gälte nur für die bürgerliche Ökonomie. Eine neue Ordnung sei nötig, in der die schreckliche Geißel dieses Gesetzes aufgehoben sei. Sie herbeizuführen, schlug LASSALLE wie LOUIS BLANC Produktivassoziationen vor, die mit Staatshilfe zu begründen seien. Hierbei geriet er in Gegensatz zu der Genossenschaftsbewegung, der er 1864 seine Schrift: „Herr BASTIAT-SCHULZE von Delitzsch" entgegenschleuderte, und wie Napoleon in Ham mit Blanc verkehrt hatte, so führte der gemeinsame Gegensatz gegen die Fortschrittspartei eine Zeitlang 1863 Bismarck und LASSALLE zusammen. —

Die deutsche Arbeiterbewegung knüpft an die der Gesellen an. Ihr erster literarischer Vertreter war der Schneidergeselle WILHELM WEITLING, der 1842 in Vevey die „Garantien der Harmonie und der Freiheit" veröffentlichte. Von den französischen Sozialisten beeinflußt, stellt er den Gegensatz der Klassen dar und erhebt das Wort im Namen der zahlreichsten und ärmsten Klasse. Für sie verlangt er eine neue Organisation, in der ein Dreimännerrat der Philosophen herrschen soll, neben diesem eine von ihm gewählte Zentralmeisterkompanie, darunter die Meisterkompanien als Organisatoren der Arbeit.

1848 treten die Arbeiter zuerst bedeutender hervor. Eine selbständige Partei zur Vertretung ihrer Interessen gründete 1863 Lassalle. Die Bedeutung des literarischen Elementes in dieser Bewegung zeigt die Tatsache, daß das Ende der 60er und den Anfang der 70er Jahre die Kämpfe zwischen den nationalen Lassalleanern und den internationalen Marxisten erfüllten. Eine Zeitlang spielte als Nachfolger Lassalles der katholische Frankfurter Patrizier JOH. BAPTIST V. SCHWEITZER eine führende Rolle. Ihm trat der preußenfeindliche Demokrat Liebknecht als Vertreter des marxistischen Internationalismus entgegen. Liebknecht gelang es, in Leipzig August Bebel, den aus Köln gebürtigen Drechslergesellen, zu gewinnen, in dem der Arbeiterpartei der glänzendste Redner und der feurigste Organisator erstand. 1869 stellten die Marxisten in Eisenach ihr Programm auf und errangen 1875 zu Gotha bei der Verschmelzung der beiden Gruppen der deutschen Arbeiterbewegung das Übergewicht. —

Eine sozialistische Fortbildung der klassischen Nationalökonomie ist auch die Lehre von HENRI GEORGE, die dieser in seinem Werke „Fortschritt und Armut", San Francisco 1879, niederlegte; aber während MARX das Kapital bekämpfte, fällt HENRI GEORGE in die physiokratische Einseitigkeit zurück, auf die Grundrente den entscheidenden Wert zu legen. In den kolonialen Verhältnissen Amerikas beobachtete er die Wirkungen der steigenden Grundrente. Er meinte, wenn bei der großen Steigerung der technischen Leistungen doch die Armut zunähme, sei das nur darauf zurückzuführen, daß die Wertsteigerungen des Bodens nur den wenigen Bodenbesitzern zuflössen. Die Grundrente war ihm nicht, wie den Physiokraten, ein Naturprodukt, sondern ein Kulturprodukt. Weil aber das Wachsen der Gesellschaft die Grundrente hervorbrächte, sollte sie der Gesellschaft, nicht den einzelnen Besitzern, gehören. So kam HENRI GEORGE zu der neuphysiokratischen Forderung der einen Steuer von der Grundrente, der Single-tax, die nicht nur alle anderen Steuern ersetzen, sondern auch die Heilung der sozialen Schäden bringen sollte. Die Lehre HENRI GEORGES hat vor allem in der angelsächsischen Welt Anklang gefunden, während in Deutschland, dessen Bodenbesitzverteilung im ganzen eine günstigere ist, die Bodenreformer gemäßigter auftreten, vor allem einer gerechteren Besteuerung der Grundrente und einer weit ausschauenden Siedelungspolitik das Wort reden. OPPENHEIMER wendet sich gegen das große Grundeigentum als die Quelle der sozialen Ungleichheiten, die von der Politik in die Wirtschaft getragen seien durch den Boden sich aneignende Sieger.[1])

Hatte die internationale Arbeiterassoziation von 1864 die Eroberung der politischen Macht als erste Pflicht der Arbeiterklasse gefordert, so richtete sich der französische Syndikalismus gegen die parlamentarischen Kämpfe der Arbeiter. Gerade dort, wo die Arbeiter zu Einfluß auf die Regierung gelangt waren, zeigten sie sich unbefriedigt von diesen Erfolgen. Im Anschluß an PROUDHON wurde deswegen Befreiung der Gesellschaft vom Staate und Befreiung der Fabrik von dem Unternehmer gefordert. Das Mittel sollte die direkte Aktion sein, nicht der Stimmzettel, sondern der Streik.

Diese Richtung ist nicht nur durch ihre veränderte Taktik, sondern auch durch die psychologische Begründung ihrer Forderungen bemerkenswert. Für MARX sollte der Sieg der Arbeiter das Ende des Klassenkampfes bedeuten. Die Arbeiter waren ihm die Gesellschaft. Aber sie sollten die Errungenschaften der kapitalistischen Epoche, die rationelle Organisation des Großbetriebes, übernehmen. Mit dieser Rationalisierung war aber der temperamentvolle französische Arbeiter nicht einverstanden. Er verlangte eine Freiheit, die den Einzelwünschen entgegenkam. So will der Syndikalismus nichts von der Herrschaft der Majorität wissen. Bei den beherzten Minderheiten lag nach seiner Meinung stets das menschlich Wertvollste.[2])

Rationalisierung des Lebens, vor allem der Wirtschaft, das war die Forderung der Gelehrten im 18. Jh. gewesen, im 19. hatte sich ihr das Bürgertum, dann auch die Arbeiterschaft ergeben. Aber wie die Romantik zuerst bei den Gebildeten die Bedeutung des Irrationellen gegen die Aufklärung betonte, so ergab sich beim Bürgertum später eine Reaktion gegen das nur Verstandesmäßige. Während die Arbeiter dem dialektischen Denken gewonnen wurden, gab man sich hier der Wagnerschwärmerei hin. Wenn jetzt auch die Arbeiterschaft sich gegen zu straffe Rationalisierung aufbäumt, so gibt sich darin die richtige Empfindung kund, über das nur Verstandesmäßige zu einem allgemeinen Menschentum zu gelangen, wobei es sich freilich nicht um ein Absehen von aller Vernunft zu handeln braucht.

---

1) Theorie der neuen und politischen Ökonomie 1910.
2) M. G. SOREL, La Décomposition du Marxisme; Réflexions sur la Violence, 1908.

5. Kapital und Arbeit.

G. v. Schulze-Gaevernitz, Der Großbetrieb, ein wirtschaftlicher und sozialer Fortschritt. Leipzig 1892; Britischer Imperialismus und englischer Freihandel. 1906. England und Deutschland, Beiträge zur Weltwirtschaft und Weltpolitik. 5. Aufl. 1922. M. Weber, Der Nationalstaat und die Volkswirtschaftspolitik. Freiburg 1895. Agrarstatistische und sozialpolitische Betrachtungen zur Fideikommißfrage in Preußen. Archiv f. Sozialwissenschaft und Sozialpolitik 19, 3. Fr. Naumann, Neudeutsche Wirtschaftspolitik. 1906. R. Liefmann, Kartelle und Trusts. 7. Aufl. 1927. Beteiligungs- und Finanzierungsgesellschaften. 1909. F. Baumgarten und A. Meszlény, Kartelle und Trusts. Berlin 1906. K. Wiedenfeld, Ein Jahrhundert rheinischer Montanindustrie, 1916. Das Rheinisch-Westfälische Kohlensyndicat, 1912. O. Mathies, Hamburgs Reederei, 1814—1914, 1924. P. F. Stubmann, Ballin, 1926. Pinner, Die deutschen Wirtschaftsführer, 1924. — Sidney und Beatrice Webb, The history of Trade-Unionism. London 1894, übers. von E. Bernstein. Stuttgart 1895. Industrial Democracy. 1897, deutsch 1898; Problems of Destitution 1911. deutsch: Das Problem der Armut. 1912. Hans v. Nostitz, Das Aufsteigen des Arbeiterstandes in England. 1900. Brentano, Englische Wirtschaftsgeschichte III. 1927. G. Steffen, Studien zur Geschichte der englischen Lohnarbeiter III, deutsch von M. Langfeldt. Stuttgart 1905. F. Schomerus, Neben- und Folgewirkungen der englischen Gewerkschaften. Aus den Festgaben für F. J. Neumann. Tübingen 1905. John Mitchell, Organisierte Arbeit, deutsch von H. Hasse. Dresden 1904. F. Imle, Gewerbliche Friedensdokumente. 1905. G. Schwittau, Die Formen des wirtschaftlichen Kampfes. 1912. H. A. Walter, Die neuere englische Sozialpolitik. 1914. Th. Plaut, Whitleyismus, d. engl. Typ der Betriebsräte; Gildensozialismus, 1922. M. A. Landau-Aldanow, Lenin und der Bolschewismus. 1920. P. u. J. Petroff, Die wirtsch. Entwicklung d. Sowjet-Union, Berlin 1926. v. Gottl-Ottlilienfeld, Fordismus, Kiel 1924. Hirsch, Das amerikanische Wunder. 1926. Bonn, Geld u. Geist. 1927.

Die freie Verkehrswirtschaft kam dem Kapitalismus zugute, so mußte der Kapitalismus zunächst bestrebt sein, die freie Verkehrswirtschaft zu fördern. Mit dem Fortschreiten der Kapitalansammlung ergab sich aber eine andere Tendenz. Das Kapital strebt nicht nur nach hoher, sondern auch nach sicherer Verzinsung. Wo es eine gute Anlage gefunden hat, sucht es, sie zu erhalten. So kann das Kapital, das im Anfang der Entwicklung die treibende Kraft des Fortschritts war, in ihrem Fortgang zu einer hemmenden Macht werden.

Der Fortschritt der Technik bringt eine Verminderung der Abhängigkeit von der Natur und damit eine Verminderung des Risikos der Wirtschaft. Die Organisation der Spekulation, die moderne Börse, sucht nicht nur die örtlichen, sondern auch die zeitlichen Unterschiede der Preise, indem sie an dieser Differenz verdient, herabzusetzen. Betrug 1816—1865 die Differenz zwischen dem höchsten und niedrigsten Roggenpreis im Durchschnitt Preußens innerhalb eines Jahres 8,1 Prozent, so 1865—1893 nur 3,6 Prozent.[1]) Der ausgebildete Nachrichtendienst, Telegraph und Telephon, lassen die Chancen der Wirtschaft immer genauer berechnen.

Bei dem Allgemeinerwerden wirtschaftlicher Kenntnisse vermindert sich die Bedeutung des selbständigen Handelsstandes. Er spielt im Anfang eine führende Rolle als Vermittler und Bringer neuer technischer und kommerzieller Kombinationen. So stand bei der Gründung des Deutschen Reiches, bei der Einführung der Reichswährung der Handelsstand an erster Stelle, die er seitdem den Vertretern der Industrie und der Landwirtschaft hat abtreten müssen. Es organisieren sich die Konsumenten, es organisieren sich vor allem die Produzenten, um Einkauf und Absatz selbst in die Hand zu nehmen.

Wo öffentliches Interesse vorliegt und das Risiko ein verhältnismäßig geringes ist, wie bei den Verkehrsanstalten des Landes, drängt der Staatsbetrieb den Privatbetrieb zurück. In Belgien und einigen deutschen Mittelstaaten wurden die

1) J. Conrad, Grundriß zum Studium der politischen Ökonomie. 3. Aufl. 1900. I. S. 214.

Eisenbahnen von vornherein als Staatsbahnen gebaut. In den siebziger Jahren versuchte Bismarck die Eisenbahnen dem Reiche zuzuwenden. Dies scheiterte aber an dem Widerstande der Einzelstaaten. So schritt Preußen seit 1879 dazu, die norddeutschen Bahnen zu verstaatlichen. Dabei wurden die Bahnen der Kleinstaaten (Thüringen, Lippe, Hamburg, Bremen usw.) dem preußischen Netze einverleibt und 1896 mit Hessen-Darmstadt die Preußisch-Hessische Finanz- und Betriebsgemeinschaft geschlossen, der die Elsaß-Lothringischen Reichseisenbahnen nicht fernstehen. Daneben gab es bayerische, württembergische, badische, sächsische, mecklenburgische und oldenburgische Staatsbahnen und einzelne Privatbahnen, wie die Lübeck-Büchener, aber mit einem Netz von rund 30000 Kilometern stellte die preußisch-hessische Eisenbahnverwaltung eine der größten einheitlich geleiteten Unternehmungen dar. Entsprechend dem Vordringen des Staatsbetriebes nahmen Städte Wasser-, Gas- und Elektrizitätswerke sowie Trambahnen in eigene Verwaltung.

Solange neue Gebiete dem Verkehr zu erschließen sind, der technische Fortschritt neue Verwertungsmöglichkeiten der Naturschätze bringt, steht der wagende Unternehmer im Vordergrund. In der Aktiengesellschaft aber hat die Leitung der Unternehmung, wer über die Mehrzahl der Aktien verfügt, der Direktor ist Angestellter der Aktionäre, er hat die technische Leitung, aber nur, wenn er über den genügenden Aktienbesitz verfügt, auch die wirtschaftliche. Den Aktionären ist es um Herauswirtschaftung einer möglichst gleichmäßigen Dividende zu tun. Der persönliche Ehrgeiz, andere Werke zu überflügeln, steht ihnen fern. So begünstigt die Form der Aktiengesellschaft den Zusammenschluß von Unternehmerverbänden, deren Teilhaber sich gewissermaßen gegenseitig die Dividenden garantieren.

Die Krise von 1873 hat in Deutschland das Aufkommen der Unternehmerverbände mächtig gefördert. Sie brach aus, weil mit den ständig vergrößerten Produktionsanlagen das Wachsen des Konsums nicht mehr Schritt hielt. Die wichtigsten westeuropäischen Bahnen waren gebaut, das Kriegsmaterial Deutschlands und Frankreichs wieder hergestellt, so sah sich die gesteigerte Produktionskraft einer verminderten Konsumkraft gegenüber. Ein gegenseitiges sich Unterbieten wäre ruinös gewesen, wie nahe lag da der Gedanke, die Konkurrenz zu regulieren, dadurch die Macht der Produzenten den Konsumenten gegenüber zu stärken! Man einigte sich zunächst über Zahlungsbedingungen, dann über die Verteilung des Absatzes, schließlich wurde die Menge der Produktion selbst von dem Verband geregelt.

Solche Unternehmerverbände können monopolistischen Einfluß gewinnen, wo ihnen die Beherrschung von Naturschätzen gelingt, die nur in beschränktem Maße vorhanden sind, oder von Verkehrswegen, oder, wo es sich um derart große Unternehmungen handelt, daß eine Konkurrenzgründung wohl möglich wäre, aber, da auf einen entsprechend gesteigerten Absatz nicht zu rechnen, keine Aussicht auf Rentabilität hätte. Hauptgebiet solcher Organisationen ist daher der Bergbau (Kohlen, Kupfer usw.), das Transportwesen (Eisenbahnen, Schiffahrt) und die schwere Industrie der Halbfabrikate (Eisenhütten).

In den Vereinigten Staaten und in Deutschland sind die Unternehmerverbände vor allem hervorgetreten. Seit 1859 in Pennsylvanien zuerst nach Petroleum gebohrt war, führte die zügellose Konkurrenz schon Ende der sechziger Jahre zu Vereinigungen der Unternehmer. Unter diesen wußte sich die 1867 und 1870 durch Rockefeller gegründete Standard Oil Company durch Ausnutzung des Tarifkampfes der Eisenbahnen und Legen der Röhrenleitungen (Pipe lines) für Petroleum eine beherrschende Stellung zu erringen. 1882 wurde der Standard Oil Trust gegründet. An Stelle der Bündnisse trat eine Zusammenlegung der Aktien von 59 Gesellschaften in der Hand von Vertrauensmännern (trustees). Dadurch, daß die Rockefeller-Gruppe auch über alle möglichen anderen Unternehmungen die Kontrolle erlangte, wurde sie zu einer Kapitalmacht, die über Milliarden von Dollars gebietet. Neben dem Zucker-, Whisky- und Fleischtrust erlangte besondere Bedeutung der 1901 von Morgan gegründete Stahltrust. Carnegie, der mächtigste Konkurrent, ließ sich auskaufen. Unter den deutschen

Kartellen ragen hervor das 1893 gegründete Rheinisch-westfälische Kohlensyndikat und der 1904 gegründete Stahlwerksverband. Wir sehen, wie auch in Deutschland die Verabredungen immer fester werden, und während das Kartell allen Beteiligten, auch den kleineren, unproduktiveren Werken, die gleiche Stellung zu gewähren scheint, wird diese Wirkung durch die Kombinationen, Verschmelzungen von Werken verschiedener Produktionsstadien, z. B. Kohlenzechen und Eisenhütten, aufgehoben. Betriebs- und Kapitalvereinigung dringen auch hier vor.

Die Konzentration des Betriebes in der Hand des Staates oder der Unternehmerverbände ermöglicht eine rationellere Wirtschaft. Aber die Gefahr liegt nahe, daß die Großbetriebe ihre Macht nicht im Interesse der Gesamtheit anwenden, sondern nur zur Gewinnung einer hohen und sicheren Rente ausnutzen, die durch Produktionseinschränkung und Preissteigerung leichter als durch Erweiterung der Produktion und Ermäßigung der Preise erreicht zu werden scheint. Eine größere Stabilität der Wirtschaft wird erreicht, aber vielleicht auf Kosten der Anpassungsfähigkeit an die wechselnden Bedingungen des Wirtschaftslebens.

Der erzieherische so gut wie der erhaltende Schutzzoll wurden ursprünglich nur als vorübergehende Maßregeln empfohlen, die den Unternehmern eine Periode des Überganges erleichtern sollten. Durch Ausschaltung der Konkurrenz können jedoch die Unternehmer sich die durch die Zölle hervorgerufene Preiserhöhung im Inlande voll zugute kommen lassen. Diesen Vorteil suchen auch solche Unternehmungen, die an sich der Konkurrenz des Auslandes gewachsen wären, als einen dauernden sich zu erhalten zum Schaden der Konsumenten und der Weiterverarbeiter.

Nicht sowohl auf den Schutz der nationalen Arbeit als der nationalen Rente scheint die Wirtschaftspolitik vorzugsweise Bedacht zu nehmen. In einem Lande gleichbleibender Bevölkerung, wie Frankreich, haben diese Rücksichten auf die Rentner schon lange eine große Rolle gespielt, aber auch in England treten sie im Dienste der Schutzzollbewegung hervor. Das englische Kapital sucht in den Kolonien Anlage, und während des Burenkrieges und der Chamberlainschen Agitation beherrschte die Absicht, diese Anlagen produktiv zu gestalten, die englische Politik. Nicht Unternehmer und Arbeiter, sondern der Kolonialwerte plazierende Finanzier und der hinter ihm stehende Rentner schienen die wirtschaftlich wichtigsten Interessen darzustellen.

Der auf irgendeine Weise errungene Besitz soll möglichst sicher angelegt werden. Solche Anlage bietet neben der Staatsschuld der Grundbesitz. Diesem Grundbesitz sollte in England 1815—1847 und sollte in Deutschland vor dem Kriege nicht nur durch dauernde Zölle eine ausreichende Verzinsung des Übernahmekapitals bei gleichbleibender Technik gesichert werden; es ging auch das Bestreben dahin, ihn fideikommissarisch zu binden, dem jeweiligen Besitzer also eine unveräußerliche und unverschuldbare Rente zu gewähren auf Kosten aller Nichtbesitzer und auf Kosten des wirtschaftlichen Fortschrittes der Nation. Die Fideikommisse, wie sie in England herrschen, aber auch in Preußen bedenklich sich ausdehnten, bedeuten, wie Weber ausführt, eine verkehrslose Besitzorganisation unter Erhaltung der verkehrswirtschaftlichen Betriebsorganisation. Aus dem am Export interessierten Kapitalismus, der durch neue Kombinationen und durch Erschließung neuer Märkte der Steigerung der nationalen Produktion dient, wird ein „Binnenkapitalismus“, der nur bei Zurücksetzung des Interesses der heimischen Konsumenten und bei Unterdrückung der Arbeiterschaft (Heranziehung minderwertiger ausländischer Arbeiter im Osten) bestehen konnte.

Diese besonders für die Masse der Lohnarbeiter ungünstige Lage änderte sich in England, als die industriellen Unternehmer die wirtschaftliche Führung übernahmen. Was dem einzelnen Arbeiter nicht möglich war, erreichten die Arbeiterorganisationen, Gleichberechtigung beim Lohnvertrage. So war dem englischen

Arbeiterstande ein Aufsteigen möglich. Wo aber Unternehmerverbände und Staat eine überragende Macht gewinnen, verengt sich der Raum für eine selbständige Arbeiterbewegung. Die Unternehmerverbände haben offenbar eine ganz andere Bedeutung, wenn ihnen mächtige Arbeiterorganisationen zur Seite stehen, als wenn diese fehlen. Der Staatssozialismus trug ein anderes Gepräge in dem demokratischen Neuseeland als in Deutschland oder gar in Rußland. Die Unternehmer suchten durch Wohlfahrtsanstalten (Wohnungen und Pensionskassen), deren Leitung sie sich vorbehielten, die Arbeiter in Abhängigkeit zu halten. In Deutschland hat die staatliche Arbeiterversicherung unter Bismarck Großes geschaffen (Krankenversicherung 1883, Unfallversicherung 1884, Invaliditäts- und Altersversicherung 1889), allein einer selbständigen Arbeiterbewegung waren diese Gesetze nicht günstig, da sie den Arbeiterorganisationen wichtige Aufgaben entzogen, und 1878 bis 1890 herrschte das Sozialistengesetz.

Auf dem Kontinent gab man sich der Hoffnung hin, der Zersetzung des selbständigen Mittelstandes, der Handwerker und Kleinhändler durch den vordringenden Großbetrieb mit gesetzgeberischen Maßnahmen entgegentreten zu können. So suchten das Deutsche Reich durch die Gesetze von 1881, 1897 und 1908, Österreich durch die Gesetze von 1883, 1897 und 1907 das Innungswesen wieder zu beleben. In Deutschland bewilligte man nur den sogenannten kleinen Befähigungsnachweis, der die Lehrlingshaltung geprüften Meistern vorbehielt, in Österreich jedoch wurde in einer Reihe von Gewerben sogar die Niederlassung als selbständiger Meister von der Zugehörigkeit zu einer Innung und dem Befähigungsnachweis abhängig gemacht. Man kehrte damit zu der Gesetzgebung der 40er Jahre zurück, unter der sich doch gerade der Großbetrieb entwickelt hatte, und übersah, daß durch solche Gesetze die kapitalistische Entwicklung nur zu anderen Formen gezwungen wurde (Begünstigung der Filialbetriebe), während die notleidenden Mittelständler selbst statt auf Anpassung an die neue Entwicklung durch Fachausbildung und Kreditorganisation auf bureaukratische Eingriffe verwiesen wurden.

In ganz anderer Weise bedeutet die neuere englische Sozialpolitik, wie sie besonders Lloyd George vertreten hat, eine Abkehr von manchesterlicher Gewerbefreiheit und eine Wiederaufnahme von Maßnahmen der früheren Wirtschaftsorganisation. Man nahm nicht nur den deutschen Gedanken einer staatlichen Arbeiterversicherung mit sehr viel bedeutenderen Staatszuschüssen auf (Alterspensionsgesetz 1908, Krankheits- und Invaliditätsversicherung 1911, Arbeitslosenversicherung 1911) und förderte die innere Kolonisation durch Besteuerung des Großgrundbesitzes und Begünstigung von Pächter und Landarbeiter (Small Holdings Act 1907), sondern kehrte in der Errichtung von Lohnämtern (zunächst in der Hausindustrie 1909, 1913 für Landarbeiter und Grubenarbeiter) und der Anerkennung einer Unterstützungspflicht für Arbeitslose (Staatszuschuß zur Arbeitslosenversicherung) zu den Grundsätzen der Elisabethischen Maßnahmen zurück.

Das Kapital hat sich nicht, wie Marx annahm, durch Krisen selbst aufgerieben, sondern eine feste Organisation der Volkswirtschaft zuwege gebracht. Aber durch wirtschaftliche und politische Organisation konnten die Arbeiter soziale Forderungen im Rahmen des Kapitalismus durchsetzen. Gewerkschaften und Genossenschaften, Arbeiterschutz und Staatsbetrieb sollten einen Sozialkapitalismus (Sombart) ermöglichen, eine Wirtschaftsverfassung, bei der das Kapital nicht wenigen Besitzern, sondern der Gesamtheit diente: behielt hier der kapitalistische Unternehmer die Führung, so waren seinen Lohnarbeitern nach Art der konstitutionellen Staatsverfassung gewisse Rechte einzuräumen. Denn nur bei einer demokratischen Grundlage der Wirtschaftsverfassung ergibt sich die Möglichkeit einer die Gesamtheit der Staatsbürger umfassenden Kultur.[1])

1) Vgl. hierzu: Industrial stability, hg. v. C. Kelsey, University of Pennsylvania, The Annals. Philadelphia 1920: „mutual obligations and duties of labor and capital and the public." Bes. S. 17f.: Demokratische Organisation in der Leeds and Northrup Comp., die in der Feinmechanik 450 Angestellte beschäftigt. Hier sind in Fortbildung der von Abbé im Zeißwerk in Jena verwirklichten Ideen die Stimmrechte auf die „Employees shares" beschränkt, die nur an Mitarbeiter, die 5 Jahre in dem Unternehmen tätig sind und mindestens 1500 $ verdienen, ausgegeben werden. Wer austritt, erhält ebenso wie die Kapitalisten, nur Zinsrechte, „investment shares" mit „fixed and preferred dividend".

Verkennen wir es nicht, daß der Krieg zunächst eine ungeheure Stärkung des Kapitalismus gebracht hat. In allen Ländern hat die anfängliche Verbindung von Staatsmacht und privater Unternehmung neue Bedeutung gewonnen. Sie wurde nicht nur für den riesig gesteigerten Staatsbedarf herangezogen, sondern auch für die Versorgung der Bevölkerung, bei der man doch der genossenschaftlichen Organisation weiteren Spielraum hätte gewähren können. Dabei wurden nicht einzelne Unternehmer, sondern die geschlossenen Verbände der Interessenten bei Rohstofflieferungen oder Absatz begünstigt. Der Krieg war schließlich ein Krieg der großen Kapitalgruppen. In diesem Kriege ist die deutsche Gruppe unterlegen, um so rücksichtsloser kann sich die amerikanische Kapitalorganisation entfalten. Aber eine gewaltige Verantwortung ist ihr aufgebürdet. Nicht nur die Versorgung der Welt, auch der Aufbau des ganzen Wirtschaftslebens liegt in ihren Händen. Im Kriege hat das Kapital bewiesen, daß es nicht nur die Wirtschaft befruchtet, sondern fast noch furchtbarere Kräfte der Zerstörung aufbieten kann als irgendeine andere Wirtschaftsverfassung. Es muß sich jetzt seiner positiven Aufgaben bewußt werden. Kapitalismus heißt Herrschaft der Kapitalistenklasse im Gegensatz zu den Grundbesitzern und den Arbeitern. Eine solche Herrschaft des Kapitals, die alle seine Vorteile dem Kapitalisten zufließen ließe, ist heute nicht mehr möglich. Allzu lebhaft pochen die Arbeiter an die Tür. Aber der Kapitalismus sollte ja nicht der Bereicherung weniger dienen. Er wurde begünstigt, weil er die Versorgung aller sicher stellte und den Armen Beschäftigung bot. Die Frage ist, ob er diese Aufgabe nicht heute ebensowohl wie früher besser zu lösen vermag als andere, z. B. staatliche Fürsorge.

Die radikale Beseitigung des Kapitalismus wurde möglich. Aber wo sie durchgeführt wurde, wie in Rußland, erfolgte sie unter so ungünstigen Bedingungen, daß von einer Steigerung der Ergiebigkeit der Wirtschaft oder auch nur einer gerechteren Verteilung des Ertrages nicht die Rede sein konnte. Der Gedanke der Konkurrenz wurde von LENIN nicht ausgeschaltet. Doch sollte an Stelle der Konkurrenz der Privatunternehmen der Wettbewerb der Gemeinden in der Ablieferung ihrer Überschüsse treten.[1]) Tatsächlich behielten die Gemeinden ihre Produkte am liebsten selbst und mußten zur Ablieferung gezwungen werden. So mußte auch auf die Verschiedenheit der Leistung Rücksicht genommen und den Technikern und Fabrikleitern mußten sehr hohe Gehälter bewilligt werden. In der neuen ökonomischen Politik (NEP) von 1922 wird das ursprüngliche Programm stark modifiziert.

Wie hier eine äußerst radikale Bewegung doch wieder der Mannigfaltigkeit des Wirtschaftslebens und dem Erwerbstreben des einzelnen entgegenkam, so hat sich der Kapitalismus auch der Siegerstaaten zu großen sozialen Zugeständnissen verstanden. Nicht nur sind Forderungen des Arbeiterrechts, um die bisher gekämpft wurde, wie Tarifverträge zwischen Unternehmer- und Arbeiterorganisation, paritätischer Arbeitsnachweis und Schiedsgerichte eingerichtet, der Staat hat auch Maximalanstrengung, den Achtstundentag, und Minimallöhne garantiert.[2])

---

1) LENIN, Die nächsten Aufgaben der Sowjet-Macht. Promachos Verlag 1918.

2) In der Socialen Praxis vom 18. Aug. 1920 weist A. MUELLER darauf hin, daß der Hauptgewinner der russischen Revolution der russische Bauer sei. Die rabiatesten Kommunisten und Sozialisten hätten also gerade die dem Sozialismus feindlichste Macht stärken müssen. Umgekehrt werden von A. HURD, The great siege, British labour and Bolshevism, in der Fortnightly Review vom Aug. 20 die Forderungen der englischen Arbeiter in ihrem Programm „Labour and the new social order“: 1. das nationale Minimum an Lohn oder Unterhalt, 2. die demokratische Kontrolle der Industrie, Nationaleigentum an Eisenbahnen, Minen, elektrischer Kraft und am Boden, 3. Wegsteuerung des Reichtums, als genaue Parallele zu den Sätzen des Bolschewismus bezeichnet.

Neben dem Staat als Verbraucherorganisation verlangt der Gildensozialismus den Gildenkongreß der vom Lohnsystem befreiten, in einigen großen Berufsgruppen zusammengeschlossen Produzenten. Wie neben dem Kartell, das die Unternehmer einer Produktionsstufe verbindet, die verschiedene Stufen der Produktion zusammenfassende kombinierte Unternehmung um sich griff, so sind in der modernen Arbeiterbewegung neben den alle Arbeiter eines Erwerbszweiges zusammenfassenden Gewerkschaften die Organisationen in den einzelnen Betrieben bedeutungsvoll geworden. Wenn hier Ausschüsse früher allein in Arbeiterfragen die Arbeiter vertraten, so wollen die Betriebsräte den Arbeitern Einfluß auf den Gang des Unternehmens sichern. Es wird sich hier, will man auf die Initiative selbständiger Unternehmer nicht verzichten, nur um eine Kontrolle handeln können, wie sie etwa die Aufsichtsräte für die in der Mehrzahl doch auch zur Mitleitung ungeeigneten Aktionäre ausüben. In England und Amerika wurde weitgehende Verstaatlichung im Interesse der Arbeiter bei den Eisenbahnen und im Bergbau verlangt. Die Sozialisierung sah in Deutschland im Kohlenbergbau eine Vertretung nicht nur der Arbeiter und Unternehmer, sondern auch der Konsumenten vor, wie etwa in den Eisenbahnräten sie ihre Wünsche schon äußern dürfen.

Die angedeuteten Tendenzen, die den einzelnen auf die kollektivistische Führung des Daseinskampfes verweisen, staatliche Eingriffe, Herrschaft der Unternehmerverbände und der Gewerkschaften, führen Sombart dazu, mit 1914 das Zeitalter des „Hochkapitalismus“ als abgeschlossen zu bezeichnen, während der nunmehr einsetzende „Spätkapitalismus“ das Gewinnstreben durch normative Ordnung „entthronte“. Jedenfalls haben wir es mit einer Krise des Kapitalismus zu tun. Nach dem spanischen Erfolgekriege und der Lawschen Krise konnte sich der Kapitalismus dadurch erholen, daß er neue Schichten, die kleinen Unternehmer auf dem Lande, heranzog. Rosa Luxemburg glaubt in diesem Heranziehen noch nicht kapitalistischer Schichten in den Kreis des rechnerischen Denkens eine Lebensnotwendigkeit des Kapitalismus überhaupt zu sehen. Nach der Krise der napoleonischen Kriege wurde aber wohl wichtiger als diese Expansion die Unterwerfung der Natur durch die Technik. Würde uns ein entsprechender weiterer Fortschritt helfen können? Oppenheimer glaubt, daß, wie damals vor allem die anorganische Natur bezwungen wurde, in der Erforschung der Gesetze der organischen Natur noch große Möglichkeiten liegen. Vielleicht ist auf die bessere Organisation der Gesellschaft und der Wirtschaft das größte Gewicht zu legen.

In der Sozialgesetzgebung war bisher Deutschland führend.[1]) Die Durchsetzung des Kapitals mit fremden Elementen, wie sie die Lage nach dem Kriege mit sich bringt, wird ihm die Weiterführung dieser Stellung sehr erschweren. Der Versailler Friede sieht zwar internationale Förderung der Arbeiterinteressen vor, gerade die führenden Länder, Amerika und England, zeigen unter ihren Arbeitern jedoch eine ausgesprochen nationalistische Stimmung, der die Regierung durch Einwanderungsverbote Rechnung trägt, die den Vorteil der Lage ausschließlich den Genossen der eigenen Organisation zugute kommen lassen möchten.

---

1) Vgl. das Vorwort Lloyd Georges bei Walter 1914: „Ich habe oft Gelegenheit gefunden, anzuerkennen, wie sehr nicht nur mein eigenes Heimatland, sondern die ganze zivilisierte Welt Deutschland zu Dank verpflichtet ist für den Mut, mit dem es schon vor einer Generation ein damals neues und unbebautes Versuchsfeld betrat.“ F. A. Ogg, Economic development of modern Europe, New York 1917, widmet die beiden letzten Kapitel seines Werkes der deutschen Sozialversicherung und ihrer Verbreitung auf andere Länder.

6. Neuere Richtungen.

B. Hildebrand, Die Nationalökonomie der Gegenwart und Zukunft. 1848. JbbNSt. II: Natural-, Geld- und Kreditwirtschaft. Max Weber, Roscher und Knies. Schmollers Jb. 1905. G. Schmoller, Grundriß der Allgemeinen Volkswirtschaftslehre, I 1900, II 1904. Vgl. JbbNSt. Bd. 78. S. 387ff.: Besprechung Hasbachs, Bd. 79, S. 89ff., Bd. 84, S. 233: Besprechung Diehls. K. Bücher, Die Entstehung der Volkswirtschaft. 14. u. 15. Aufl. 1920. Die Entwicklung der deutschen Volkswirtschaftslehre im 19. Jh. 1908. E. Salin, Gesch. d. Volkswirtschaftslehre, 1923. — Herm. Heinr. Gossen, Entwicklung der Gesetze des menschlichen Verkehrs und der daraus fließenden Regeln für menschliches Handeln. 1853. Neudruck 1889. W. St. Jevons, The theory of political economy. London 1871. C. Menger, Grundsätze der Volkswirtschaftslehre. Wien 1871; Untersuchungen über die Methode der Sozialwissenschaften und der politischen Ökonomie insbesondere. 1883. Die Irrtümer des Historismus in der deutschen Nationalökonomie. Wien 1884. E. v. Böhm-Bawerk, Capital und Capitalzins, I 1884, II 1889; Zum Abschluß des Marxschen Systems, Festgaben für K. Knies. Berlin 1896. L. Walras, Études d'économie politique pure, 1874 bis 1876, Études d'économie sociale. 1896, Études d'économie politique appliquée. 1898. A. Marshall, Principles of Economics. 1890, deutsch 1905. H. Dietzel, Theoretische Nationalökonomik. 1895. — Herbert Spencer, Principles of Sociology. 1876ff.; The man versus the state. London 1884. A. Schäffle, Bau und Leben des sozialen Körpers. 1875—1878. 2. Aufl. 1896; Die Quintessenz des Sozialismus. 1875; Ein Votum gegen den neuesten Zolltarifentwurf. 1901; Aus meinem Leben. 1905. R. Ehrenberg, Thünen-Archiv. 1906ff. A. Wagner, Grundlegung der politischen Ökonomie. 3. Aufl. 1892—1894. Ch. Gide, Principes d'économie politique. 9. Aufl. 1905. L. Brentano, Der wirtschaftende Mensch in der Geschichte. 1923. E. v. Philippovich, Grundriß der politischen Ökonomie. 1893ff. Die Entwicklung der wirtschaftspolitischen Ideen im 19. Jh. 1910. K. Diehl, Theoretische Nationalökonomie I. 1918. II 1924, III 1927. H. Sieveking, Grundzüge der Wirtschaftslehre. 1925.

1. In Deutschland pflegte die historische Schule im Gegensatz zu dem deduktiven Verfahren der klassischen Nationalökonomie die induktive Methode. So große Verdienste sie sich auch durch ihre historischen und statistischen Untersuchungen erworben hat, so verkehrt wäre es, zu glauben, daß sie damit mehr als eine andere Methode, etwa eine neue Theorie oder eine neue Politik, gebracht hätte. Einige, wie Roscher, nahmen die Theorie der Klassiker an, der sie nur ein historisches Fundament und Einzelkorrekturen zufügen wollten. Andere, die, wie Schmoller, die Konstruktionen der Klassiker ablehnten, konstruierten dafür um so eifriger soziale Entwicklungsepochen. Diese Konstruktionen verfahren entweder, wie bei Marx, nach dem Hegelschen Schema der drei Stufen oder sie nehmen eine stetig fortschreitende Entwicklung vom Einfacheren zum Zusammengesetzteren an oder sie sprechen wie beim Leben des einzelnen vom Wachsen, Blühen und Vergehen. So schilderte Hildebrand die Naturalwirtschaft als unvollkommenen Urzustand, dem die entwickeltere, aber unerfreuliche Periode der Geldwirtschaft folgte, bis die dritte Periode, die Kreditwirtschaft, die Dissonanzen wieder zusammenklingen ließ. Bücher läßt die Wirtschaft von tauschloser Oikenwirtschaft zur Stadtwirtschaft und zur Volkswirtschaft sich entfalten, Sombart stellt dem bescheidenen Handwerk den Kapitalismus gegenüber. Im Kapitalismus werden von ihm die drei Stufen des Frühkapitalismus, des Hochkapitalismus und des Spätkapitalismus, in dem wir uns seit dem Kriege befinden sollen, unterschieden.

So wenig wie ohne theoretische Grundbegriffe kommt selbst der Historiker ohne ethische Orientierung weiter. Führt der Mangel jener leicht zur Unklarheit, so der dieser zu „realpolitischer" Gesinnungslosigkeit, die nur den Erfolg gelten läßt. Die Resignation des reinen Historismus hat am schärfsten formuliert Hasbach, der in seinen Untersuchungen über Ad. Smith S. 332 meint: „Der Relativist glaubt nicht an ein allgemeines Ideal, er hat aber auch eine Abneigung, besondere Ideale aufzustellen, weil er sich gewöhnlich bewußt ist, wie wenig er von den Kräften kennt, welche das Geschehen bewirken. Jedenfalls betrachtet er seine Ideale nicht als Normen, wonach sich die Gesetzgebung richten soll." Wie wenig diese Auffassung von den hervorragendsten Führern der historischen Schule geteilt wird, zeigt sich darin, daß gerade sie 1872 in Eisenach zu dem Verein für Sozialpolitik zusammentraten.

2. Gegen die von der historischen Schule gelegentlich zur Schau getragene Verachtung der Theorie ist vor allem CARL MENGER und die ihm folgende österreichische Schule aufgetreten. Sie stellen als Hauptaufgabe der Wissenschaft die Erkenntnis der Gesetze rationalen Wirtschaftens auf. Während SCHMOLLER die Theorien der Klassiker durch historische Einzeluntersuchungen überwinden zu können meint, setzen sie der klassischen Theorie eine neue Theorie entgegen. Wir sahen, wie SMITH und ihm folgend RICARDO, aber auch MARX, in den Produktionskosten, vor allem in der Arbeit, den Bestimmungsgrund des Wertes fanden. Dieser objektiven Wertlehre setzen die neueren, zuerst fast unbeachtet GOSSEN, dann fast gleichzeitig selbständig vorgehend, JEVONS, WALRAS und MENGER, eine subjektive Wertlehre entgegen. Der von den Klassikern beiseitegelassene Gebrauchswert wird von ihnen zum Ausgangspunkt genommen. Die Grenzgrade der Nützlichkeit, der Grenznutzen, werden zum entscheidenden Problem der Wirtschaft erklärt. Psychologisch und mathematisch, wie diese Richtung verfährt, hat sie doch eine innere Verwandtschaft mit der historisch-statistischen Schule. Die Doktrinen der Klassiker werden von beiden bekämpft, und die MARXsche Wertlehre fand in dem Österreicher BÖHM-BAWERK ihren schärfsten Kritiker.

Wenn auch die Grenznutzler etwas durchaus Neues geschaffen zu haben meinten, so unternahmen MARSHALL und DIETZEL den Nachweis, die Grenznutzenlehre und die Kostenlehre der Klassiker seien sehr wohl zu vereinigen. Der schwerwiegendste Fehler der Früheren war, daß sie über allgemeinen Begriffen, wie Grund und Boden, Kapital, gesellschaftlich notwendige Arbeitszeit, die Persönlichkeit der Wirtschaftenden vernachlässigten. Dies suchen die Neueren unter Anlehnung an die psychologische Forschung zu vermeiden. Hier ist vor allem SCHÄFFLES zu gedenken.[1]) So ist insonderheit eine gerechtere Würdigung der Führer der Wirtschaft, der Unternehmer, möglich geworden. WIRMINGHAUS stellt das Unternehmereinkommen als nicht bedungenes den anderen Einkommensarten, Arbeitslohn, Grundrente und Kapitalzins gegenüber[2]), und J. WOLF läßt den Unternehmer als Produzenten Natur und Arbeit, Kapital und technische Idee verbinden.[3]) In Anlehnung an THÜNEN hat EHRENBERG diesen Forschungen ein besonderes Archiv eröffnet. Aber derselbe THÜNEN, der die Bedingungen der Unternehmung exakt darzulegen bestrebt war, suchte auch nach einer Formel für den gerechten Arbeitslohn. Neben der Psyche der Unternehmer muß der Psyche der Masse der Lohnarbeiter Aufmerksamkeit gewidmet werden. —

3. Die Theorie vermag die Probleme des Wirtschaftslebens isoliert zu betrachten, sie muß es, um ihren Zusammenhang zu verstehen. In dem Leben des einzelnen und der Gesellschaft ist aber das Wirtschaftliche nur eine Seite. Die praktischen Probleme der Wirtschaft können nur in ihrem Zusammenhange mit Recht und Kultur gewürdigt werden. Hier sehen wir zwei Anschauungen sich entgegentreten. Die eine legt auf die äußeren Formen der Wirtschaft entscheidendes Gewicht, da diese Formen die ganze Kultur bestimmten, der anderen ist es um den Ertrag der Wirtschaft zu tun, da seine Steigerung erst die Mittel für die selbständig durchzuführenden Aufgaben der Kultur biete. So kommt es darauf an, zu der Frage der Kultur der Menschheit Stellung zu nehmen. Hier sind die Fortschritte der durch

---

1) Seine Bedeutung wird ebenso von CASSEL, Theoret. Sozialökonomie. 1918, wie von LIEFMANN, Grundsätze d. Volkswirtschaftslehre. 1919 anerkannt.
2) Wörterbuch der Volkswirtschaft, Unternehmen, Unternehmergewinn.
3) Die Volkswirtschaft der Gegenwart und Zukunft. 1912.

den Entwicklungsgedanken befruchteten neueren Naturwissenschaft von großem Einfluß geworden.

Wiederum soll die Gesellschaft nach den Lehren der Natur begriffen werden. Sie stelle den Höhepunkt der Entwicklung dar. Sie baue sich auf der organischen Natur auf, wie diese auf der unorganischen, und dasselbe Gesetz der Entwicklung, das wir im Aufsteigen von den Protozoen zu den Wirbeltieren verfolgen können, gälte auch für die soziale Welt. Allein wie es ein individualistisches und ein sozialistisches Naturrecht gab, so legt der eine Forscher bei der Differenzierung und Integrierung der menschlichen Gesellschaft das Hauptgewicht auf die Ausbildung der individuellen Persönlichkeit, der andere auf die der gesellschaftlichen Organisation. Herbert Spencer hat insonderheit in seiner Schrift: „The man versus the state" 1884 kräftig den ersten Standpunkt vertreten, während Schäffle in seinem „Bau und Leben des sozialen Körpers" die kollektivistische Führung des Daseinskampfes am höchsten stellte.

Auch Schäffle, der als österreichischer Minister 1871 die Wirksamkeit der Staatsmaschine zu genau kennen gelernt hatte, wollte dem Staate nicht die Leitung der Wirtschaft übertragen, wohl aber beruflich und territorial gegliederten Gemeinschaften, denen öffentlich rechtliche Gewalt zu geben wäre. Mit Rodbertus hat er den größten Einfluß auf den Staatssozialismus Adolph Wagners geübt. Sein Hauptverdienst liegt in der praktischen Behandlung der Arbeiter- und der Agrarfrage. Seine Vorschläge hatten wesentlichen Einfluß auf die Gestaltung der deutschen Arbeiterversicherung in den achtziger Jahren. Allein so eindringend und erfolgreich er auf diesen Gebieten vordrang, im Vordergrunde stand ihm das Wohl und die Unabhängigkeit der Gesamtheit, die er vor dem praktischen Anarchismus der Sonderinteressen warnte, wie sie in der sozialistischen und agraren Bewegung der achtziger und neunziger Jahre in Deutschland hervortraten.

Schäffle stand als Politiker über seiner Theorie. Es war verfehlt, wenn er von einer „ethisch-anthropologischen Nationalökonomie" redete oder die Volkswirtschaft als „Stoffwechsel ethischer Art" auffaßte. Man kann die Probleme der Wirtschaft nach Art der Naturphänomene betrachten, aber man verläßt diesen Standpunkt, wenn man als Politiker von dem redet, was um der Menschen willen sein soll. Die Ethik, die Lehre von dem, was sein soll, steht neben der Lehre vom Sein. Es war der Fehler der Naturrechtler, daß sie beides vermischten: natürlich ist auch das, was nicht sein soll! Die moderne Soziologie wiederholt häufig diesen Fehler.

Der deutsche Idealismus Kants und seiner Nachfolger hat den Rationalismus und Empirismus der Aufklärungszeit durch eine kritische Grundlegung der Wissenschaft ersetzt. Für die Nationalökonomie ist diese Grundlegung bisher noch nicht genügend verwertet worden. Zwar hat Fichte auf die historische Schule und den Sozialismus Einfluß gewonnen, aber Schmoller suchte ihn psychologisch umzudeuten, und Lassalle schätzte Fichte als Politiker und als Vorläufer Hegels. Man blieb trotz Fichte Empirist oder Rationalist, und in der Tat ist es zweifelhaft, ob bei den auf Fichte zurückgehenden romantischen Strömungen auf diesem Wege die Erbteile der vorkantischen Aufklärung, relativistische Resignation oder einseitiger Doktrinarismus, auf denen sich noch heute unsere Wissenschaft aufbaut, zu überwinden sind.

Für die theoretischen und praktischen Probleme der Sozialökonomie bietet H. Cohens Logik der reinen Erkenntnis (1902) und seine Ethik des reinen Willens (1904) eine nicht zu unterschätzende Grundlage.

Ohne Werturteile vermag weder die historische Entwicklung noch die Wirtschaftspolitik behandelt zu werden, wir können sie aber selbst in der Theorie nicht durchaus entbehren. Denn nicht der Kreislauf der Güter ist der Gegenstand der

Sozialökonomie, sondern der Mensch, der der Güter bedarf, der sie wertet, ihre Produktion und ihre Verteilung organisiert. Wirtschaften bleibt ein Teil menschlichen Handelns und, wenn es einerseits gilt, die Bedingungen und Grenzen dieses Handelns aufzuzeigen, so müssen auf der anderen Seite die Grundsätze, nach denen dieses Handeln sich zu richten hat, klargelegt werden. Diese sind keineswegs subjektiv im Sinne von willkürlich, sondern die Ethik ist durch die Logik bedingt, das Wollen ist ein bewußtes, und wie Fragen des Seins, so werden Fragen des Sollens mit dem Anspruch auf allgemeine Anerkennung wissenschaftlich behandelt. Es gilt, von dem Selbstbewußtsein der wirtschaftlich Handelnden auszugehen, das sich durch die mannigfachsten Organisationen der Familie, der Klasse, der Nation zum Gemeinschaftsbewußtsein der Menschheit zu erweitern hat.

Die Theorie hat in neuerer Zeit vor allem die Grenzgebiete der Wirtschaftswissenschaft ausgebaut, die technischen, psychologischen und sozialrechtlichen Zusammenhänge verfolgt. Ein Prüfstein der Theorien ist die Lehre vom Kapital. Wer hier das Gewicht auf materielle Sachgüter legt, wie Wolf oder Cassel,. die von „Kapitalsobjekten" oder von „Realkapital" reden, entgeht der Gefahr der Vermischung technischer und wirtschaftlicher Probleme nicht. Aber ebensowenig hat die Wirtschaft mit Lust und Unlust zu tun, auf deren Vergleichung Liefmann sie aufbauen möchte, wo er selbst doch an anderen Stellen richtiger von wirtschaftlichen Erwägungen, Nutzen und Kostenvergleichungen spricht, die auf keinerlei Lustgefühl zurückgeführt zu werden brauchen, sondern nach Zweckmäßigkeitsgründen entschieden werden — unter allen Umständen zu erreichendes Ziel, oder Vermeidung von Erschöpfung. In der Tauschgesellschaft können, wie das seit Smith feststeht, die Gesetze der Wirtschaft am besten verfolgt werden, aber wenn schon Smith gelegentlichen Eingriffen in dies freie Zusammenkommen der einzelnen das Wort redete, sieht auch Liefmann an entscheidenden Stellen, z. B. bei der Kapitalbildung, obrigkeitliche Entscheidung vor. Damit ist der Gegensatz gegen die besonders durch Diehl vertretene sozialrechtliche Gruppe, die Unterordnung des einzelnen unter das Gesamtwohl verlangt, damit aber nur ein allgemein soziologisches, noch kein besonderes Wirtschaftsgesetz ausspricht, in den praktischen Folgerungen aufgehoben. Aus sich heraus ist die Wirtschaftswissenschaft insonderheit durch die neuerdings eifriger gepflegte Privatwirtschaftslehre gefördert worden.

Wie das Wirtschaften von dem engen Kreise des Dorfes, der Stadt und kleinerer Verbände zu einer nationalen Angelegenheit wird und über die nationalen Grenzen zu weltwirtschaftlichen Verbindungen führt, so heißt das besondere Organisationsproblem der Wirtschaft, höchste Leistungsfähigkeit für die Aufgaben der Menschheit, wie sie nur durch Ausbildung der besonderen nationalen und dem engeren Kreis der Familie und Landschaft eigentümlichen Eigenschaften erzielt werden kann, zu vereinen mit Wahrung der Persönlichkeitsrechte der in dieser Wirtschaft Beschäftigten.

Verzeichnis der Abkürzungen im Grundriß der Geschichtswissenschaft.

A.	Archiv
Abh.	Abhandlung
AdB.	Allg. deutsche Bibliographie
Ak.	Akademie
AkathKR.	Archiv. f. kath. Kirchenrecht
ALitKgMA.	Archiv für Literatur- u. Kirchengesch. d. Mittelalters
Ann.	Annalen
ANuG.	Aus Natur und Geisteswelt
ASozW.	Archiv für Sozialwissenschaft
AZ.	Archivalische Zeitschrift
B.	Bibliothek
Ber.	Bericht
Bl.	Blatt (Bll.: Blätter)
Cbl.	Centralblatt
Chr.	Chronik
CIL.	Corpus Inscriptionum Latinorum
D.	Deutsch
DG.	Deutsche Geschichtsquellen
DGBl.	Deutsche Geschichtsblätter
DLbl.	Deutsches Literaturblatt
DLZ.	Deutsche Literaturzeitung
DWG.	Deutsche Wirtschaftsgeschichte
DWL.	Deutsches Wirtschaftsleben
DZG.	Deutsche Zeitschrift für Geschichtswissenschaft
F.	Forschungen
FDG.	Forschungen zur Deutschen Geschichte
FBPrG.	Forschungen zur Brandenburg. Preußisch. Gesch.
G.	Geschichte
GBll.	Geschichtsblätter
GGA.	Göttinger Gelehrte Anzeigen
GVer.	Geschichtsverein
Gw.	Geschichtswissenschaft
H.	Historisch
Hb. (Hdb.)	Handbuch
HWbStW.	Handwörterbuch der Staatswissenschaften
HJb.	Historisches Jahrbuch
HTb.	Historisches Taschenbuch
HVSchr.	Historische Vierteljahrsschrift
HZ.	Historische Zeitschrift
Jb.	Jahrbuch
JB.	Jahresbericht
JBG.	Jahresbericht der Geschichtswissenschaft
JbGesVV.	Jahrbuch für Gesetzgebung, Verwaltung u. Volkswirtsch.
JbbNSt.	Jahrbücher der Nationalökonomie u. Statistik
Kbl.	Korrespondenzblatt
KblGV.	Korrespondenzblatt des Gesamtvereins
KG.	Kirchengeschichte
KR.	Kirchenrecht
KUiA.	Kaiserurkunden in Abbildungen

Lbl.	Literaturblatt
LCbl. (LZbl.)	Literarisches Centralblatt
LR.	Literarische Rundschau
MHL.	Mitteilungen aus d. Hist. Literatur
MIÖG.	Mitteilungen des Instituts für österreichische Geschichtswissenschaft
MA.	Mittelalter
MG. (MGH.)	Monumenta Germaniae historica
NA.	Neues Archiv
NF.	Neue Folge
PrJbb.	Preußische Jahrbücher
QE.	Quellen und Erörterungen
QF.	Quellen und Forschungen
R.	Revue, Rivista
RE.	Realenzyklopädie
RLGA.	Reallexikon der germ. Altertumskunde
RG.	Rechtsgeschichte
RH.	Revue historique
RQH.	Revue des questions historiques
RQSchr.	Römische Quartalschrift
SB.	Sitzungsberichte
SBAk.	Sitzungsberichte der Akademie
St.	Studien
THJb.	Theologisches Jahrbuch
ThJB.	Theologischer Jahresbericht
ThQ.	Theologische Quartalschrift
ThZ.	Theologische Zeitschrift
Ub.	Urkundenbuch
VSozWG.	Vierteljahrsschrift für Sozial- und Wirtschaftsgeschichte
Vfg.	Verfassungsgeschichte
WbVW.	Wörterbuch der Volkswirtschaft
WZ.	Westdeutsche Zeitschrift
Z.	Zeitschrift
ZA.	Zeitalter
Zbl.	Zentralblatt
ZblB.	Zentralblatt für Bibliothekswesen
ZDA.	Zeitschrift für deutsches Altertum
Z.f.d.g.St.	Zeitschrift für die gesamte Staatswissenschaft
ZGORh.	Zeitschrift für Geschichte des Oberrheins
ZKG.	Zeitschrift für Kirchengeschichte
ZKR.	Zeitschrift für Kirchenrecht
ZSavStRGGA.	Zeitschrift der Savigny-Stiftung für Rechtsgeschichte, Germanistische Abteilung
ZSozWG.	Zeitschrift für Sozial- u. Wirtschaftsgeschichte
ZVerG.	Zeitschrift des Vereins für Geschichte

GPSR Compliance

The European Union's (EU) General Product Safety Regulation (GPSR) is a set of rules that requires consumer products to be safe and our obligations to ensure this.

If you have any concerns about our products, you can contact us on ProductSafety@springernature.com

In case Publisher is established outside the EU, the EU authorized representative is:

Springer Nature Customer Service Center GmbH
Europaplatz 3
69115 Heidelberg, Germany

Batch number: 10816188

Printed by Printforce, the Netherlands